SOBRE HOMENS
E MONTANHAS

JON KRAKAUER

SOBRE HOMENS E MONTANHAS

Tradução
Carlos Sussekind
Pedro da Costa Novaes
Rosita Belinky

Copyright @ 1990 by Jon Krakauer

Grafia atualizada segundo o Acordo Ortográfico da Língua Portuguesa de 1990, que entrou em vigor no Brasil em 2009.

Título original
Eiger Dreams — Ventures Among Men and Mountains

Capa
Jeff Fisher

Consultoria técnica
Pedro da Costa Novaes
Rosita Belinky

Preparação
Maria Sylvia Corrêa

Revisão
Renato Potenza Rodrigues
Jasceline Honorato

Dados Internacionais de Catalogação na Publicação (CIP)
(Câmara Brasileira do Livro, SP, Brasil)

Krakauer, Jon, 1954-
    Sobre homens e montanhas / Jon Krakauer ; tradução Carlos Sussekind, Pedro da Costa Novaes, Rosita Belinky. — 1ª ed. — São Paulo : Companhia de Bolso, 2019.

    Título original: Eiger Dreams: Ventures Among Men and Mountains.
    ISBN 978-85-359-3257-7

    1. Alpinismo 2. Montanhas I. Título.

19-31310   CDD-796.522

Índices para catálogo sistemático:
1. Alpinismo : Esporte 796.522
2. Montanhismo : Esporte 796.522

Maria Paula C. Ryuzo – Bibliotecária – CRB-8/7639

2019

Todos os direitos desta edição reservados à
EDITORA SCHWARCZ S.A.
Rua Bandeira Paulista, 702, cj. 32
04532-002 — São Paulo — SP
Telefone: (11) 3707-3500
www.companhiadasletras.com.br
www.blogdacompanhia.com.br

Para Linda,

com lembranças de
Green Mountain Falls,
Wind Rivers e Roanoke Street.

SUMÁRIO

Nota do autor *9*

Sonhando com o Eiger *17*
Gill *33*
O gelo de Valdez *48*
Sem poder sair da barraca *66*
Os aeroloucos de Talkeetna 77
Clube Denali *93*
Chamonix *117*
Canionismo *13*7
Uma montanha mais alta do que o Everest? *151*
Os irmãos Burgess *166*
Um verão difícil no K2 *18*7
O Polegar do Diabo *202*

Glossário *229*
Sobre o autor *233*

NOTA DO AUTOR

O QUE LEVA ALGUÉM A ESCALAR MONTANHAS é algo que a maioria dos que não fazem parte do mundo dos montanhistas tem muita dificuldade para entender — se é que entende. O tema se presta às mil maravilhas para filmes ruins e metáforas banais. Sonhar que se escala um pico altíssimo e escarpado é um prato feito para a interpretação dos psicanalistas. A atividade costuma vir associada a histórias de audácia e tragédia que tornam os outros esportes, por comparação, verdadeiros jogos de criança; quando falamos em montanhismo, a impressão que isso causa na imaginação do público não é muito diferente de quando ele ouve falar em tubarões ou abelhas assassinas.

Este livro se propõe, na medida do possível, a corrigir os efeitos da mística assim criada, lançando um pouco de luz sobre o assunto. Não estamos diante de criaturas tresloucadas: são pessoas, simplesmente, em quem sobressai uma linhagem especialmente virulenta da Condição Humana.

Para que depois não me acusem de falsear informações no rótulo do produto, devo desde logo declarar que em nenhuma passagem o texto encara direta e frontalmente a questão central: Como entender que uma pessoa normal possa gostar de se dedicar a isso? Cerco essa questão continuamente, aqui e ali me ponho a cutucá-la, cauteloso, com a ponta de uma vara bem comprida, mas em nenhum momento salto para dentro da jaula e enfrento a fera no corpo a corpo. Mesmo assim, creio que, chegando ao final do livro, o leitor terá uma noção mais clara, não apenas de por que os escaladores escalam, como da razão que leva isso a tornar-se tal obsessão para eles.

Localizo as raízes de minha própria obsessão no ano de 1962. Garoto dos mais comuns, criado em Corvallis, no Oregon, tinha um pai sensato e mesmo rígido na educação dos filhos, cinco ao todo, com os quais vivia insistindo para que estudassem matemática e latim, não ficassem um minuto à toa, concentrassem seus esforços em seguir uma carreira de médico ou de advogado. Inexplicavelmente, por ocasião do meu oitavo aniversário, esse rigoroso disciplinador resolveu presentear-me com uma piqueta infantil e acompanhou-me em minha primeira escalada. Sempre que me ponho a evocar esse episódio, fico sem conseguir imaginar o que possa ter passado pela cabeça do velho na ocasião; se ele tivesse me dado uma Harley Davidson e me inscrevesse como membro dos Hell's Angels, não teria sabotado mais eficazmente suas aspirações paternas.

Por volta dos dezoito anos, o montanhismo era a única coisa que me interessava: trabalho, colégio, amizades, planos de carreira, sexo, sono — tudo tinha que se conciliar com minhas escaladas, ou (o que acontecia com maior frequência) era posto de lado em seu proveito, pura e simplesmente. Em 1974 essa dedicação intensificou-se ainda mais. O acontecimento decisivo foi minha primeira expedição ao Alasca, quando eu e mais seis companheiros escalamos os Arrigetch Peaks, agrupamento de torres esguias de granito, impressionantes em sua beleza severa. Às duas e meia da madrugada num dia de junho, depois de escalar durante doze horas ininterruptas, encontrei-me no cume de uma montanha chamada Xanadu. Esse topo consistia de uma saliência de rocha desconcertantemente estreita, talvez o ponto culminante de toda a cadeia de montanhas. E nossas botas tinham sido as primeiras, em todos os tempos, a pisar aquele lugar! Bem abaixo, as agulhas e encostas dos picos adjacentes tingiam-se de reflexos alaranjados, como se acesos por dentro, por efeito do inquietante lusco-fusco que se prolonga nas noites do verão ártico. Um vento cortante uivava atravessando a tundra, vindo do mar de Beaufort, deixando minhas mãos como se fossem de madeira. Nunca me senti tão feliz na vida.

Terminei os estudos, Deus sabe como, em dezembro de 1975. Durante os oito anos que se seguiram, trabalhei contratado como carpinteiro itinerante e pescador comercial no Colorado, em Seattle e no Alasca, morando em apartamentos de quarto, banheiro, kitchenette e paredes de cimento, dirigindo um carro de cem dólares, trabalhando o suficiente para pagar o aluguel e financiar os custos da próxima escalada. Até que finalmente a coisa foi perdendo a graça. Cheguei a passar noites inteiras remoendo em pensamento as enrascadas em que me envolvera nas alturas. Enquanto serrava toras de madeira em algum terreno de construção lamacento, não conseguia deixar de pensar nos meus colegas de faculdade, que a essa altura criavam famílias, investiam na compra de imóveis, escolhiam mesinhas e cadeiras para o conforto em seus gramados, acumulavam capital, diligente e metodicamente.

Resolvi parar de escalar, e disse isso para a mulher com quem estava envolvido na época. Ela ficou tão impressionada com a notícia que concordou na mesma hora em casar-se comigo. No entanto, havia ali uma subestimação grosseira do poder que o montanhismo exercia sobre mim; desistir de escalar revelou-se muito mais difícil do que eu imaginara. Minha abstinência mal se manteve por um ano e, ao encerrar-se, tudo fazia crer que levaria o casamento junto com ela. Contra as expectativas, entretanto, dei um jeito de continuar casado *e* escalando. Mas já não me sentia compelido a levar a experiência esportiva aos extremos, ver Deus em cada enfiada de corda, tornar cada escalada mais radical que a anterior. Hoje me sinto como um alcoólatra que conseguiu trocar os excessos de uísque que iam pela semana toda por uma cervejinha nos sábados à noite. Fui aos poucos me satisfazendo dentro de uma certa mediocridade alpinística.

Minhas ambições em matéria de escaladas tornaram-se inversamente proporcionais a meus esforços como escritor. Em 1981 vendi meu primeiro artigo para uma revista de circulação nacional; em novembro de 1983, comprei um processador de texto, e comecei a escrever para ganhar a vida. Desde então tenho me empenhado nisso em horário integral. Hoje em dia as matérias de que me encarregam versam cada vez mais sobre

11

arquitetura, história natural ou cultura popular — escrevi sobre *fire-walking* (andar descalço sobre brasas) para a *Rolling Stone*, sobre perucas para a *Smithsonian*, sobre o estilo Neorregência para a *Architectural Digest* —, mas as matérias ligadas ao montanhismo continuam a ser aquelas que prefiro e que me tocam mais de perto.

Onze dos doze artigos incluídos neste volume foram escritos inicialmente para revistas (apenas o texto de encerramento, "O Polegar do Diabo", destinou-se especificamente à presente publicação). Como matérias para a imprensa, eles se beneficiaram — e, vez por outra, sofreram — nas mãos de um exército de editores de texto e apuradores da veracidade dos fatos, quando viram a luz pela primeira vez em letras de fôrma. Sou especialmente grato a Mark Bryant e John Rasmus, da *Outside*, e a Jack Wiley, Jim Doherty e Don Moser, da *Smithsonian*, pelas inestimáveis contribuições que deram ao que há de melhor nesses artigos. Todos os cinco são escritores de primeira, além de magníficos editores de texto, o que transparece na sensibilidade e sobriedade que demonstraram repetidas vezes em seus esforços para me pôr no rumo certo cada vez que eu corria o risco de enveredar por um mau caminho.

Devo agradecimentos também a Larry Burke, Mike McRae, Dave Schonauer, Todd Balf, Alison Carpenter Davis, Marilyn Johnson, Michelle Stacey, Liz Kaufmann, Barbara Rowley, Susan Campbell, Larry Evans, Joe Crump, Laura Hohnhold, Lisa Chase, Sue Smith, Matthew Childs e Rob Story na *Outside*; a Caroline Despard, Ed Rich, Connie Bond, Judy Harkison, Bruce Hathaway, Tim Foote e Frances Glennon na *Smithsonian*; a Phil Zaleski e David Abramson no *New Age Journal*; a H. Adams Carter no *The American Alpine Journal*; a Michael Kennedy e Alsion Osius na *Climbing*; a Ken Wilson em *Mountain*; a Peter Burford, por sua ajuda em dar forma a esta coletânea; a Deborah Shaw e Nick Miller, por sua hospitalidade; a meu agente, John Ware; ao companheiro *free-lance* Greg Child, que me deu sua colaboração num primeiro esboço de "Um verão difícil no K2".

Por partilhar a mesma corda em alguns dias memoráveis que passamos nas montanhas, sou grato a Fritz Wiessner, Bernd Arnold, David Trione, Ed Trione, Tom Davies, Marc Francis Twight, Mark Fagan, Dave Jones, Matt Hale, Chris Gulick, Laura Brown, Jack Tackle, Yvon Chouinard, Lou Dawson, Roman Dial, Kate Bull, Brian Teale, John Weiland, Bob Shelton, Nate Zinsser, Larry Bruce, Molly Higgins, Pam Broen, Bill Bullard, Helen Apthorp, Jeff White, Holly Crary, Ben Reed, Mark Rademacher, Jim Balog, Mighty Joe Hladick, Scott Johnston, Mark Hesse, Chip Lee, Henry Barber, Pete Athans, Harry Kent, Dan Cauthorn e Robert Gully.

Quero agradecer, sobretudo, a Lew e Carol Krakauer pela falta de discernimento demonstrada ao levar seu filho de oito anos para subir o South Sister; a Steve Rottler por ter me contratado e recontratado durante anos a fio em Boulder, Seattle e Port Alexander; a Ed Ward, a maior vocação de montanhista que já conheci, com quem aprendi a escalar nas piores condições e sair vivo; a David Roberts, que me mostrou pela primeira vez o Alasca e me ensinou a escrever; e a Linda Mariam Moore, minha mais perfeita editora de texto e amiga mais chegada.

SOBRE HOMENS E MONTANHAS

SONHANDO COM O EIGER

Nos momentos iniciais do filme *Escalado para morrer*, o ator Clint Eastwood move-se discretamente na penumbra da central de espionagem C-2, para informar-se sobre qual a próxima vítima que deve assassinar. Dragon, o albino perverso que dirige a organização concebida nos moldes da CIA, diz a Eastwood que, embora não tenha ainda o nome do alvo, a agência conseguiu apurar que "nosso homem vai estar envolvido numa escalada em plenos Alpes, neste verão. E sabemos que montanha ele vai escalar: o Eiger".

Eastwood não tem dificuldade em adivinhar a via escolhida para a escalada — "a face norte, claro" — e admite estar familiarizado com aquela parede alpina: "Duas vezes tentei subi-la, duas vezes ela tentou matar-me... Fique sabendo, se nosso alvo vai ser tentar escalar o Eiger, todas as probabilidades são de que não precise de mim para morrer".

O problema, quando se trata de escalar a face norte do Eiger, é que, além dos 2 mil metros na vertical a serem vencidos, de calcário quebradiço e gelo negro, também é necessário vencer uma mitologia descomunal. Os movimentos mais difíceis em qualquer escalada são aqueles feitos com a mente, a ginástica psicológica que protege contra o terror — e a aura soturna ligada ao Eiger é assustadora o suficiente para acabar com a pose de qualquer um. Por obra de mais de 2 mil artigos de jornais e revistas, os épicos acontecimentos vividos na Nordwand penetraram na trama do inconsciente coletivo mundial, com a minuciosa exposição de seus detalhes mais sinistros. Capas de livros com títulos do gênero *Eiger: a parede da morte* não nos permitem esquecer que a Nordwand "derrotou centenas e matou quarenta e quatro... Os que caíram foram encontrados —

alguns, anos mais tarde — ressecados e mutilados. O cadáver de um montanhista italiano ficou três anos pendurado de sua corda, inalcançável mas visível para os curiosos que o olhavam de muito abaixo; parte do tempo ele passava encerrado na cobertura de gelo da encosta, parte do tempo balançava ao sabor dos ventos de verão".

A história da montanha se alimenta dos desafios vividos por figuras célebres como Buhl, Bonatti, Messner, Rebuffat, Terray, Haston e Herlin, isso sem falar em Eastwood. Os nomes dos marcos ao longo da encosta — a Travessia de Hinterstoisser, a Mangueira de Gelo, o Bivaque da Morte, a Aranha Branca — fazem parte do vocabulário familiar a todos os alpinistas, na ativa ou aposentados, de Tóquio a Buenos Aires; à simples menção desses lugares, suas mãos começam a suar frio. Pedras e avalanches que se precipitam continuamente montanha abaixo são legendárias na Nordwand. O mau tempo permanente, também: mesmo quando os céus por toda a Europa se apresentam sem nuvens, tempestades violentas preparam-se acima do Eiger, como aquelas nuvens escuras que pairam eternamente sobre os castelos da Transilvânia nos filmes de vampiros.

Nem é preciso dizer que tudo isso faz da face norte do Eiger uma das escaladas mais cobiçadas no mundo.

A Nordwand foi escalada pela primeira vez em 1938, e desde então tornou-se cenário de mais de 150 ascensões, entre as quais uma escalada solo em 1983 que levou ao todo cinco horas e meia — mas não vá ninguém tentar dizer ao segundo-sargento Carlos J. Ragone, da Força Aérea dos Estados Unidos, que o Eiger virou um atrativo para excursões turísticas. No outono passado, Marc Twight e eu estávamos sentados fora de nossas barracas logo acima do Kleine Scheidegg, conjunto de hotéis e restaurantes no sopé do Eiger, quando vimos Ragone chegar ao acampamento levando nas costas uma carga volumosa e anunciar que tinha vindo para escalar a Nordwand. Na conversa que se seguiu, ficamos sabendo que ele havia desertado de uma base aérea na Inglaterra. O oficial seu superior lhe negara uma licença para partir ao ter conhecimento do objetivo com que o

18

sargento pretendia usá-la, mas Ragone partiu assim mesmo. "A decisão de tentar essa escalada vai provavelmente custar-me as divisas", disse ele. "Por outro lado, se eu chegar lá em cima da bandida, é bem capaz que me promovam."

Infelizmente, Ragone não chegou lá em cima da bandida. O mês de setembro ficou nos registros de recordes da Suíça como o mais úmido desde 1864, e a parede estava em condições atrozes, piores do que as de costume, com uma camada de geada branca e muita neve instável. A previsão do tempo anunciava a continuação da neve, com ventos nas alturas. Dois parceiros que haviam combinado encontrar-se com Ragone desistiram por causa das condições adversas. Ragone, entretanto, não estava disposto a deter-se simplesmente por falta de companhia. Em 3 de outubro começou a escalada sozinho. Quando estava ainda num ponto baixo da parede, próximo ao topo de um contraforte conhecido como Primeiro Pilar, pisou em falso. Suas piquetas e seus crampons soltaram-se do gelo podre, e Ragone foi jogado nos ares. Cento e cinquenta metros abaixo, ele bateu no chão.

Por incrível que pareça, o acúmulo de neve fofa na base da encosta serviu para atenuar sua aterrissagem, e ele levantou-se da queda e saiu andando sem danos maiores, só marcas roxas e um repuxão nas costas. Mancando, transpôs a nevasca e entrou nos aposentos do Bahnhof Buffet, onde se dirigiu à gerência para pedir um quarto, subiu as escadas e foi dormir. No tombo, constatou depois, perdera uma piqueta e sua carteira com todos os documentos e todo o dinheiro. Na manhã seguinte, chegada a hora de pagar a conta do hotel, tudo o que Ragone estava em condições de oferecer para cobrir a despesa era a outra piqueta que lhe restara. O gerente do Bahnhof não achou a menor graça. Antes de sair de mansinho do Scheidegg, Ragone fez uma parada onde estávamos acampados para saber se nos interessava comprar o que sobrara do seu equipamento de escalada. Dissemo-lhe que bem que gostaríamos de ajudá-lo, mas que nos achávamos, nós também, apertados em matéria de dinheiro. Em vista disso, e uma vez que ele não se sentia inclinado, por uns tempos, a retomar o montanhismo, Ragone disse que nos presentearia com o material, e pronto.

— Esta montanha é uma sacana — disse com ódio, erguendo o olhar para a Nordwand uma última vez. Em seguida, afastou-se mancando e sumiu na neve rumo à Inglaterra, disposto a enfrentar a ira de seu oficial superior.

Como Ragone, Marc e eu viéramos para a Suíça com o objetivo de escalar a Nordwand. Marc, oito anos mais novo do que eu, exibe dois brincos em sua orelha esquerda e um cabelo tingido de púrpura no melhor estilo de roqueiro punk. É também apaixonado pelo montanhismo. Uma das diferenças entre nós era que Marc desejava mais do que tudo *escalar* o Eiger, ao passo que, mais do que tudo, eu desejava apenas *ter escalado* o Eiger. É preciso entender que Marc está naquela idade em que a glândula pituitária segrega um excesso de determinados hormônios que mascaram as emoções mais sutis, como o medo. No montanhismo, ele tende a confundir risco de vida com divertimento. Como bom amigo, planejei deixar que Marc guiasse as enfiadas de corda mais divertidas da escalada da Nordwand.

Diferentemente de Ragone, Marc e eu não estávamos dispostos a escalar a parede antes que melhorassem as condições atmosféricas. Em virtude da arquitetura côncava da Nordwand, sempre que neva, são poucos os lugares na parede não expostos às avalanches. No verão, sendo as condições favoráveis, um grupo bem preparado pode levar dois dias, talvez três, para escalar a Nordwand. No outono, com os dias mais curtos e o gelo mais presente, três a quatro dias são de praxe. Para aumentar nossas possibilidades de subir e descer o Eiger sem incidentes desagradáveis, calculamos que precisaríamos de pelo menos quatro dias consecutivos de bom tempo: um dia para permitir que a formação recente de neve se desfizesse em avalanche, e os outros três para escalar a parede e descer pelo flanco oeste da montanha.

Todas as manhãs de nossa estada no Scheidegg saíamos rastejando para fora das barracas, abríamos caminho em meio à neve acumulada até o Bahnhof, e em seguida telefonávamos para Genebra e Zurique a fim de obter um boletim meteorológico com a previsão para os quatro dias seguintes. Dia após dia, a resposta à nossa consulta era a mesma: o tempo continuaria instável, com chuva nos vales e neve nas montanhas. Não nos restava mais que xingar e esperar, e a espera era horrível. O peso mítico do Eiger fazia-se sentir de forma especialmente esmagadora nesses dias em que se ficava à toa, pensando demais, isto é, mais do que se devia.

Certa tarde, para fazer algo novo, subimos de trem até o Jungfraujoch, uma ferrovia em cremalheira que se estende do Kleine Scheidegg até um colo situado num ponto elevado do maciço Eiger-Jungfrau. Depois nos demos conta de que havia sido um erro. A estrada atravessa as entranhas do Eiger por meio de um túnel aberto na montanha em 1912. A meio caminho passa-se por uma estação intermediária com uma série de imensas janelas por onde, ao olhar para fora, tem-se a mesma visão de quem está escalando o paredão da Nordwand.

A vista que se tem dessas janelas é estonteante, a tal ponto que haviam depositado sacos para vômito — do mesmo tipo usado no encosto das poltronas dos aviões — no peitoril das gigantescas aberturas. Viam-se as nuvens em agitação a pouca distância das vidraças. A rocha negra da Nordwand, invaginada em penugens de gelo e projetando pingentes congelados nos lugares em que se debruçava sobre o vazio, ia perdendo seus contornos vertiginosamente no nevoeiro mais abaixo. Ouvia-se o silvo de pequenas avalanches seguindo seu trajeto na parede da montanha. Se nossa via de escalada fosse de algum modo parecida com o que estávamos vendo, íamos deparar com sérios problemas — escalar em tais condições seria um desespero, se não impossível.

No Eiger, imaginário e real cruzam-se às vezes de modo bastante singular, e a estação na Eigerwand me lembrava muito de um sonho recorrente que tive durante anos, em que me via lutando pela vida numa tempestade surgida em certa escalada interminável, até que dou com uma porta de comunicação com o interior da montanha. Essa passagem leva a um aposento aquecido, com uma lareira, mesas onde estão servidos alimentos fumegantes e uma cama confortável. No sonho, em geral a porta aparece trancada.

Dentro do túnel, uns quatrocentos e poucos metros depois dos janelões na estação intermediária, existe de fato uma pequena porta de madeira — sempre destrancada — que abre para a Nordwand. A via de praxe para escalar o paredão passa muito perto dessa porta, e mais de um escalador se serviu dela para escapar de uma tempestade.

Só que essa saída não deixa de oferecer seus próprios riscos. Em 1981, Mugs Stump, um dos mais destacados alpinistas dos Estados Unidos, enveredou pela porta depois de ser forçado por uma tempestade a abandonar uma tentativa solitária de vencer o paredão, e começou a percorrer a passagem, caminhando em direção à entrada do túnel, distante cerca de um quilômetro e meio de onde se acha a porta. Antes que conseguisse alcançar a luz do dia, topou com um trem avançando sobre os trilhos em sentido oposto. As entranhas do Eiger são de duro calcário negro, pouco apropriado à operação de escavar túneis, e, quando o túnel foi construído, os engenheiros ativeram-se à largura mínima necessária. Stump não demorou muito a perceber que o espaço entre os vagões e a parede do túnel era de pouco mais que trinta centímetros. Os suíços se orgulham muito de que seus trens respeitam rigorosamente os horários estabelecidos, e era evidente que aquele maquinista vindo em sua direção não ia quebrar a regra só por causa de um escalador insensato estorvando seu caminho sobre os trilhos. Tudo o que Stump pôde fazer foi prender a respiração, grudar o corpo na parede de rocha e achatar a cabeça ao máximo. Sobreviveu à passagem do trem, mas a experiência foi tão angustiante como qualquer dos perigos de que escapara raspando do lado de fora da montanha.

Na terceira semana de espera pela melhora do tempo, pegamos o trem, Marc e eu, e descemos até Wengen e Lauterbrunnen a fim de descansar um pouco da neve. Depois de um belo dia gasto em contemplar paisagens e sorver tranquilamente os goles de Rugenbrau, conseguimos perder o último trem que nos levaria ao Scheidegg e fomos forçados a fazer a pé o longo caminho de volta para as barracas. Marc pôs-se em marcha com passadas enérgicas para tentar chegar ao acampamento antes que escurecesse, mas, quanto a mim, resolvi que não tinha pressa de voltar a estar à sombra do Eiger e em contato com os lugares nevados; mais uma ou duas cervejinhas até que ajudariam a suportar melhor a caminhada.

Estava escuro quando saí de Wengen, mas as trilhas de Oberland, apesar de empinadas (os suíços, ao que parece, não acreditam em avançar em zigue-zague), são espaçosas, bem conservadas e fáceis de seguir. E o que é mais importante: nesse trajeto não havia nenhuma das cancelas eletrificadas que Marc e eu encontráramos numa noite chuvosa da semana anterior (depois de termos perdido um outro trem) ao ir a pé de Grindelwald para o Scheidegg. Essas cancelas são instaladas para barrar o caminho de bovinos invasores, e é impossível enxergá-las no escuro depois de tomar umas e outras. Quando a vítima tem cerca de 1,75 metro de altura, as cancelas visam o alvo num ponto especialmente sensível situado quinze centímetros abaixo da cintura — o que, como infeliz viandante calçando Nikes encharcados, significa uma descarga cuja voltagem é suficiente para arrancar confissões de crimes jamais cometidos.

A caminhada saindo de Wengen correu sem problemas até eu me aproximar da linha da vegetação, quando comecei a escutar um rugido intermitente que parecia alguém acelerando as turbinas de um Boeing 747 ao máximo. A primeira rajada de vento me pegou quando contornava o ombro do Lauberhorn em direção a Wengernalp. Sem ter tido tempo de pensar no que estava acontecendo, fui jogado de bunda no chão. Era o *foehn*, soprando para baixo desde os páramos do Eiger. Os ventos *foehn* da Bemer Oberland — primos dos ventos de Santa Ana que periodicamente deflagram incêndios na Califórnia do Sul e dos *chinooks* que descem das montanhas Rochosas no Colorado — têm capacidade de gerar energias fantásticas. Dizem que carregam um número desproporcionado de íons positivos e que enlouquecem as pessoas. "Na Suíça", escreve Joan Didion em *Slouching Towards Bethlehem*, "a taxa de suicídios aumenta durante os *foehn*, e nos tribunais de alguns cantões suíços o vento é considerado circunstância atenuante para os crimes." O *foehn* tem lugar de destaque no folclore do Eiger. É um vento seco, relativamente quente e, ao fazer derreter a neve e o gelo sobre o Eiger, provoca avalanches terríveis. É característico que, logo depois de uma *foehnsturm* — tempestade de *foehn* —, ocorra uma geada rigorosa, cobrindo a parede com uma traiçoeira camada de gelo. Muitos dos desastres na Nordwand podem ser atribuídos diretamente ao *foehn;* no filme *Escalado para morrer* é o *foehn* que quase acaba com Clint Eastwood.

Não havia muito que eu pudesse fazer para me defender dele na trilha, ao atravessar as pastagens. Tremia, só de pensar em como seria receber o seu impacto lá em cima na Nordwand. O vento me enchia os olhos de grãos de saibro e não me deixava permanecer de pé, isso várias e várias vezes. Houve momentos em que eu simplesmente tinha de me pôr de joelhos e esperar, para levantar-me, a breve trégua entre uma rajada e outra. Quando finalmente transpus a porta do Bahnhof no Scheidegg, encontrei o lugar apinhado de ferroviários, cozinheiras, criadas, garçonetes e turistas — todos ali insulados por efeito da tempestade. O vendaval desencadeado do lado de fora havia como que contagiado todo mundo no Scheidegg com uma espécie de energia estranha e maníaca, um clima de algazarra festiva tomara conta dos presentes, e ia num crescendo. Num canto, as pessoas dançavam ao som de uma *jukebox* ligada a todo o volume; noutro, haviam subido nas mesas e esgoelavam-se entoando canções alemãs; por toda parte havia gente chamando os garçons para que servissem mais cerveja e mais *schnapps*.

Eu estava a ponto de entrar na farra quando vi Marc aproximar-se com uma expressão alucinada nos olhos.

— Jon — foi desabafando —, as barracas já eram!

— Ah! Não estou a fim de me preocupar com isso agora — respondi-lhe, ao mesmo tempo que tentava fazer um sinal para o garçom. — Por hoje, a gente aluga duas camas lá em cima e deixa para reerguer as barracas amanhã.

— Não, você não está entendendo. Elas não desabaram, a porra do vento as carregou. Fui encontrar a amarela uns cinquenta metros adiante, mas a marrom desapareceu, cara. Não encontrei em lugar nenhum. A esta altura deve ter descido para Grindelwald.

As barracas tinham sido amarradas a troncos, blocos de cimento e a um parafuso de gelo firmemente enfiado na turfa congelada. Dentro delas havia pelo menos noventa quilos de mantimentos e utensílios. Parecia impossível tudo aquilo ter sido carregado pelo vento, mas foi. A barraca não recuperada continha nossos sacos de dormir, roupas, minhas botas de escalada, o fogareiro com panelas, alguma comida, e só Deus sabe o que mais. Se não a encontrássemos, as semanas de espera para escalar a Nordwand teriam sido desperdiçadas; de modo que fui logo tratando de fechar o zíper da minha jaqueta e voltei direto para enfrentar a *foehnsturm* lá fora.

Por puro acaso, encontrei a barraca cerca de quatrocentos metros distante do lugar onde havia sido erguida — estava virada do avesso, estendida no meio dos trilhos que levavam a Grindelwald. Um emaranhado onde se confundiam frangalhos de náilon com varetas quebradas e retorcidas. Depois de transportá-la de volta para o Bahnhof, descobrimos que o fogareiro espalhara butano sobre praticamente tudo, e que uma dúzia de ovos se encarregara de cobrir nossas roupas e sacos de dormir com uma baba sulfúrea nojenta — mas dava para perceber que nenhum equipamento importante se perdera nas estripulias da barraca ao vento. Juntamos tudo num canto e, para festejar, voltamos para a farra do Scheidegg.

Os ventos no Scheidegg, aquela noite, alcançaram a marca de 170 quilômetros por hora. Além de depositar todo tipo de detrito no nosso acampamento, derrubaram o grande telescópio que ficava sobre o balcão da loja de presentes e arremessaram aos ares uma gôndola do teleférico da estação de esqui do tamanho de um caminhão, que foi parar nas trilhas diante do Bahnhof. À meia-noite, porém, o temporal passou. A temperatura caiu verticalmente, e, pela manhã, uns trinta centímetros de neve fresca haviam substituído o pacote derretido pela ação do *foehn*. Apesar disso, quando telefonamos para a estação meteorológica em Genebra, não deixou de ser um choque para nós ouvir que daí a dois ou três dias teria início um longo período de bom tempo. "Meu Deus", pensei. "Vamos ter mesmo de seguir parede acima."

O sol fez sua aparição em 8 de outubro, com os meteorologistas declarando que não haveria nenhuma precipitação por pelo menos cinco dias. Demos à Nordwand toda uma manhã para que se descartasse da neve acumulada depois do *foehn*, e em seguida avançamos abrindo caminho em meio à neve que chegava à altura da virilha até alcançarmos a base da rota, onde plantamos uma barraca armada às pressas. Em pouco tempo estávamos metidos dentro de nossos sacos de dormir, mas, com o medo que eu sentia, não deu para sequer fingir que pegava no sono.

Às três da madrugada, hora combinada para começarmos a subir, chovia, e o flanco estava sendo castigado por queda de gelo e pedras em proporções consideráveis. A escalada estava fora de cogitação. Secretamente aliviado, voltei para a cama e na mesma hora mergulhei num sono profundo. Acordei às nove com os passarinhos cantando. O tempo estava de novo perfeito. Mais que depressa, juntamos toda a bagagem. Quando começamos a subir a Nordwand, senti como se meu estômago tivesse sido mastigado por um cachorro a noite toda.

Amigos nossos que já haviam escalado a Nordwand disseram-nos que o primeiro terço da via na face era "muito tranquilo". Não foi bem assim. Pelo menos, não nas condições em que vivemos essa experiência. Embora fossem poucas as passagens tecnicamente difíceis, a escalada era continuamente insegura. Uma fina crosta de gelo depositava-se sobre a massa profunda de neve não consolidada e instável. Agora era fácil entender a queda de Ragone; a sensação que se tinha era de que a qualquer momento a neve sob os pés iria se desmanchar. Nos pontos em que a parede ficava mais íngreme, a cobertura de neve afinava e nossas piquetas ricocheteavam na rocha poucos centímetros abaixo da crosta de gelo. Era impossível encontrar ancoragens de qualquer tipo, dentro ou abaixo da capa de neve e gelo precariamente consolidada, de modo que, ao longo dos primeiros seiscentos metros da escalada, simplesmente deixamos as cordas guardadas nas mochilas e aventuramo-nos solando juntos.

Nossas mochilas eram uma carga incômoda, ameaçando derrubar-nos de costas cada vez que nos inclinávamos para trás a fim de ter uma ideia do que nos esperava mais acima. Bem que nos esforçamos por reduzir nossas cargas ao absolutamente essencial, mas o terror que nos inspirava o Eiger levara-nos a incluir porções extras de mantimentos, combustível e roupas, para o caso de nos vermos paralisados por alguma tempestade, e apetrechos técnicos de montanhismo que pesavam o suficiente para afundar um navio. Fora difícil decidir o que levar e o que deixar para trás. Marc acabou preferindo levar um walkman com suas duas fitas favoritas em vez de um saco de dormir, com o argumento de que, se a operação chegasse a um ponto de desespero, a paz de espírito que obteria ouvindo os Dead Kennedys e os Angry Samoans seria mais importante do que manter-se aquecido a noite inteira.

Às quatro da tarde, quando alcançamos o trecho negativo conhecido como Rote Fluh, finalmente fomos capazes de colocar algumas ancoragens sólidas, as primeiras da escalada. O trecho negativo oferecia proteção contra os objetos cadentes não identificados que de vez em quando passavam zunindo, por isso decidimos fazer ali uma pausa e bivacar, apesar de ainda faltar mais de uma hora para extinguir-se a luz do dia. Cavando uma plataforma comprida e estreita onde a escarpa nevada encontrava a rocha, podíamos deitar com relativo conforto, cabeça contra cabeça, com o fogareiro de permeio.

Na manhã seguinte levantamos às três, e uma hora antes de alvorecer estávamos distanciados do pequeno platô, escalando à luz das lanternas de cabeça. Uma enfiada de corda acima de nosso ponto de bivaque, Marc começou a guiar uma enfiada de corda de grau 5.4.* Marc escala vias de 5.12, de modo que me preocupei quando ele começou a resmungar e não prosseguiu em seu avanço. Tentou mover-se para a esquerda, depois para a direita, mas uma camada de gelo quebradiço, da espessura de uma casca de ovo, estendida sobre a rocha vertical, escondia as agarras. Com uma lentidão aflitiva, ele se equilibrava escalando de poucos em poucos centímetros, enganchando as pontas de seus crampons e os bicos das piquetas em saliências no calcário impossíveis de enxergar sob a pátina de geada. Por cinco vezes escorregou, mas a cada uma se recuperou, depois de cair uns poucos centímetros.

Duas horas transcorreram enquanto Marc se debatia em movimentos indecisos acima de mim. O sol se ergueu. Fui ficando impaciente. "Marc", gritei, "se você não quer guiar esta enfiada, desça que eu faço uma tentativa." O blefe funcionou: Marc encarou a escalada com renovada determinação e em pouco tempo o obstáculo estava vencido. Quando me juntei a ele no ponto de parada, entretanto, preocupei-me. Tínhamos levado quase três horas para escalar 24 metros. São mais de 2400 metros de escalada na Nordwand (levando-se em consideração todas as travessias que devem ser feitas), e boa parte do que estava por vir seria bem mais difícil do que esses 24 metros.

O objetivo seguinte era a abominável Travessia de Hinterstoisser, uma passagem horizontal de 45 metros para evitar al-

---

* Este é o sistema americano para graduação de dificuldade em vias de escalada em rocha. A Inglaterra possui seu próprio sistema, assim como a França e outros países, entre eles o Brasil, cuja graduação começa em 1º grau e é aberta no topo. Até algum tempo atrás, acrescentava-se a esses números a partícula "sup" para indicar que se tratava de uma escalada mais difícil naquele nível, porém ainda abaixo da graduação acima. Hoje, com o desenvolvimento da escalada esportiva e suas sutilezas e níveis inimagináveis de dificuldade, utiliza-se o "sup" até o 5º grau. A partir do 6º, os graus subdividem-se em a, b e c. Atualmente, a via mais difícil do Brasil, no Rio de Janeiro, é um 10c, correspondente a um 5.14a americano. (N. T.)

28

guns trechos negativos inescaláveis e que era a chave de acesso à parte superior da Nordwand. Ela foi escalada pela primeira vez em 1936 por Andreas Hinterstoisser, guiando em grande estilo pelas paredes escorregadias. Mais acima, porém, ele e seus três companheiros foram surpreendidos por uma tempestade e forçados a recuar. Só que a tempestade havia vitrificado a travessia com uma camada de verglas, de modo que os escaladores se viram impossibilitados de refazer suas delicadas manobras anteriores. Morreram os quatro. Desde essa catástrofe, os montanhistas passaram a dar-se ao trabalho de fixar uma corda ao longo da travessia, para assegurar o caminho de volta.

Encontramos as paredes da Hinterstoisser cobertas por cinco centímetros de gelo. Por mais fina que fosse essa cobertura, tinha solidez bastante para firmar nossas piquetas se as cravássemos com golpes controlados. Além disso, uma velha e esfiapada corda fixa emergia intermitentemente da rocha vitrificada. Movendo-nos com cautela sobre as pontas frontais de nossos crampons e sem a menor vergonha de agarrar-nos à corda antiga sempre que possível, completamos a travessia sem nenhum problema.

Acima da Hinterstoisser a via seguia direto para cima, passando por marcos de referência que haviam feito parte dos meus pesadelos desde que eu tinha dez anos: o Ninho da Andorinha, o Primeiro Banco de Gelo, a Mangueira de Gelo. A escalada não voltou a oferecer dificuldades como aquelas encontradas por Marc quando guiou a enfiada imediatamente anterior à Hinterstoisser, mas raramente conseguimos fixar ancoragens sólidas. Qualquer escorregadela de um de nós poderia lançar-nos a ambos em queda direta ao pé do paredão.

Com o passar das horas, comecei a sentir meus nervos a ponto de estalar. Houve um momento, na Mangueira de Gelo, quando guiei enfrentando uma vertical coberta de gelo cascudo e quebradiço, em que me senti esmagado pela constatação de que o que me impedia de despencar voando no espaço eram duas lâminas de aço fininhas enterradas pouco mais de um centímetro num tipo de ambiente muito parecido com o interior de

29

meu freezer quando estava precisando degelar. Ao olhar para baixo e avistar o solo a uma distância de mais de mil metros, me deu uma tonteira como se eu fosse desmaiar. Precisei fechar os olhos e respirar fundo umas doze vezes antes de poder retomar a escalada.

Ao cabo de uma enfiada de cinquenta metros depois da Mangueira de Gelo, fomos parar na base do Segundo Banco de Gelo, um ponto situado aproximadamente na metade da escalada da parede. Mais acima, o primeiro lugar protegido para passar a noite seria o Bivaque da Morte, o platô em que Max Sedlmayer e Karl Mehringer perderam a vida numa tempestade durante a primeira tentativa de vencer a Nordwand, em 1935. Apesar do nome lúgubre, o Bivaque da Morte é provavelmente o ponto de bivaque mais seguro e confortável da parede. Para chegar lá, entretanto, ainda precisaríamos vencer uma travessia de 540 metros em ascensão pelo Segundo Banco de Gelo, e em seguida subir mais uns cem tortuosos metros até chegar ao topo de um contraforte conhecido como Ferro de Engomar.

Era uma hora da tarde. Havíamos escalado não mais que cerca de 430 metros nas oito horas transcorridas desde que deixáramos nosso bivaque na Rote Fluh. Embora o Segundo Banco de Gelo parecesse fácil, o Ferro de Engomar, que vinha depois, era outra história, e eu tinha sérias dúvidas se conseguiríamos chegar ao Bivaque da Morte — distante mais de seiscentos metros — nas cinco horas de luz que nos restavam. Se as trevas baixassem antes de alcançarmos o Bivaque da Morte seríamos forçados a passar a noite sem a proteção de um platô, num local completamente exposto às avalanches e às pedras despejadas desde o ponto mais tristemente famoso da Nordwand: o banco de gelo conhecido como Aranha Branca.

— Marc — falei —, a gente devia descer.

— Quê?! — respondeu ele, chocado. — Por quê?

Expus minhas razões: a lentidão de nosso ritmo, a distância até o Bivaque da Morte, as condições precárias em que se achava a parede, o risco cada vez maior de avalanches à medida que a temperatura subia com o passar das horas. Enquanto falávamos, choviam sobre nós pequenas avalanches procedentes da Aranha. Passados uns quinze minutos, Marc, depois de certa relutância, acabou me dando razão e começamos nossa descida.

Onde encontrávamos ancoragens, descíamos de rappel; onde isso não era possível, descíamos desescalando. Ao pôr do sol, estávamos abaixo da enfiada de corda que tem o nome de Fenda Difícil quando Marc descobriu uma caverna onde poderíamos bivacar. A essa altura já tínhamos fortalecido em nós a decisão de desistir, e passamos a noite trocando poucas palavras um com o outro.

Antes de o sol nascer, mal retomáramos a descida, ouvimos vozes que vinham da parede mais abaixo. Logo surgiram dois escaladores, um homem e uma mulher, movendo-se com rapidez ao subir os degraus que escaváramos no gelo e na neve com nossas botas nos dois dias anteriores. Só de ver a fluência e a facilidade de seus movimentos, qualquer um perceberia tratar-se de excelentes escaladores. Ficamos sabendo que o homem era Christophe Profit, alpinista francês famoso. Agradeceu-nos pelo trabalho de escavar os degraus, e logo em seguida ambos dispararam em direção à Fenda Difícil com uma facilidade de pasmar.

Um dia depois de nos termos acovardado porque o flanco estava "em condições precárias", tudo fazia crer que os dois montanhistas franceses iriam completar aquela escalada como se ela não passasse de um piquenique dominical! Olhei para Marc e ele me pareceu a ponto de desfazer-se em lágrimas. Daquele ponto em diante, separamo-nos e cada qual percorreu o martírio da descida por caminhos diferentes.

Duas horas se passaram, até que afinal senti estar pisando a neve do sopé da parede. O alívio foi enorme. De repente a torquês que me comprimia têmporas e vísceras desapareceu. Deus do céu, eu tinha conseguido sobreviver! Sentei-me na neve e comecei a dar gargalhadas.

Marc estava a poucas centenas de metros de distância, sentado numa pedra. Quando cheguei perto dele, vi que chorava, mas não de alegria. Do seu ponto de vista, sobreviver à Nordwand não era grande consolação. "Ei" — ouvi-me dizendo então para ele —, "se esses franceses conseguirem ir até em cima, a gente dá um pulo em Wengen, compra mais comida e tenta de novo." Marc animou-se todo com essa sugestão e, antes que eu pudesse voltar atrás, já partira numa carreira em direção à barraca, para acompanhar pelo binóculo, passo a passo, a escalada dos montanhistas franceses.

Chegado esse momento, entretanto, posso dizer que minha sorte mudou (para melhor) com relação à Nordwand: Christophe Profit e sua parceira não conseguiram ir além da Rote Fluh, local de nosso primeiro bivaque, quando sobreveio uma tremenda avalanche e eles se apavoraram, sendo forçados a descer também. Um dia depois, antes que minha sorte com o Eiger tornasse a mudar, eu estava num jato voando de volta para casa.

GILL

LOGO A OESTE DE PUEBLO, no Colorado, a vastidão das Grandes Planícies cede lugar às primeiras ondulações de terreno que assinalam a proximidade das montanhas Rochosas. Aqui, entre cactos e carvalhos raquíticos, ergue-se cinco metros sobre a campina ressequida um bloco de pedra que tem a cor e a textura de telhas. A pedra tem muito mais extensão do que altura, com um flanco suavemente negativo, e irrompe da areia como o casco comido pela ferrugem de um navio há muito encalhado. Para um observador inexperiente, a face desse bloco parece quase lisa: uma ou outra protuberância arredondada aqui e ali, reentrâncias poucas e mínimas, em raros pontos uma agarra fininha como um lápis. Dir-se-ia não haver nenhuma possibilidade de uma pessoa escalar essa massa atarracada de arenito. Que é justamente o que explica a atração por ela exercida sobre John Gill.

Gill passa carbonato de magnésio nos dedos, do tipo usado por ginastas, e com passos decididos encaminha-se para a base do bloco de pedra. Agarrando-se a pequenas brechas na superfície da rocha e equilibrando-se sobre ressaltos não maiores que grãos de ervilha, consegue soltar seu corpo do solo, como se levitasse. Para Gill, a face íngreme do bloco é um problema a ser resolvido com vigor nos dedos, movimentos criativos e força de vontade. Ele arma o quebra-cabeça encaixando peça por peça, deslocando seu peso delicadamente de uma agarra minúscula para outra, até ver-se pendurado pelas pontas dos dedos a uma distância de um metro da crista do bloco. Nesse ponto da escalada, dá a impressão de estar travado: os pés se agitam inutilmente no espaço e sua posição é tão precária que, se ele soltar qualquer das mãos para alcançar mais acima, cairá na certa.

Demonstrando por sua expressão fisionômica uma calma absoluta que nem de leve deixa entrever o terrível esforço a que submete seus músculos, Gill fixa o olhar no topo, abaixa um pouco os ombros e toma um impulso súbito em direção ao alto, a partir dos patéticos pontos de apoio de suas mãos. Inteiramente solto no ar, faz o corpo se deslocar para cima nada mais que uns poucos centímetros, na verdade, antes de atingir o apogeu de seu voo, mas, nesse momento, bem quando começa a ser puxado de volta pela gravidade, a mão esquerda dá um bote certeiro visando à crista do bloco, como faria uma cobra para apanhar um rato, e a ela se agarra com firmeza. Segundos mais tarde, Gill está em pé lá no alto.

John Gill é uma lenda viva para os montanhistas de três continentes, um homem reverenciado pelos melhores desse esporte. Uma pessoa costuma entrar para a mitologia do montanhismo graças a façanhas de desafiar a morte no Himalaia, no Alasca, nos Alpes, ou nas imensas paredes de granito de Yosemite. A fama de Gill, entretanto, baseia-se inteiramente em escaladas inferiores a nove metros de altura. Ele ombreia com figuras da estatura de um Hermann Buhl, um Sir Edmund Hillary, um Royal Robbins e um Reinhold Messner, embora não tenha escalado nada maior do que blocos de pedra.

Não se enganem, porém: as proezas de Gill não se avaliam pelas alturas alcançadas, mas pelas dificuldades que envolvem. Os blocos que ele escala tendem a ser negativos e carecer de fissuras e rugosidades em dimensão suficiente para poderem ser vistas por escaladores menos experientes e, muito menos, permitir que apoiem o corpo nelas ou nelas se agarrem. Na verdade, as escaladas de Gill destilam os desafios cumulativos presentes numa montanha inteira, concentrando-os num atarracado e compacto bloco de granito ou arenito não maior que um caminhão de lixo ou uma modesta casa de subúrbio. Não há exagero em dizer que mais depressa poderia ser alcançado o cume do Everest pela maioria dos escaladores do que o topo de qualquer de uma vintena de blocos daqueles já vencidos por Gill.

E mais: se encarados do ponto de vista de Gill, os topos nem sequer são muito importantes. O verdadeiro prazer de escalar um bloco está menos em alcançar a meta do que no próprio processo de chegar lá. "O especialista em blocos é alguém que se importa com os procedimentos quase tanto quanto com o sucesso", diz Gill. "Escalar um bloco não vem a ser verdadeiramente um esporte. É uma atividade com implicações metafísicas, místicas e filosóficas."

Gill é um homem de cinquenta e poucos anos, alto, esguio, com olhos tristes e movimentos suaves, cuidadosos. Fala tal como se move: devagar, com um propósito definido, medindo e escolhendo meticulosamente as palavras que pronuncia em frases de absoluta correção gramatical. Com sua mulher, Dorothy, e um bando de animais caseiros a que ele finge não dar maior importância, Gill mora numa casa simples de dois andares em Pueblo, cidade que vive do aço nas planícies ensolaradas do Colorado e que já conheceu dias melhores. A não ser, talvez, por seus braços e ombros de proporções acima das normais, nada há na presença física, no porte ou nas maneiras de Gill, quando pisa em terreno horizontal, que possa sugerir tratar-se da figura mítica que ele é, esse homem cujas atividades em cima de pedras grotescamente íngremes leva as pessoas a acharem que ele encontrou uma brecha por onde burlar as leis da gravidade. Com seu cabelo ralinho e o cavanhaque aparado com capricho, Gill faz pensar num tranquilo professor de matemática.

Acontece que ele é um professor de matemática, como ficamos sabendo logo em seguida.

Não por simples coincidência o grande especialista em blocos é também um matemático de renome; ele percebe paralelos significativos entre essas duas atividades aparentemente não relacionadas uma com a outra. "Quando comecei a escalar, conheci vários montanhistas que eram pesquisadores em matemática", observa Gill. "E fiquei pensando: como se explica que, entre as poucas pessoas que conheci nas minhas escaladas, houvesse tantas da área de pesquisas matemáticas? Apesar de uma dessas atividades ser quase completamente cerebral e a outra sobretudo física, existe algo em comum entre concentrar seus esforços em blocos de pedra e desenvolver pesquisas matemáticas. Creio que a afinidade está no reconhecimento de modelos, de padrões, num instinto natural para analisar padrões."

Provas matemáticas que parecem impossíveis, diz Gill, são resolvidas por meio de "saltos quânticos de intuição, o que é igualmente válido para as dificuldades que surgem na exploração de blocos". Não é por acaso que, no jargão dos montanhistas, as escaladas de blocos se denominam "problemas" (como, por exemplo, no comentário "Você já soube que Kauk finalmente venceu o problema hediondo que ficava do outro lado do rio, aquele de que todos os sacanas europeus implacavelmente haviam recebido a maior surra?").

Quer se trate de um bloco de arenito negativo ou da prova de um teorema implausível, os problemas que mais atraem Gill são aqueles que ainda não foram resolvidos. "Gosto de encontrar uma pedra que nunca tenha sido escalada, gosto de observar e chegar a descobrir algum padrão de pontos de apoio na superfície dessa pedra, para em seguida escalá-la. É claro que quanto mais obscuro esse padrão, quanto mais difícil a aparência da pedra, maior a satisfação obtida. Há algo ali que talvez seja possível criar, se usarmos a inteligência e a intuição para chegar ao salto quântico de que falo. Importante é descobrir que a gente não encontra o caminho certo na escalada do bloco porque está atento a cada minúsculo ponto de apoio à medida que os vai percebendo um por um, mas sim porque olha e examina o problema como um todo."

Tanto para os mais ambiciosos exploradores de blocos como para os mais ambiciosos matemáticos, enfatiza Gill, não basta simplesmente resolver um problema particular: "Um dos objetivos para ambos é alcançar um resultado interessante — um resultado inesperado seria o ideal — de maneira elegante, fluente e que surpreenda pela simplicidade. É tudo uma questão de refinamento". Mas, além disso, ele acrescenta, "explorando um bloco ou desenvolvendo uma pesquisa matemática, é preciso que a pessoa tenha uma inclinação natural para escavar e aprofundar-se, uma forte motivação completamente interior para situar-se nos limites, na fronteira, para descobrir coisas. A recompensa, em ambas as atividades, é um fluxo quase contínuo de descobertas, o que é uma sensação extraordinária".

Filho único de um professor universitário que trocava de cidades com intervalos de poucos anos, Gill descreve sua infância como tendo sido "às vezes um pouco solitária. Nunca fui um menino robusto, nunca disputei partidas de esportes organizados". Passava grande parte do tempo vagando sozinho pelos bosques, e gostava de trepar em árvores. Seus pais lhe contaram que, nas férias da família, quando tinha sete ou oito anos, ele costumava pedir-lhes que parassem o carro sempre que passavam por um corte na estrada para que pudesse subir suas paredes.

"No ginasial e no segundo grau", prossegue Gill, "eu cantava no coro. De fato era uma pessoa bastante chata às vezes." No secundário, em Atlanta, entretanto, Gill conheceu uma garota que tinha alguma experiência de montanhismo no oeste do país. Num fim de semana ela o convidou para acompanhar um grupo de estudantes em excursão com o propósito de escalar rochas no norte da Geórgia. Gill primeiro ficou observando, depois animou-se a tentar. "Mostrei-me bastante desajeitado", conta ele, "mas achei a coisa toda bem fascinante. Nunca antes havia vivido momentos de tanta emoção. Era uma mudança de perspectiva que se oferecia para mim. A rocha tinha qualquer coisa que me atraía."

Em 1954, depois de terminar o secundário, ele seguiu de carro para o Colorado com um amigo a fim de passar o verão escalando. Gill pode ter sido desajeitado, mas também deu provas de coragem: houve um dia em que escalou em solo a maior parte da inclinada face leste do Longs Peak, até que um guia de montanha do lugar, julgando Gill um turista lunático, saiu para resgatá-lo. Depois de alcançá-lo já na parte alta da montanha e esclarecer tudo numa conversa com ele, o guia, segundo Gill, "resolveu que eu não era tão maluco como ele imaginara vendo-me lá de baixo, e prosseguimos juntos até o cume". Outras escaladas igualmente emocionantes se seguiram, e, quando o verão chegou ao fim, Gill sabia que havia encontrado sua vocação.

No outono seguinte, como calouro na Georgia Tech, Gill participou de um curso de ginástica. Foi mostrado à turma um filme com ginastas olímpicos em evoluções nas argolas, e Gill, que nunca antes havia tomado conhecimento desse esporte, "ficou admirado com a elegância do equilíbrio alcançado pelos atletas nesses exercícios. Eles faziam coisas enormemente difíceis mantendo a aparência de controle e calma absolutos". O filme causou-lhe forte impressão; valeu como uma epifania. Na verdade, não seria o escalar pedras, pensou Gill, simplesmente uma forma livre de ginástica? A partir daí ele começou a usar as ferramentas da ginástica — o treino concebido em bases científicas, a disciplina mental, o carbonato de magnésio pulverizado para dar às mãos maior capacidade de agarrar — como um meio de forçar as fronteiras tradicionais do montanhismo.

Gill esquadrinhou as colinas rurais da Geórgia e do Alabama em busca de rochedos para escalar. Devido à falta de grandes elevações nesses estados, ele naturalmente voltou sua atenção para os afloramentos e blocos de pedra. Para evitar entediar-se, usou seus recém-adquiridos talentos de ginástica a fim de extrair o que houvesse de desafio, por mais ínfimo, no relevo em miniatura à sua disposição. E assim nasceu o esporte chamado *bouldering*. (Os montanhistas exercitavam-se em blocos muito antes do aparecimento de Gill, mas em geral consideravam a prática com blocos mero acessório de treinamento para as escaladas "de verdade"; Gill foi a primeira pessoa a explorar blocos como um objetivo válido em si mesmo.)

Em seus anos de universidade, era frequente Gill passar as férias de verão em Tetons e outros recantos das montanhas Rochosas. Em suas primeiras viagens ao oeste ele efetivamente escalou vários picos importantes como o Grand Teton, mas sua atenção foi se voltando para elevações cada vez menores (e cada vez mais difíceis). Na monografia que Pat Ament escreveu sobre Gill, *Master of Rock*, Yvon Chouinard recorda os dias que ele e Gill partilharam nos Tetons no final da década de 1950. De acordo com Chouinard, Gill era um dentre um punhado de montanhistas excêntricos que moravam em Tetons durante os meses de verão, com uma única aspiração na vida, que era escalar, "mantendo-se com cinquenta centavos de dólar por dia, comendo mingau de aveia". Chouinard conta que nessa época Gill passara a evitar as grandes elevações, e suas atividades concentravam-se "numa espécie de montanhismo teórico, se assim se pode dizer, sem o propósito de chegar a nenhum ponto geográfico específico. Eram escaladas absurdas, pelo menos do ponto de vista do Clube Alpino Americano".

Não demorou muito, e Gill desistiu completamente da escalada convencional com uso de cordas, fixando-se na escalada de blocos baixinhos mas de extraordinária dificuldade, sempre só, uma prática que provocava caçoadas por parte dos escaladores aferrados à tradição. Entre aqueles que ainda demonstravam algum interesse por Gill, julgava-se que, não havia dúvida, ele perdera a coragem e havia se tornado acrofóbico demais para ser capaz de escalar mais de seis metros acima do chão. Na realidade, Gill estava às voltas com uma intensa busca pessoal — sondando e desafiando, nos limites da gravidade, a pedra, o músculo e a mente, para ver aonde, num plano além das altitudes topográficas, a prática de escaladas poderia levá-lo.

Ao esporte de escalar montanhas faltam sensivelmente órgãos formais que o administrem, e regras oficiais. Apesar disso — ou, talvez, por causa disso —, a comunidade muito fechada de montanhistas americanos reconhecidos como tais sempre emitiu forte juízo acerca da forma como o esporte deve ser praticado, exercendo uma insidiosa pressão corporativista para persuadir os escaladores a enquadrar-se nesse juízo.

"Já desde 1957", observa Gill, "eu havia reconhecido que uma filosofia predominante pode funcionar como elemento de união capaz de aprisionar a pessoa numa certa perspectiva, e isso não me agradou. Mais do que tudo, gosto da liberdade de escalar. Cresci no sul, onde se vive rodeado de árvores espessas e flexíveis, e onde é difícil ver o céu por causa da umidade. A paisagem, em suas linhas gerais, é plana. Lá não há um enfrentamento com a natureza. Para mim foi uma transição tremenda, quando vim para o oeste. Senti-me esmagado diante das rochas, diante da escala das paisagens naturais, diante da amplidão do espaço aberto. Para mim, criado numa existência de certo modo enclausurada, nada podia ser mais maravilhoso do que a alegria de respirar num estado aberto à natureza, com esses grandes desafios ambientais e toda essa liberdade de movimentos.

"Quando reconheci pela primeira vez a força tremenda exercida por uma perspectiva predominante", prossegue Gill, "a força tremenda que uma comunidade de montanhistas pode exercer sobre a experiência de escalar de uma pessoa, foi que me dei conta de que desejava realizar experimentos com a escalada, que não me interessava enquadrar minhas escaladas nessa ou naquela categoria, não me interessava seguir os passos de outra pessoa, ou obedecer a um conjunto de regras informais, mesmo que se tratasse de regras não escritas. Decidi que uma maneira fácil de evitar as restrições da perspectiva dominante era realizar escaladas solitárias. Concluí que era muito difícil fazer experimentos escalando com outras pessoas, ou mesmo enquanto se tem a companhia de outros num acampamento de montanhistas. Quando escalava sozinho, descobria-me vivendo aventuras interiores maravilhosas."

Hoje em dia, não é raro ver-se adolescentes que noutros tempos teriam gasto seus momentos de lazer num campo de beisebol ou numa quadra de basquete pegar suas sapatilhas de escalada e seus sacos de magnésio e sair à procura de blocos. Por ser uma atividade acessível, ter um formato sem complicações e oferecer emoções imediatas o *bouldering* está muito na moda atualmente. A gente esquece facilmente que Gill era uma figura isolada em oposição à poderosa corrente quando se especializou no seu tipo minimalista de escalada três décadas atrás.

Hoje ele alerta outros escaladores de blocos a estarem vigilantes para não se prenderem demais às práticas aceitas do esporte que lhe coube criar; está sempre insistindo com aqueles aptos a tornar-se astros da rocha para que procurem guiar-se por seus ditames interiores.

Em artigo intitulado "Notes on Bouldering — The Vertical Path" [Notas sobre a escalada de blocos — a trilha vertical], Gill escreveu:

> Questionem continuamente os objetivos das escaladas. Servem, acaso, para atrair a pessoa de volta para a comunidade montanhística? Ou para impulsioná-la na direção do caminho inspirado por ditames interiores? Esse questionamento gera uma tensão que é intensificada pelo desencanto. Por fim, chega-se a um vazio, e é de onde nossa natureza básica espontânea nos conduz ao ponto de partida do caminho... Daí por diante, somos capazes de manter-nos à parte do mundo exterior da escalada, apesar de que de vez em quando nos envolvamos arrebatadoramente com ele. Dimensões filosóficas e místicas emergem quando os dois mundos são reunidos.

Há passagens em que a prosa de Gill pode mostrar-se tão densa e recôndita como uma de suas provas matemáticas, mas ela soa absolutamente clara e verdadeira para aqueles que partilham sua obsessão com o chão vertical. Não é raro ouvirem-se citações literais de Gill em rodas de adolescentes-prodígios da rocha, diretamente extraídas de algum dos artigos sobre *bouldering* que ele escreveu para revistas especializadas em montanhismo. O fino matemático, hoje um cavalheiro de gestos discretos na sua meia-idade, tornou-se um guru para os aficionados dos blocos, um modelo para uma geração de rapazes e moças que vestem malhas colantes, exibem argolinhas de ouro nas narinas e efetuam escaladas ouvindo os ritmos apocalípticos do Jane's Addiction ou do Fine Young Cannibals, vibrantes nos fones de seus walkmen.

Ninguém — vale a pena assinalar — teria prestado atenção em Gill ou em suas inovadoras ideias se ele houvesse sido apenas um escalador de blocos, e não um *brilhante* escalador de blocos. Gill é visto como um herói e não como um maluco porque na hora certa deu um passo para fora de seu caminho místico privado e tornou-se "arrebatadoramente envolvido" com o paradigma convencional da escalada, em que demonstrou ser tão capaz quanto os campeões em jogar o jogo segundo as regras tradicionais.

A escalada pode ser um esporte implacavelmente competitivo. A ausência de canais competitivos formais torna difícil estabelecer uma hierarquia precisa de escaladores, mas existe um sistema surpreendentemente acurado, ainda que esotérico, para avaliar as dificuldades de escalar uma rocha, desenvolvido na Califórnia do Sul na década de 1950, que permite aos montanhistas ter uma certa noção de em qual categoria se incluem. O método é chamado Sistema Decimal Yosemite e avalia as dificuldades numa escala que originalmente ia de 5.0 a 5.9.

Poucos anos depois de ter começado a escalar, Gill já se habilitava como pioneiro em escaladas convencionais com corda, de uma dificuldade avaliada em 5.9 — ou seja, o ponto mais alto da escala —, praticando no Disappointment Peak e em outros paredões de rocha em Tetons. No final da década de 1950, quando começou a se concentrar realmente no *bouldering*, quase todos os problemas por ele "resolvidos" eram de uma dificuldade que não tinha nem como ser registrada no Sistema Decimal Yosemite. Gill estava escalando num padrão de 5.12 uns vinte anos antes que esse grau de dificuldade existisse (os padrões de resultados obtidos no montanhismo, bem como noutras atividades atléticas, elevaram-se consideravelmente nos últimos trinta anos: o índice de 5.10 foi acrescentado à escala na década de 1960; o 5.11, na década de 1970; os de 5.12, 5.13 e 5.14, na década de 1980).

Em 1961, Gill superou um problema de bloco que ainda hoje se comenta abaixando a voz: a face norte do Thimble, um pináculo negativo de dez metros de altura nas agulhas de Dakota do Sul. A via feita por Gill no Thimble inclui tudo o que era de se esperar num problema supremo de *bouldering* — inimagináveis sequências de movimentos ao mesmo tempo delicados e vigorosos em agarras de ponta de dedos — e mais: a escalada se situa diretamente acima da grade de segurança de um estacionamento, e uma queda lá de cima provavelmente resultaria na morte, ou em algo pior. No momento em que escrevo, quase trinta anos mais tarde, a ascensão sem corda feita por Gill ainda espera quem apareça para repeti-la.

Gill não tem certeza absoluta do que foi que o moveu a escalar o Thimble. A formação rochosa, diz ele, "era estética e muito bem delineada. Havia muito poucas agarras. Naquela época eu me preocupava bem menos com segurança. Hoje uso uma corda para atravessar a rua ou simplesmente descer do meio-fio. Eu sentia que tinha de haver um elemento de risco no que eu fizesse, tinha de ser difícil".

Depois de examinar a escalada com o máximo cuidado e determinar "por que tipos de movimentos eu teria de me responsabilizar se estivesse decidido a assumir a empreitada", Gill treinou durante todo um inverno no ginásio pertencente à base da Força Aérea em Montana, onde na época estava servindo. "Fiz exercícios de pressão de dedos", diz ele, "porque reparei que havia lá em cima algumas protuberâncias mínimas que eu teria de usar quando as agarras horizontais acabassem. Elas acabam bem depressa. Planejei pequenas escaladas a serem feitas, como treino, agarrando-me a parafusos salientes nas paredes do ginásio. Agarrando-me aos parafusos, tomava impulso e puxava o corpo para cima. O Thimble ocupou-me o pensamento durante grande parte daquele inverno."

Na primavera seguinte, Gill voltou às Black Hills, onde se localizam as Agulhas, para tentar a escalada. Subiu e desceu, escalando a metade inferior da rocha, várias vezes seguidas, memorizando os movimentos e fortalecendo a autoconfiança, até "ter tudo ligado". Ele diz que "com isso de ir para cima e para baixo, para cima e para baixo, acabei produzindo em mim um estado de febricitante energia que me valeu a decisão de

43

atacar a metade de cima, o que felizmente consegui. É o mesmo que acontece numa porção de outras atividades esportivas. A gente não só se entusiasma, mas chega a ficar quase hipnotizado ou mesmerizado a ponto de a mente se esvaziar; a partir daí escala-se por força de um instinto bem cultivado".

Escalar o Thimble foi um marco decisivo na vida de Gill. Casou-se pouco depois e parou de fazer escaladas que lhe parecessem envolver sérios riscos. "Acho que o risco pode criar dependência", explica, "e eu não estava a fim de me tornar dependente. A intensidade emocional não apenas aumenta como muda de natureza quando escalamos coisas que não permitem nem pensar nas consequências de uma queda. É difícil pôr isso em palavras, mas eu entrava num estado de consciência quase diferente quando escalava sem cordas, exposto a uma situação de perigo. Meus membros ficavam muito leves, minha respiração alterava-se de forma bastante sutil, e tenho certeza de que ocorriam mudanças vasculares de que na época eu nem sequer tinha consciência. Percebi que entrava nessa configuração psicológica diferente sempre que empreendia escaladas com risco de vida. Era uma experiência eufórica e de grande intensidade emocional, que ao mesmo tempo me fazia sentir quase relaxado. Podia haver momentos de tensão, porém mesmo assim o que prevalecia ao longo de toda a escalada era esse padrão contínuo de relaxamento. Era fascinante, só que eu não queria ficar preso a tais sensações."

O fato de Gill ser tão melhor que outros escaladores de rocha na mesma época pode ser atribuído ao caráter experimental, de espírito aberto, que imprimia à sua abordagem daquele esporte. Submetia-se a um intenso treinamento em aparelhos de ginástica quando não estava na rocha, fortalecendo-se a ponto de erguer seu corpo na barra fixa sustentando-se num único dedo. Dono de um longo aprendizado zen, dedicava ao espírito uma preparação tão completa quanto a que dedicava à musculatura. Era inclinado à meditação e descobriu que focalizando toda a sua atenção em, digamos, uma haste de grama ou uma paisagem montanhosa antes de escalar, era capaz de clarificar a mente, ligar o corpo e dar-lhe segurança tranquila para avançar num terreno com que não estava familiarizado. Para Gill, um dos objetivos supremos de escalar consiste em conseguir manter uma calma interior durante momentos de extremo estresse. "Quando a gente atinge um estágio tão avançado de habilidade técnica a ponto de não notar realmente o cansaço", explica, "só então é que se entra no verdadeiro espírito da escalada. Não dá para sentir a alegria do movimento quando o que predomina é a preocupação com o esforço. Você tem que alcançar destreza e força suficientes para chegar ao ponto em que se torne capaz de sentir essa leveza sublime. Trata-se de uma ilusão, claro, mas é ótimo estar em condições de mergulhar nessa ilusão. Eu só me sinto inteiramente bem-sucedido num problema de bloco quando me vem essa sensação de leveza."

Embora aos cinquenta e quatro anos Gill ainda consiga dar conta de uns tantos problemas de bloco que afugentam ratos de rocha "sarados" de vinte e dois, ele vem, de uns vinte anos para cá, buscando outros objetivos além da dificuldade pura e simples nas suas escaladas, tentando, como ele diz, "encontrar meios de obter cada vez mais de cada vez menos". Contrariando sua reputação de nunca escalar acima de nove metros, na verdade Gill regularmente sobe — solitário e sem corda — o que ele considera serem vias fáceis em penhascos com 240 metros de altura situados perto de sua casa, como uma forma de exercitar-se em "meditação cinestésica".

"Acho que passei por algumas experiências interessantes", diz ele, "em virtude de ter, digamos assim, 'exagerado' no meu treinamento para algumas dessas longas e tranquilas escaladas que estou sempre insistindo em fazer. Tenho essas vias memorizadas a tal ponto que nem preciso refletir sobre a escalada num nível consciente. Fico tão envolvido com o fluir e o ritmo da escalada que perco contato com quem sou e com o que sou, e me torno parte da rocha — houve ocasiões em que realmente me senti como se envolvido numa trama com a rocha, como se estivesse sendo costurado nela, como se penetrasse nela e saísse, entrasse e saísse, o tempo todo.

"Não sei quanto disso eu deveria estar falando para você", diz Gill, hesitante, em sua voz macia de barítono, "pois não quero que as pessoas pensem que estou delirando, mas creio que todos os anos de preparação física e mental por que passei desenvolvendo tanto minhas aptidões de escalador como aquelas de matemático — concentrando-me por longos períodos num único cristal de rocha ou enfronhando-me em profundidade num problema matemático difícil — facilitaram-me bastante o acesso a certos tipos de experiências místicas.

"Em meados da década de 1970", Gill prossegue, "uma pessoa muito minha amiga interessou-se pelos livros de Carlos Castañeda e ficava insistindo comigo para que os lesse. Nunca tomei drogas alucinógenas, não me interesso por drogas, de modo que resisti a ler esses livros porque pensava que fossem todos sobre drogas. Mas essa pessoa acabou me convencendo de que não se tratava disso, e eu então os li — e foi uma fascinação. Creio que em seu segundo livro — não tenho certeza — o personagem principal descreve como procede para iniciar-se na arte de sonhar. Aquilo me despertou tamanha curiosidade que resolvi experimentar. E o sucesso foi *imediato*!

"Há várias fases nesse estado de sonho ou hipnagógico, nessa realidade alternativa. A pessoa fica inteiramente consciente, quase mais consciente do que num estado de vigília normal. Às vezes você pode sair voando sobre uma cidade, fazer coisas desse tipo, enquanto em outras ocasiões tudo se passa de modo muito parecido com o nosso modo normal de existência, em que funcionam as leis normais de gravidade; só que a gente está num outro lugar.

"Descobri que, para mim, a melhor hora para capturar esse estado hipnagógico é pelo meio da noite, quando acordo e em seguida vou sendo levado devagarinho para o sono; mas já entrei em estado semelhante escalando, especialmente quando faço em solo aquelas vias longas e tranquilas — naqueles momentos em que me dá a sensação de que estou me fundindo à rocha. É então que consigo chegar mais perto dessa segunda realidade, desse sentimento de leveza. E nisso consiste, realmente, a poesia transcendental de escalar. Considero que experimentar esse estado hipnagógico é bem mais importante do que vencer problemas extremamente difíceis em blocos, que ninguém ainda tenha vencido."

Ultimamente, Gill se tem deixado mais do que nunca fascinar pelo lado metafísico do *bouldering*, pela experiência interior que acompanha a escalada. Uma vez, depois de tomar um pouco de vinho, Gill especulou sobre a possibilidade de que "uma excelente atitude mental" seja capaz de induzir a aptidão telecinética para levitar, ainda que apenas ligeiramente. "Uns poucos gramas a mais podem fazer uma tremenda diferença", medita. "Vi pessoas ultrapassarem seus limites." Centenas, talvez milhares de escaladores experientes tenham pelejado durante horas sem conta nas bases dos problemas de blocos de John Gill, tentando sem sucesso tirar os dois pés do chão. Muitos desses escaladores estariam em geral inclinados a caçoar quando a conversa passasse para telecinésia e quejandos, mas quando Gill fala sobre levitação, eles escutam atentamente.

O GELO DE VALDEZ

VALDEZ, NO ALASCA, é uma pequena cidade com duas razões para reivindicar a fama. A primeira é que na Sexta-feira Santa, em 1964, a comunidade de 4 mil almas, apertada entre o sopé das montanhas Chugash e um estreito braço de mar, foi sacudida pelo mais poderoso terremoto já registrado na América do Norte, uma catástrofe que resultou na morte de 33 residentes. A segunda razão, claro, é que Valdez foi o local do maior vazamento de petróleo e o mais catastrófico em seus efeitos ambientais: mais de 40 milhões de litros de petróleo North Slope cru. O vazamento de todo esse petróleo em 1989 pode ser atribuído à fatuidade, à ganância corporativa, a uma certa queda do capitão pelo álcool e à imutável Lei de Murphy; que o vazamento tenha fluído para o braço de mar de Valdez, e não para qualquer outra massa d'água, pode ser atribuído a uma sutileza climática: o oleoduto transAlasca passa por Valdez, de modo que os grandes petroleiros, como o *Valdez* da Exxon, dirigem-se para Valdez porque Valdez é, dentre todos os portos sem gelo, aquele que ocupa a posição mais setentrional no continente.

Se, por um lado, as águas do braço de mar de Valdez passam o ano todo sem congelar, por outro, o mesmo não acontece com a terra que o cerca. As opulentas línguas azuis de vários glaciares avançam pronunciadamente pelos limites da cidade de Valdez adentro, e, ao longo dos meses de inverno, a frigidez nas temperaturas e a umidade do ar marinho conspiram para vitrificar as ruas do centro com uma traiçoeira couraça de gelo negro. Mas as mais impressionantes formações de gelo encontram-se nos flancos inferiores dos picos com 1600 metros de altitude que se recortam como dentes de tubarões, fileiras após fileiras, até onde termina a cidade.

No verão, centenas de cascatas rolam dessas escarpas ensopadas de chuva; quando chega novembro, as quedas congelam em meio a seu fluxo, com a névoa que se precipita do alto sendo transmutada pelo frio do inverno em estalactites de gelo do tamanho de arranha-céus — gigantescos pilares e bizarras cortinas de gelo de aparência frágil que resplandecem em pálidos tons de água-marinha e safira à difusa luz subártica.

A pouco mais de vinte quilômetros do centro da metropolitana Valdez, a única rodovia que sai da cidade penetra no cânion Keystone: um estreito corte com 240 metros de profundidade que atravessa o espinhaço de rocha maciça da cadeia Chugash, pelo qual as águas do rio Lowe se lançam no mar. Apesar de o cânion não se estender por mais de 4 mil metros de um extremo a outro, no inverno mais de cinquenta cachoeiras congeladas pendem de suas paredes verticais e negativas.

Há dez anos, um agente marítimo de Valdez chamado Bud Pudwill ia passando com seu carro pelo cânion Keystone abaixo daqueles penhascos ameaçadores quando, ele recorda, "de repente olhei para cima e vi uma figurinha minúscula em pé sobre um platô a meia altura da cachoeira Bridal Veil", uma das maiores quedas-d'água do cânion, que, de novembro a maio, transforma-se numa treliça de delicados pingentes de gelo em tom azulado da altura de cinquenta andares. A figura na cachoeira, explica Pudwill, "batia os pés e as mãos uma na outra enquanto dava corda a uma segunda figura minúscula aparentemente encalhada no gelo, com braços e pernas esticados e abertos, que a ela se prendia mais acima, Deus sabe como e por quê. Meu único palpite era que deviam estar sendo pagos para aquilo".

Na verdade, não estavam sendo pagos nem — como Pudwill suspeitara alternativamente — tentando inovar em matéria de suicídio; as duas pessoas estavam escalando a cascata, num cer-

49

to sentido histórico, porque ela estava lá:* a atividade presenciada por Pudwill, por mais lunática que pudesse parecer, era nada menos que o mais recente refinamento eminentemente lógico do venerável esporte do montanhismo. No decurso de um ano, o sr. Pudwill viria a tornar-se, ele próprio, um ardoroso escalador de cascatas.

Quando foi inventada, há duzentos anos, nos Alpes, a escalada de montanhas era um esporte muito simples: a pessoa escolhia para si uma montanha, quanto maior melhor, e tentava subir até o topo. Com o passar do tempo, porém, todos os mais altos cumes foram alcançados e os alpinistas que buscavam notoriedade foram forçados a voltar-se para faces e arestas cada vez mais difíceis em picos que já haviam sido escalados. Por fim, a busca de desafios cada vez maiores e de terrenos verticais virgens evoluiu até o ponto em que, para muitos escaladores, alcançar um cume geograficamente significativo deixou de ter qualquer interesse; desde que a escalada fosse suficientemente difícil e suficientemente íngreme para fazer a adrenalina fluir em abundância, não fazia diferença o objeto ser um alto pico do Himalaia ou uma pedreira na Inglaterra. Ou até mesmo uma cascata congelada** em Valdez, no Alasca.

Aconteceu de uma cascata de Valdez conhecida como Wowie Zowie ser o objetivo de John Weiland e Bob Shelton em 25 de janeiro de 1987. Dado que a tal Wowie Zowie mergulha da

---

* O autor se refere à célebre frase de Sir George Mallory, conhecido escalador britânico desaparecido durante uma das primeiras tentativas de ascensão do Everest, que, quando perguntado por que escalava montanhas, respondeu: "Porque elas estão lá". (N. T.)

** É importante, para evitar confusões, ressaltar a diferença entre cascata congelada (*frozen waterfall*) e cascata de gelo (*icefall*) — termo presente em outros capítulos do livro. Uma cascata congelada é uma cachoeira que, no inverno, se congela, como as de Valdez. Uma cascata de gelo é um trecho substancialmente inclinado de um glaciar — que, em última instância, pode ser entendido como um rio congelado — onde a massa colossal de gelo se fratura em contato com o relevo íngreme, formando um labirinto perigoso e caótico de gretas e gigantescos blocos de gelo — os seracs — precariamente equilibrados. (N. T.)

borda de um penhasco de inclinação negativa, jogando-se em uma queda única, ininterrupta, de 120 metros, e que a corda de escalada de dez milímetros de diâmetro tinha 95 metros de extensão, os escaladores planejaram atacar o gigantesco pingente de gelo em duas etapas — ou "enfiadas", no jargão montanhístico —, a primeira das quais terminaria cerca de cinquenta metros acima, numa pequena cavidade por trás da cachoeira de gelo.

Shelton iniciou a primeira enfiada às nove da manhã, com uma piqueta em cada mão (uma fina lâmina de aço de quinze centímetros de comprimento presa a um cabo de quarenta centímetros de fibra de vidro) e com crampons presos por correia aos solados de suas botas de escalada (conjuntos de pontas de cinco centímetros de aço, doze para cada bota, duas das quais projetando-se para a frente a partir de cada pé). Fincando as lâminas de suas piquetas com uma série de golpes cuidadosamente dirigidos, e equilibrando-se sobre as pontas frontais de seus crampons depois de enterrá-las um centímetro para dentro do gelo, Shelton subiu a inclinada face da Wowie Zowie como se fosse um aracnídeo gigante, numa técnica conhecida como front-pointing.

A fim de conseguir o máximo possível de segurança em sua subida, a cada seis ou nove metros Shelton fazia uma pausa para enfiar, enroscando, um parafuso de gelo (tubo com fio em rosca de vinte centímetros, de alumínio ou titânio, com um olhal numa das pontas), conectar um mosquetão (um elo de alumínio) ao olhal do parafuso e passar a corda que descia de sua cadeirinha na cintura dentro desse mosquetão. Com esse sistema, se viesse a perder sua tênue ligação com o gelo enquanto se achasse, digamos, uns cinco metros acima do parafuso, Shelton poderia esperar cair cerca de doze metros até que seu voo fosse interrompido pela segurança dada por seu companheiro Weiland (dar segurança consiste num método de ir dando corda ao escalador de um modo tal que permita que uma queda seja freada instantaneamente tão logo ocorra): Shelton cairia os cinco metros que o separavam do parafuso, outros cinco metros para baixo, e ainda uns dois ou três metros adicionais em função da elasticidade da corda para absorver o impacto da queda. Uma vez que cair doze metros em giro vertiginoso portando ferramentas semelhantes à arma usada para assassinar Trotsky poderia, plausivelmente, causar graves danos a uma pessoa, Shelton estava se empenhando ao máximo em seguir à risca o ditado segundo o qual "quem guia não deve cair".*

Trinta metros depois de ter deixado o solo, passadas duas horas de agitação frenética dos braços e de luta acirrada contra a gravidade e contra o gelo quebradiço da Wowie Zowie, Shelton atingiu uma proeminência no gigantesco pingente de gelo, um ponto onde o pilar acima se projetava para fora cobrindo-o como um toldo gasto e esfarrapado. "Subi esgueirando-me por baixo do ressalto negativo o mais colado à parede que pude", Shelton recorda, "e logo tasquei ali um parafuso. Em seguida me estiquei até a borda do teto, finquei minhas piquetas na face do pilar, gritei para baixo avisando Johnny que ficasse de olho em mim, e fui em frente: fiquei pendurado pelos braços, puxei-me para cima como se fizesse uma barra e comecei a subir o pilar me apoiando com as pontas frontais dos crampons."

Para seu desapontamento, Shelton descobriu que o gelo do pilar superior, absolutamente vertical, era uma trama frágil e esburacada, cheia de bolsões de ar, mais parecida com isopor inconsistente do que com gelo. Entretanto, refazer em sentido contrário a escalada do trecho negativo que acabara de ultrapassar era impossível, de modo que foi em frente, na esperança de que a condição do gelo melhorasse à medida que fosse subindo. Ao contrário, ela só piorou. Golpeando com suas piquetas de um lado para outro, com os braços já ardendo, na vã tentativa de, ao furar a camada de gelo ruim, chegar a algo sólido em

---

* O autor se refere a uma frase célebre entre os escaladores, oriunda dos primórdios do esporte, quando os equipamentos de fato não permitiam nenhum tipo de queda — o resultado seria provavelmente a morte. Hoje as quedas são comuns na escalada, mas muitas vezes, como no caso, são altamente indesejáveis. (N. T.)

que suas piquetas pudessem prender-se, encontrava dificuldade cada vez maior para segurar-se às ferramentas. Até que, diz Shelton, "de repente tudo como que escapou das minhas mãos, e eu decolei".

"Decolar", "voar", "tomar uma vaca": essas são as curiosas expressões usadas pelos escaladores para denotar o ato de cair. No caso de Shelton, quando foi arremessado de ponta-cabeça para baixo da borda do negativo, e a força da queda fez soltar-se do gelo podre, como um palito de um canapé, o último parafuso cravado, as coisas começaram a sugerir que ele talvez pudesse realmente "abrir uma cratera", expressão reservada para as ocasiões em que um escalador sofre o infortúnio de cair direto até o solo. Mas a sorte estava a favor de Shelton, naquele domingo, pois o parafuso colocado antes daquele resistiu, e seu corpo — praticamente ileso, não fossem alguns arranhões — foi freado pela corda elástica de náilon depois de uma queda que não chegou a dezoito metros.

Cascatas congeladas como a Wowie Zowie, cumpre assinalar, são um acréscimo bastante recente à lista de coisas que os escaladores escalam, pela simples razão de que até o final dos anos 1960 ninguém dispunha dos meios necessários para escalá-las. Desde os primeiros tempos do montanhismo os alpinistas escalam faces e canaletas cheias de gelo, mas apenas quando as inclinações envolvidas fossem substancialmente menos que verticais.

No século XIX, escaladores calçados com botas equipadas com tachas grandes davam conta de faces de gelo com inclinações de até quarenta ou cinquenta graus no Mont Blanc e nas vizinhas Aiguilles graças ao trabalho paciente de talhar longas trilhas de degraus e agarras para as mãos escarpa acima com grosseiras e pesadas piquetas. Em 1908, o limite superior da inclinação foi estendido mais uns poucos graus em direção à vertical com a invenção, por um escalador inglês chamado Oscar Eckenstein, de um crampon dotado de dez cravos apontados para baixo.

Na década de 1930, o crampon tinha adquirido o par adicional de cravos que se projetam dos dedos para fora horizontalmente, e em meados da década de 1960 esculpiram-se dentes na lâmina da piqueta. Esses refinamentos capacitaram os escaladores a desenvolver a técnica audaciosa do front-pointing, dispensando inteiramente a necessidade de esculpir degraus no gelo e tornando possível aos melhores escaladores da época subir encostas de gelo com inclinações de até setenta graus nos Alpes franceses, nas Highlands escocesas e nas montanhas Rochosas da América do Norte.

Infelizmente, quando os escaladores tentaram ultrapassar esses limites, verificaram que suas ferramentas eram lamentavelmente inadequadas para seus objetivos. Para inclinações no gelo acima de setenta graus — explica Yvon Chouinard, um compacto californiano de ascendência franco-canadense que foi talvez o mais destacado escalador de gelo dos anos 1960 — "mesmo as melhores piquetas tendiam a escapar do gelo num movimento que acertava a pessoa bem no olho, sempre que se exigia delas que suportassem grande parte do peso do corpo".

Chouinard, um ferreiro autodidata, ganhou a vida naquela época vendendo pitons, mosquetões e outras peças, que eram o estado da arte da parafernália de escalar, idealizadas de forma inovadora e confeccionadas por ele mesmo. Em 1966, frustrado com as deficiências das ferramentas que havia usado para subir algumas das grandes faces de gelo do maciço de Mont Blanc, Chouinard resolveu tentar conceber algo melhor: uma piqueta especificamente projetada para fixar-se com segurança no gelo vertical. "Num dia chuvoso daquele verão", recorda, "saí em campo no glaciar Bossons, acima de Chamonix, para testar cada uma das piquetas então disponíveis, e ver se conseguia descobrir por que não funcionavam."

A primeira coisa que notou imediatamente foi que todas as piquetas por ele testadas haviam sido forjadas com lâminas retas alinhadas perpendicularmente a seus cabos. Seguindo um primeiro palpite, Chouinard — com a assistência de um companheiro de escaladas chamado Tom Frost, engenheiro aeronáutico — concebeu uma piqueta cuja lâmina se curvava para baixo formando um arco suave que combinava com aquele descrito pela ferramenta quando movimentada pelo escalador.

O primeiro palpite revelou-se um lampejo genial: armado com uma piqueta Chouinard-Frost em cada mão, um escalador de braços fortes e coração intrépido poderia, apoiado apenas nas pontas frontais dos crampons, avançar parede acima no gelo vertical e até mesmo em ângulos negativos. Em 1970 a piqueta Chouinard-Frost tornou-se disponível em lojas especializadas de material de escalada do mundo inteiro, desencadeando uma série de ascensões até então inconcebíveis de colossais paredes de gelo do Alasca ao Quênia e de New Hampshire à Noruega, algumas das quais — não poucas — foi o próprio Chouinard quem escalou pela primeira vez.

Dos fins da década de 1950 ao final dos anos 1960, Chouinard estava na casa dos vinte, começando a criar fama como inventor de fabulosos equipamentos de escalada, e passava grande parte de cada ano na estrada, viajando de uma área de escalada para outra com uma forja portátil aquecida a carvão, "simplesmente escalando e vendendo equipamentos feitos por ele e que levava no porta-malas do carro" — conta. Seu orçamento, quando muito, era magro. Com frequência tinha de esticar suas finanças reduzindo os gastos a tal ponto que, junto com seus parceiros de escalada, para subsistir, via-se obrigado a comer esquilos e porcos-espinhos, embora houvesse épocas de relativa abundância, Chouinard recorda, "em que cedíamos à ostentação de comprar latas defeituosas de ração para gatos. Pagávamos dez centavos cada, e estocávamos esse mantimento para o verão todo". Chouinard apressa-se em acrescentar, a fim de desfazer qualquer equívoco, que "era comida de qualidade especial para gatos, do tipo que vem com sabor de atum. Entendam: não sou de comer comida de cachorro ou nada parecido".

Chouinard, hoje com cinquenta e um anos, continua escalando dentro de um alto padrão e continua a fazer o que são consideradas as melhores ferramentas do mundo para escalar gelo, só que pode-se asseverar que já não se alimenta com comida para animais domésticos, nem mesmo da qualidade gourmet, porque a empresa de equipamentos que fundou em 1957 no porta-malas de um Ford decrépito proliferou até formar uma família de negócios no ramo que arrecada mais de 70 milhões de dólares por ano.

O grosso desses rendimentos vem não da venda de parafusos de gelo, piquetas e crampons, mas de uma linha de trajes para atividades ao ar livre elegantes e engenhosamente concebidos — parcas, capas de chuva, ceroulas para escalada etc. — vendidas sob a grife Patagonia. Chouinard, na verdade, afirma nunca ter ganho dinheiro algum com o material para escalada em gelo nem espera vir a ganhar, porque escalar gelo é uma atividade tão fria, estranha e assustadora que o mercado voltado para esse tipo de equipamento continuará sempre bastante limitado. Do que se calcula como sendo 150 mil americanos que admitiriam ser montanhistas sérios, no máximo um por cento escala cascatas congeladas com alguma regularidade. "Praticamente as únicas pessoas que escalam gelo", declara com a maior naturalidade o mestre da escalada em gelo, "são um punhado de desajustados pirados."

Não é de surpreender que muitos desses desajustados pirados morem em Valdez, Alasca, ou perto dali. Alguns dos escaladores de gelo de Valdez, como o dr. Andrew Embick — um dos três médicos da cidade —, eram apaixonados fanáticos por escaladas que emigraram para a região, vindos dos quarenta e oito estados inferiores, pelo menos em parte, para aproveitar sua fartura de gelo; outros eram residentes não aficionados de escaladas que, quando chegaram ao local, não tinham nem a menor ideia de que um esporte tão bizarro como a escalada de cascatas sequer existisse, e muito menos podiam imaginar que um dia viessem eles próprios a praticá-lo.

Escalar gelo pode ser um passatempo sedutor. Quando John Weiland — que introduziu a escalada de cascatas congeladas em Valdez em 1975 — fala de suas primeiras experiências no gênero, o ouvinte tem de lembrar-se de que ele está falando de um esporte e não de uma toxicomania. "Meu pai era um escalador obsessivo", relata esse compenetrado carpinteiro de quarenta e um anos, "e assim fiquei desde garoto exposto àquela obsessão, e me amarrei completamente ao esporte. Escalar, para mim, era como uma droga, era tudo."

Em 1976, não muito depois que ele e Jeff Lowe, do Colorado, completaram sua primeira ascensão dos Keystone Green Steps, com duzentos metros, a maior queda-d'água de Valdez, Weiland começou a dar-se conta de como sua grandiosa obsessão estava monopolizando sua vida. Obrigou-se a abandonar as escaladas, num corte brusco, e conseguiu manter a abstinência por quase seis anos corridos. Em 1981, contudo, num momento de fraqueza, sacudiu a poeira de suas ferramentas de gelo e fez algumas escaladas, só para provar para si mesmo que tinha toda a liberdade para mudar de ideia quando bem entendesse — e desde então não mais deixou de se divertir subindo cascatas congeladas. Weiland, no entanto, insiste sobriamente que voltou ao hábito "bem aos poucos, e tenho tido cuidado para não perder a cabeça como da outra vez. Posso sentir que hoje a paixão pelas escaladas está sob controle".

A dependência não é, claro, o único risco que um escalador de gelo tem a enfrentar. A atividade é tão inequivocamente perigosa, porém, que tende a afastar pela intimidação as pessoas que não sabem o que estão fazendo antes que possam afastar-se do chão o suficiente para correr risco de vida. Até aqui, de todo modo, é surpreendentemente pequeno o número de acidentes com escalada de gelo em Valdez, nenhum deles fatal. "Sem dúvida", assinala Embick, "escalar gelo não é um esporte 100% benigno, mas em Valdez, no decorrer de nove anos de prática intensa nas cascatas de gelo, registramos apenas oito ou nove contusões, a mais grave tendo resultado num par de pernas quebradas."

O dr. Embick — um médico formado por Harvard, agitado, musculoso, nos seus quarenta e poucos anos, óculos com aros de metal e uma barba no estilo de Abraham Lincoln — é tão entusiasmado com a escalada em gelo que, ao que se diz, prescreve-a a seus pacientes como uma forma de medicina preventiva. "Os habitantes do Alasca", explica, "não se dão bem no inverno. Muitos ficam desempregados durante toda a estação, e a escassez de atividades disponíveis, os dias curtos, o tempo miserável, tudo faz com que passem grande parte do tempo confinados em casa. Um dos efeitos disso é que temos uma explosão de natalidade em outubro de cada ano; outro é que as pessoas sem ter o que fazer se sentem infelizes, dão para beber demais, as mulheres batem nos maridos ou os maridos nas mulheres. A escuridão reinante tem efeitos maléficos sobre a mente, de que resultam um ou dois suicídios por ano. Qualquer coisa que faça a pessoa sair, que a tome fisicamente ativa, valerá como boa terapia, como um meio de evitar os problemas de inverno. E escalar gelo é uma das poucas atividades físicas disponíveis para quem vive aqui no inverno."

O fato de que raros pacientes de Embick efetivamente se convenceram a adotar esse tratamento especial parece que não acalmou nem de leve a paixão do bom médico pelo arriscado passatempo. Uma paixão que se tem manifestado de muitas maneiras, a menos importante das quais não é certamente a "Bíblia", *opus magnum* que Embick vem compilando nos últimos nove anos e que, se algum dia vier a ser publicada, terá o título de *Blue Ice and Black Gold: An Ice Climber's Guide to the Frozen Waterfalls of Valdez, Alaska* [Gelo azul e ouro negro: guia para escaladores de gelo das cascatas congeladas de Valdez, Alasca]. Além de descrever cada uma das 164 cascatas escaladas até hoje, a "Bíblia" relaciona o nome dos conquistadores (o do próprio Embick figura em cinquenta das escaladas) e gradua a dificuldade de cada cascata numa escala que vai de I a VI.

Embora a escalada em gelo seja um esporte que se pratica sem contar com juízes, regras oficiais ou competições organizadas, é intensamente competitivo. Os melhores escaladores de gelo, que treinam com a dedicação de atletas olímpicos, valem-se da "Bíblia" e de guias semelhantes não tanto como fontes de informação geográfica para turistas, do tipo *Baedecker*, mas como recurso prático para fixar uma espécie de ranking: alguém que tenha escalado uma cascata que na "Bíblia" aparece classificada no grau VI de dificuldade tem obviamente mais direito a gabar-se do que uma pessoa em cujo currículo conste apenas uma ascensão avaliada como V+.

Prestígio especial é conferido, claro, às conquistas. Os primeiros a escalar determinada queda-d'água não apenas são imortalizados pelo registro de sua façanha na "Bíblia" como conquistam o direito de dar à cascata um nome de sua escolha. Uma rápida vista d'olhos pelas páginas da "Bíblia" revela o gosto local que se manifesta num amplo espectro de denominações, cobrindo abordagens criativas do tipo Killer Death Fang Falls, Deo Gratias, Never Again, Necromancer, Thrash & Bash, Too Loose Lautrec, No Way Jose, Dire Straits e Marginal Desperation.* Muitos desses nomes, impublicáveis, inspiram-se em funções corporais e em fixações sexuais da adolescência, que bem refletem uma interrupção no amadurecimento do típico escalador de gelo.

Com o propósito de promover a escalada de cascatas em geral e mais particularmente a escalada de cascatas de Valdez, Embick montou em fevereiro de 1983 o primeiro Festival Anual de Escalada em Gelo de Valdez, uma oportunidade criada, sem definições rígidas, para que os escaladores locais pudessem bater papo, beber e escalar em companhia de desportistas forasteiros. A comunidade continuou a promover o evento em fevereiro de todos os anos que se seguiram. Mais recentemente, o festival atraiu escaladores de gelo que vieram de lugares tão distantes como a Áustria, a Nova Zelândia, o Japão e o Kentucky.

Para assegurar aos escaladores de fora que sua visita fique neles gravada como uma lembrança perdurável, os escaladores de Valdez gostam de levar seus convidados às cascatas "realmente clássicas" da cidade. Em 1985, por exemplo, um campeão

---

* Respectivamente, Cachoeira das Mandíbulas Assassinas, Deo Gratias, Nunca Mais, Necromante, Surra & Espancamento, Tudo Solto Lautrec (trocadilho com o nome do pintor Toulouse-Lautrec), De Jeito Nenhum, José, Dire Straits (note-se que o nome da banda inglesa pode ser traduzido como "Aperto Terrível") e Desespero Marginal. (N. T.)

local chamado Brian Teale serviu de guia para Shomo Suzuki — talvez o mais destacado escalador de gelo do Japão — numa ascensão a Wowie Zowie, que na época era tão clássica a ponto de ter sido escalada uma única vez desde sua conquista em 1981 por Embick e Carl Tobin, um brilhante parceiro originário de Fairbanks. Se Suzuki tivesse contado com a oportunidade de consultar a "Bíblia", lá teria lido a descrição da cascata como "um impressionante pilar negativo", com "gelo de consistência precária" e, em seu trajeto, um longo segmento "onde não havia a possibilidade de parar ou recuar". Depois da escalada, quando lhe perguntaram que julgamento fazia de Wowie Zowie em comparação com as quedas-d'água de seu torrão natal, Suzuki, ao que se diz, teria respondido sem hesitar: "Nenhum gelo como esse jamais foi escalado no Japão; quanto a mim, não tenho a menor intenção de voltar a escalar nada parecido".

Em 1987 vim a Valdez para o Festival de Gelo; outros 63 escaladores estavam presentes, quarenta dos quais bivacaram todas as noites, lado a lado, no chão da casa de Embick. Também constatei que meus anfitriões, com a mesma hospitalidade que haviam demonstrado para com o sr. Suzuki, não pouparam esforços no sentido de fazer da minha estada uma experiência memorável. Durante a semana que passei no Alasca fui levado a escalar oito locais clássicos, o mais clássico de todos sendo uma cascata com o nome aparentemente anódino de Love's Way [Caminho do Amor]. A queda-d'água de 110 metros de altura fora escalada pela primeira vez em 1980 por Embick e Tobin — Embick batizou-a como Love's Way para comemorar seu casamento que estava próximo —, e a façanha não tornou a se repetir até dois meses antes de minha chegada. Depois de ter concordado em acompanhar numa tentativa de escalada o impetuoso Roman Dial, jovem natural de Fairbanks, li na "Bíblia", com ansiedade que foi crescendo a cada linha, que Love's Way consiste "num pilar negativo, em forma de castiçal, pendurado no vazio e separado da rocha... Como é típico em gelo negativo, as colocações para proteções e piquetas são, na me-

60

lhor das hipóteses, precárias". O texto prossegue advertindo o leitor de que "energia e resistência" por si sós não seriam suficientes para levar a empreitada a bom termo; seria necessário, em acréscimo, executar "complexas operações de enganchamento, entalamento e oposição* sobre frágeis pingentes de gelo" — técnicas sofisticadas tomadas de empréstimo ao repertório técnico do escalador de rocha.

Quando atacam uma escalada de gelo difícil, os escaladores costumam fazê-lo a dois. Por fidelidade ao espírito gregário do Festival de Gelo, entretanto, uniram-se a nós — Roman e eu — uma geóloga de vinte e sete anos, Kate Bull, e Brian Teale. Love's Way era atravessada por dois grandes platôs, dividindo a escalada em três enfiadas lógicas. Tanto Brian como Roman, como a maioria dos escaladores alucinados que não admitem colher de chá em sua atividade, são notórios "viciados em guiar": consideram que ser o segundo ou o terceiro na corda, com a proteção de segurança vinda de cima, é tão insatisfatório quanto jogar pôquer sem apostar dinheiro, e por conseguinte mostram-se pouco dispostos a abrir mão do lugar na ponta da corda.

Depois de longa discussão, ficou combinado que Brian ficaria com a ponta na primeira enfiada. Esta revelou-se de dificuldade apenas moderada, e ele subiu rapidamente usando as pontas frontais dos crampons até alcançar o platô em seu topo, onde fixou três parafusos de gelo, conectou-se a essas ancoragens e tratou de dar segurança a Kate, a Roman e a mim, trazendo-nos, um de cada vez, até o platô. Logo acima de nós, avultando como a espada de Dâmocles, estava a segunda enfiada, o crux da escalada: um pilar da altura de doze andares, dos quais os sete primeiros formavam um grupo volumoso de pingentes de gelo com frágil aparência pendurado no vazio, pin-

---

* Movimento em que o escalador faz uso de uma contraposição de forças para se equilibrar na parede e progredir: ao mesmo tempo que puxa com os braços nos apoios das mãos, faz o movimento oposto com as duas pernas empurrando a parede em sentido contrário. (N. T.)

61

gentes esses que, junto à base do pilar, não tinham circunferência maior do que a do tronco de um arbusto.

A essa altura, logo após um exame em detalhe do pilar, parecia que uma boa dose da paixão anterior deixara de motivar as reivindicações dos dois ratos-guias pela honra de guiar a segunda enfiada. Na verdade, quando Brian inesperadamente veio com aquela de "sim, Roman, se você de fato quer tanto guiar, acho que vou deixar", pareceu-me por um instante ter detectado algumas rachaduras na compostura de intrepidez habitual de Roman. Sua hesitação pode ter tido algo a ver com um incidente no mês anterior, quando presenciou um parceiro de escalada, Chuck Comstock, escapar por pouco de uma catástrofe num pilar pendurado no vazio aflitivamente semelhante àquele, na vizinha cadeia Wrangell.

Comstock, um caipira ruivo do Iowa que jamais ouvira falar em escaladas em gelo antes de entrar para a guarda costeira e ser mandado para Valdez, guiava a escalada do pilar em questão, a enfiada final de uma cascata com quatrocentos metros de altura, quando o gigantesco pingente de gelo em que subia nas pontas frontais de seus crampons começou a estalar e gemer sinistramente. Quando os estalidos de repente começaram a crescer em volume, Comstock finalmente decidiu abandonar a escalada e bateu em retirada tomado de pânico. Poucos segundos depois de chegar à base do pilar e proteger-se ao lado, o pilar desmoronou por força de seu próprio peso, imenso e mal distribuído, com um estrondo espantoso, enquanto Roman assistia sem acreditar no que via.

Com a lembrança do susto do amigo ainda fresca na cabeça, Roman golpeou o gelo com suas ferramentas, iniciando a segunda enfiada de Love's Way com o extremo cuidado de um lapidário facetando um brilhante de valor inestimável. O avanço para o alto demandava uma combinação paradoxal de força e grande delicadeza; a escalada era de uma delicadeza sem trégua. O gelo sobre o pilar era tão quebradiço e inconsistente que Roman não perdeu tempo tentando proteger-se com parafusos até estar a bons doze metros acima do platô da parada; e, quando afinal fixou o primeiro, o substrato em volta era tão precário que bastou a vibração da corda, ao passar da proteção, para fazer girar o parafuso soltando-o do gelo.

Roman não conseguiu posicionar um parafuso confiável antes de estar 25 metros acima do platô da parada. Se acaso lhe faltassem as forças ou se tivesse cometido um único erro antes de fixar aquele parafuso — se suas ferramentas tivessem, por exemplo, se soltado do gelo, como aconteceu com as de Bob Shelton em Wowie Zowie —, é mais provável que Roman tivesse despencado para a morte. A maioria das pessoas, se colocadas na sua situação, teria ficado muito literalmente paralisada de medo, o que só apressaria o desenlace. No caso de Roman, entretanto, a gravidade da situação serviu apenas para que ele se concentrasse de forma mais aguçada e, esquecendo a fadiga nos braços, chegasse ao platô no topo da segunda enfiada sem incidentes, embora completamente esgotado tanto mental como fisicamente.

Chegou a minha vez. Depois de terem cessado as câimbras em seus braços, Roman recolheu a folga na corda e gritou para baixo: "Segurança pronta", que era a deixa para que eu me lançasse ao pilar e mandasse ver. A corda bem ancorada acima de mim significava que eu não tinha com o que me preocupar desde que não cortasse por descuido com uma piqueta esse meu elo com a vida ou de alguma forma causasse a derrubada do pilar, de modo que caprichei na pontaria ao brandir minhas piquetas, fazendo-o com a máxima delicadeza possível. Mesmo assim, cada vez que eu fixava uma piqueta no gelo ou nele cravava um crampon, o pilar inteiro ressoava com um fortíssimo TUNK e tremia desconcertantemente sob meus pés, dando-me a sensação de ter trepado numa árvore que estava sendo abatida.

Tentei, como norma, ficar longe de gelo podre cinzento e esquisito, direcionando minhas piquetas apenas para aqueles pontos em que o pilar se mostrava de um verde-azulado escuro, sinal de que o gelo era relativamente firme. Mas até mesmo o gelo verde achava-se permeado de vácuos ocultos e de bolsões de ar, que tornavam impossível fixar as ferramentas com solidez. E, por mais cauteloso que eu fosse ao cravar minhas piquetas, volta e meia um caco de gelo — alguns pesando até dez ou quinze quilos — se desprendia sob meus golpes, passava de raspão pela minha cabeça, acelerava em direção ao solo com um silvo grave e se espatifava na vertente vinte andares abaixo, sob meu olhar petrificado.

Devido ao lamentável diâmetro do pilar, eu era forçado a cravar meus crampons muito perto um do outro, o que me colocava em posição desajeitada, com os dedões dos pés virados para dentro, equilibrando-me precariamente: toda vez que puxava para fora do gelo, digamos, minha piqueta esquerda, para fincá-la mais acima, o lado esquerdo de meu corpo se soltava descontrolado, afastando-me do pilar negativo, como a porta de um armário instalado fora de prumo que por isso não tem como se manter fechada.

Pelo fato de o gelo ter inclinação negativa, meus braços eram obrigados a suportar aproximadamente 80 por cento do peso de meu corpo durante a maior parte dos trinta ou quarenta minutos que levei para completar a subida do pilar. O esforço físico era, grosso modo, comparável ao de fazer barras durante meia hora seguida, com pausa no alto de cada flexão para pendurar-se numa das mãos e com a outra brandir algumas vezes um martelo pesando um quilo. A meio caminho de escalar a segunda enfiada de Love's Way, meus braços tremiam com o esforço, eu sentia falta de ar e — apesar do frio ambiente — a roupa por baixo do meu anoraque estava encharcada de suor; na hora em que finalmente desabei sobre o platô de onde Roman nos dava segurança, minhas mãos sofriam de uma câimbra tão atroz que mal conseguiam abrir um mosquetão.

Kate subiu logo depois, em seguida Brian, e, imediatamente antes de o sol se pôr, estávamos os quatro com a atenção nervosamente voltada para a enfiada final que se anunciava acima de nós. Para alívio de todos, esse trecho revelou-se apenas vertical, e não negativo — comparado ao pilar, era um passeio —, e, quando o frio rigoroso da noite baixou sobre Valdez, nossa heterogênea equipe trocou apertos de mão junto ao amontoado de amieiros raquíticos que marcava o cume de Love's Way.

Não se pode negar que a escalada de cascatas seja em geral assustadora, ocasionalmente nada divertida e por vezes envolvendo até risco genuíno de vida. Em sua maioria aqueles que não escalam, por mais que tentem, não conseguem entender a atração exercida por esse esporte. Qualquer pessoa que tivesse ouvido os brados de triunfo de Kate Bull ecoando pelas paredes do cânion Keystone em seu esforço final para chegar ao topo de Love's Way compreenderia na mesma hora.

SEM PODER SAIR DA BARRACA

A PRÓXIMA VEZ QUE VOCÊ ESTIVER PLANEJANDO uma viagem a regiões afastadas dos centros urbanos, atiçado em seu entusiasmo por algum desses vistosos livros coloridos de capa grossa com fotos de picos cobertos de neve sob céus de um azul perfeito, é bom que não se esqueça de perguntar-se de onde vem aquela soberba concentração de neve. Está na natureza das montanhas absorver dos ventos a umidade que eles porventura estejam carregando. Isso você já sabe, é claro, se não pelas aulas de ciência no secundário, pela lembrança de férias passadas nos Airondacks e nas North Cascades. Mas o otimismo é perigosamente imune à evidência dos fatos e às duras lições da experiência. Pode ser difícil admitir que passar o tempo em remotas paisagens preservadas em seu estado natural signifique, o mais das vezes, passar o tempo confinado nas paredes de uma cela de náilon molhado, sem poder sair da barraca.

Determinadas montanhas e determinadas estações, é óbvio, produzem condições meteorológicas piores do que outras, e simplesmente evitando lugares como o Himalaia durante a monção, ou a Patagônia (onde, no dizer dos habitantes, "o vento varre a terra como a vassoura de Deus") em qualquer época do ano, você leva chance de vez ou outra deparar com céus favoráveis. Contudo, mesmo sob o sol mais radiante, você pode ficar preso à sua barraca por causa de mosquitos e borrachudos, ou por causa de tempestades de areia nos desertos, de modo que ficar sem condições de sair da barraca é sempre uma possibilidade, não importa qual seja a previsão do tempo.

É bem verdade que, quando o prolongamento da privação de sair das barracas ocorre em montanhas menores, há sempre o recurso de usar vestimentas pegajosas apropriadas para enfrentar a chuva e arriscar uma saída, com todo o dilúvio que está caindo, a fim de aproveitar o prazer que for possível desses morros nevoentos. No entanto, se o que seduziu você foram os encantos mais selvagens e mais dramáticos de uma remota e congelada cadeia de montanhas das grandes, neste caso há o risco de que fique encarcerado numa barraca, refém dos elementos, por dias e talvez até semanas a fio.

Ficar sem poder sair da barraca não chega a ser de todo uma provação. As primeiríssimas horas podem transcorrer numa euforia onírica enquanto você está deitado em paz no seu saco de dormir, vendo os pingos de chuva escorrerem do lado de fora do sobreteto translúcido, ou os flocos de neve arrastados pelo vento se acumularem lentamente sobre as paredes. Embrulhado em penas de ganso ou no que de mais novo tem para oferecer a indústria química, com a crua luz do dia sendo filtrada pelo náilon para dar o efeito confortável de um crepúsculo, a atmosfera que então se cria é de um bem-estar isento de culpa. A tempestade favoreceu você com um sólido álibi para não arriscar sua vida tentando a primeira *direttissima* em livre daquele assustador pináculo acima do vale ou no esforço penoso de vencer mais um passo em altitude como parte do absurdo plano de seu parceiro, de explorar a próxima drenagem a leste. Sua vida está em segurança pelo menos por mais um dia; poupou-se um esforço desnecessário; economizou-se coragem — e tudo sem angústias nem pesos na consciência. Nada que seja preciso fazer senão deixar-se levar de volta a um sono tranquilo.

É claro que mesmo o que é bom também cansa, quando em excesso. Até aqueles com tendência para a preguiça acabam chegando a um ponto em que não dá mais para continuar dormindo. Conheci montanhistas excepcionalmente talentosos que eram capazes de permanecer inconscientes dezesseis a vinte horas por dia, repetidamente, mas ainda assim sobra um tempo considerável que é preciso matar — e os menos dotados, mesmo com muito treino, podem ver-se às voltas com dez ou doze horas de vigília sem saber como preenchê-las.

O tédio constitui ameaça muito real, ainda que insidiosa. Cito aqui Blaine Harden do *Washington Post*: "O tédio mata, e àqueles que não mata aleija, e àqueles que não aleija chupa o sangue como uma sanguessuga, deixando suas vítimas pálidas, apáticas e deprimidas. Exemplos não faltam... Ratos mantidos em silencioso isolamento logo se tornam agitados, irritáveis e agressivos. Seus corpos têm espasmos, seus rabos descamam". O viajante que se aventurar fora dos centros urbanos deve, portanto, além de adestrar-se no uso de mapas e bússolas, ou de conhecer técnicas de prevenção e tratamento de bolhas, preparar-se mental e materialmente para lidar com o tédio, do contrário pode o seu rabo descamar-se.

Criaturas sociais que somos, é primordialmente para nossos companheiros de barraca que nos voltamos a fim de buscar alívio da monotonia que se cria pelo confinamento forçado. Todo cuidado é pouco na seleção desses companheiros. Deve-se dar ao repertório de histórias divertidas que o candidato é capaz de contar, ao seu estoque de fofocas, ao senso de humor que ele desenvolve em condições de tal confinamento pelo menos o mesmo peso que à sua resistência física ou à sua especial habilidade para escalar gelo.

Até mais importante do que ser divertido é ter uma personalidade que não irrite. Seu camarada pode imitar genialmente uma interpretação de Frank Zappa, mas como repercutirá em você essa interpretação depois de tê-la ouvido, com raras tréguas, durante noventa e seis horas dentro da barraca? Sobreviventes de sinistras viagens em regiões selvagens recomendam vivamente evitar personalidades hiperativas. A convivência com companheiros ansiosos, incapazes de captar a importância de dar um tempo e de deliberar, pode perturbar a situação delicada que se cria com esse ambiente de indolência forçada e exacerbar o já sério déficit de atividades com que preencher horas que custam tanto a passar.

A barraca de montanha, em geral, tem pouco mais espaço

para mover os cotovelos do que uma cabine telefônica, e menos chão para pisar do que uma cama de viúva. Quando forçados a uma intimidade tão inevitável, os nervos facilmente se desgastam, e a mais insignificante irritação assume logo as dimensões de ofensa. Estalar as articulações dos dedos, enfiar o dedo no nariz, roncar e violar o espaço soberano de um companheiro de barraca com a extremidade encharcada de um saco de dormir podem funcionar como semente da violência. De uma viagem sob tempestade que fez ao monte Deborah em companhia de seu melhor amigo, David Roberts — um dos grandes escaladores no Alasca durante as décadas de 1960 e 1970 — recorda:

> Nossa conversa ou morria na insipidez ou levava a discussões. Eu estava tão frustrado com as condições meteorológicas que simplesmente tinha de me irritar com alguma coisa; Don era o objeto mais próximo e o único capaz de reagir... Eu tinha me acostumado a implicar com o jeito do Don — o modo como ele limpava a faca, ou como segurava o livro, ou até mesmo seu jeito de respirar. A tentação consistia em inventar racionalizações: convenci-me de que ficava irritado com o cuidado com que ele se servia de cereal pela manhã, porque era indicativo de um caráter metódico, por sua vez indicativo de certa lerdeza mental, o que explicava seu desagrado e hostilidade diante de minha impaciência... Com a estagnação que ia tomando conta de nossa situação, eu estava me tornando agressivo e paranoico. Então o que fiz foi tentar não pensar no assunto; e devaneava sobre o prazer de uma vida com mais aquecimento e sem problemas. Mas, ao mesmo tempo, ia alimentando dentro de mim um ódio silencioso com o barulho da mastigação que Don produzia ao comer uma barra de chocolate.

Se você está ligado no perfil psicológico dos candidatos a companheiro de barraca, talvez lhe interesse investir numa tenda em tecido cor-de-rosa. Psicólogos comportamentais especulam com a possibilidade de que existam neurotransmissores hormonais no olho que se deixam estimular pelos comprimentos de onda específicos de determinadas cores. Supõe-se que estes afetem a produção hormonal das glândulas hipotálamo, pineal e pituitária, no cérebro, produção que exerce um papel determinante sobre o humor das pessoas. Numa série de experimentos que tiveram grande divulgação, os indivíduos testados foram colocados numa pequena sala pintada num tom róseo conhecido como "cor-de-rosa Baker-Miller". Com quinze minutos de permanência no aposento cor-de-rosa, afirmam os pesquisadores, os músculos dessas pessoas tranquilizavam-se a ponto de debilitar-se, e havia uma dramática redução de "comportamento violento, aberrante, agressivo e automutilador" nos criminosos, esquizofrênicos paranoides e "jovens insubordinados".

Muito já se escreveu sobre os prazeres da solidão nos grandes espaços abertos, porém, quando você está enjaulado numa barraca, o mundo exterior não tem lá muita possibilidade de ajudá-lo. Daí a atração que exercem as áreas coletivas de camping apinhadas de gente, tipo Lonesome Lake nas montanhas Wind River, ou no Southeast Fork do Kahiltna* no monte McKinley. A vista e o cheiro onipresentes de lixo e excrementos humanos, o som a todo volume dos toca-fitas e a presença de tanta gente junta podem produzir nos mais sensíveis ou nos simplesmente não iniciados o desejo de evitá-los, mas para aqueles com visão mais ampla das coisas o valor de ter uma barraca vizinha que possam visitar quando desaba uma tempestade com seis dias de duração será bastante óbvio.

Alegar que não faz sentido deslocar-se para paisagens ermas e lá procurar a companhia de uma multidão não deve servir como argumento que justifique ir para recantos isolados com uma ou duas pessoas. Por tudo o que se sabe, é impossível uma expedição prolongada de duas pessoas resultar num em-

---

* O autor se refere à bifurcação sudeste do glaciar Kahiltna, onde se localiza o campo-base de várias das grandes montanhas do Alasca, entre elas o monte McKinley. (N. T.)

preendimento que não inflija cicatrizes psíquicas permanentes a seus participantes se o tempo ficar ruim. Quanto a ir só, Victor F. Nelson (um condenado à prisão perpétua e *expert* nos vários matizes do confinamento solitário) advertia em 1933 que "o ser humano, de modo geral, é uma companhia muito ruim para si mesmo; quando tem de ficar a sós por qualquer período de tempo, é tomado por profunda aversão e por ansiedade sem tréguas, que o levam a tentar uma fuga quase a qualquer preço". Numa saída solitária, é certo, não haverá discussões sobre quem vai lavar os pratos; só que quando é preciso encarar os fatos seriamente, se a previsão do tempo não for tranquilizadora, a maioria das pessoas prefere até mesmo má companhia a companhia alguma. Discutir serve pelo menos para passar o tempo.

Escolher um companheiro que esteja na faixa dos menos temperamentais é, sem dúvida, uma contemporização entre a solidão de quem sobe desacompanhado e a probabilidade de o companheirismo humano deteriorar-se depois de alguns dias passados dentro de uma barraca. Os dotes de conversador de um cão deixam algo a desejar, e um cão molhado fede mais do que um escalador molhado, mas um bom cão sabe ouvir com incansável animação e simpatia, e constitui, como é sabido, o arquetípico receptor para desabafar frustrações.

À medida que cresce o número de dias de cativeiro forçado pela tempestade, e que as paredes gotejantes da barraca começam a envergar-se com o peso da água acumulada, seus ocupantes vão sendo vencidos pelo cansaço. Os olhos adquirem um aspecto embaçado e desfocado e fica impossível juntar energia para conversar, a não ser sob a forma de discussão. Não se trata de um sintoma característico da geração contemporânea de expedicionários. Em *A pior expedição do mundo*, um relato do que foi a malsinada corrida de Robert Falcon Scott ao polo sul em 1910-3, Apsley Cherry-Garrard escreve o seguinte, sobre os efeitos da exposição ao inverno antártico:

Uma grande ameaça pesava sobre todas as nossas refeições na barraca: o "desabrido". Um "desabrido" é uma discussão, que pode às vezes ter fundamento nos fatos mas que é sempre acalorada, sobre qualquer assunto na face da Terra... Começavam pelo mais ínfimo dos pretextos e prosseguiam expandindo-se em todas as direções, para serem retomadas mais tarde torcendo e deturpando argumentos... O que causava a formação dos cristais? Qual o melhor tipo de crampons no Antártico? Qual o melhor lugar em Londres para comer ostras? Qual o pano ideal para usar por baixo da sela? Será que o *sommelier* do Ritz ficaria surpreso se alguém lhe pedisse uma cervejinha?

Cherry-Garrard e os outros eram capazes de resolver muitos desses debates consultando o *Times Atlas* ou a *Chambers Encyclopaedia*. Muito preguiçosos para manusear essas confiáveis — mas pesadas! — obras de referência, os atuais entusiastas das paisagens ermas simplesmente decidem as divergências mediante apostas em dinheiro. Os mais prudentes registram todas elas por escrito.

Quando as discussões, por fúteis, fogem ao controle dos participantes, os jogos podem oferecer um canal mais estruturado para descarregar frustrações e passar o tempo de maneira mais civilizada. Botticelli é um bom jogo; se você tiver levado um baralho de cartas, é possível substituir as fichas por palitos de fósforos, embora todo cuidado seja pouco para manter um certo número deles longe das poças d'água do chão da barraca — do contrário, adeus, refeições quentes! O dinheiro sempre fica parecendo um artigo abstrato demais quando se está metido em paragens remotas, de modo que pode haver mais emoção se as apostas envolverem apenas artigos de valor imediato para as circunstâncias em que os apostadores estão vivendo — rações para um dia, digamos, se houver escassez de mantimentos, qualquer roupa seca que possa ter sobrado, o direito a centímetros quadrados adicionais de espaço no chão da barraca, ou porções significativamente substanciais da carga para a caminhada de volta.

É possível construir um sem-número de jogos de tabuleiro recorrendo-se a uma caneta, um isolante térmico e todo tipo de sobras, bugigangas e miuçalhas que ficam rolando pelo acampamento. Recriar o banco imobiliário é sempre um sucesso (só o esforço para lembrar qual é a distribuição correta das áreas assinaladas no tabuleiro e os conteúdos dos cartões de "sorte" ou "revés" já ajuda a matar um bocado de tempo), mas o passatempo favorito entre escaladores é jogar "experiência de pico", um jogo demorado e envolvente, perversamente realístico na medida em que pode ser impossível alcançar o "cume". Jogos eletrônicos em relógios de pulso ou que cabem na palma da mão são divertidos, só que o bip! bip! incessante parece ter algo a ver com o alto índice de quebra acidental enquanto o dono do jogo sai para ir ao banheiro.

Por melhor que seja o jogo, acaba-se chegando a um ponto nos estágios ulteriores de um encarceramento prolongado em que a gente possui, se não uma antipatia manifesta e crucial, um desejo compulsivo de minimizar o contato com outras pessoas — excluindo qualquer possibilidade de discussão ou até mesmo de um jogo de cartas em silêncio —, e é então que algum tipo de divertimento solitário se torna essencial.

Embora não sejam leves, os livros possuem uma relação de trinta gramas de peso por minuto de entretenimento, comparativamente mais vantajosa do que a relação peso-entretenimento que oferecem as bebidas alcoólicas, as drogas etc. Certa escola de pensamento defende a teoria de que a vida de confinamento numa barraca embrutece de tal modo o intelecto que a única literatura capaz de sustentar o interesse nessas circunstâncias é aquela simplória, de conteúdo sem densidade, com ênfase na ação: ficção científica, pornografia, policiais. Outras recomendam levar volumes sérios que você sempre pensou que deveria ler mas nunca conseguiu: afinal de contas, estando suficientemente entediada a pessoa lerá o que estiver disponível, talvez até mais de uma vez. Na verdade, por que não aproveitar esse tédio sem paralelo, de estar dentro de uma barraca debaixo de uma tempestade sem poder sair, para pelo menos tentar *dar a partida* numa leitura de Proust?

A melhor leitura para quem está dentro de uma barraca sem poder sair me parece que seria, creio, aquela ligada a textos sobre expedições, pois valeria como inspiração e também como entretenimento. Se você afundou num atoleiro de autopiedade simplesmente porque passou suas férias anuais inteiras acuado dentro de uma barraca encharcada e fedendo a meias sujas, quem sabe não seria uma ajuda para reanimá-lo ler sobre os horrores vividos pelos pioneiros da exploração polar, tais como Nansen, Shackleton e Scott? As dificuldades que você está atravessando poderão ser encaradas de outra perspectiva, com a leitura desses relatos de expedições que se prolongaram por três anos, expedições em que o frio fazia literalmente bater os dentes (Cherry-Garrard escreveu sobre como se sentiu agradecido num dia em que a temperatura "esquentou" para cinquenta graus abaixo de zero), ou em que as nevascas se abatiam sobre os expedicionários com a força de um furacão por seis semanas sem trégua, relatos de escorbuto, fome e ataques de leões-marinhos.

Se certa irritabilidade interpessoal não permite recorrer a passatempos sociais, e se você por descuido não pensou em pôr na bagagem um livro, não restam muitas saídas. Cozinhar e comer são opções evidentemente limitadas pelos suprimentos de comida e combustível, sempre deficientes. Você pode examinar os invólucros de sopas e dedicar-se a memorizar os conservantes polissilábicos, ou contar as costuras do alto da barraca, mas nessas atividades chega uma hora em que não dá mais, e você acabará resvalando para um estado assim descrito por Victor Nelson: "Eu me estendia na cama, com o rosto voltado para o lado escuro da cela, grudando-me rente aos velhos tempos e aos tempos ainda por vir... A realidade contígua e circundante era dura demais para suportar".

Em apuros tão terríveis, até mesmo os mais valentes são capazes de recorrer ao kit de primeiros socorros como solução extrema. Mas as tempestades nas montanhas tendem a durar bem mais do que um suprimento de emergência de Percodan ou de codeína, e um ambiente claustrofóbico com cheiro forte de náilon não é o melhor lugar para experimentar o inferno da síndrome de abstinência de narcóticos.

Às vezes o destino pode sorrir (ainda que seja um sorriso afetado) para os aprisionados na barraca e romper o tédio elevando o nível de infortúnio até pôr em risco a própria sobrevivência. Sofrer o impacto de uma avalanche ou ser fulminado por um raio, mandar pelos ares a barraca com a explosão de um fogareiro, ter uma crise de apendicite a trezentos quilômetros do hospital mais próximo, ser atacado por um urso-pardo — nada cura o tédio existencial mais depressa do que uma ameaça aguda à própria existência.

Podem ser muito tênues, entretanto, os limites que separam do mero infortúnio um tormento avassalador com muita ação e lances eletrizantes. Em 1967, a primeira equipe a escalar no interior das montanhas Revelation, do Alasca, vendo-se aprisionada por uma tempestade durante mais de quarenta do total de cinquenta e dois dias que passou na cadeia de montanhas, conseguiu a inglória façanha de manter-se do lado de cá desses limites quase ininterruptamente. Matt Hale recorda ter voltado para o campo-base, já perto de quando estava para terminar a expedição, encharcado até os ossos depois de uma inútil incursão de vários dias para colher espécimes de borboletas com o único resultado de apanhar uma semana de chuva horizontal e granizo. Impulsionada por ventos ciclônicos, a chuva atravessou as paredes de sua barraca, molhando o interior do abrigo em rajadas finas e contínuas numa temperatura próxima de zero, enregelando os corpos até os ossos e reduzindo os sacos de dormir a chumaços ensopados de pluma e náilon.

Hale, na iminência da hipotermia, imaginou como meio de dormir mais a seco retirar do corpo toda a roupa molhada, enfiar-se tanto quanto possível em sua mochila pegajosa mas, até certo ponto, à prova d'água (e tentando ignorar o fato de que estava inundada de migalhas de figos secos encharcados), vestiu por cima uma parca de chuva e só então escorregou para dentro do saco de dormir supermolhado. "Noite após noite", recorda, "eu tinha um sonho delirante, semiconsciente, de que estava descendo o glaciar e dava com uma cabana seca e aquecida. Bem no momento em que começava a abrir a porta, acordava sempre, com calafrios incontroláveis, molhado e com migalhas de figo grudadas no corpo." Apesar de as provações dessa semana na barraca cobrirem um amplo espectro de calamidades, Hale se apressa em enfatizar que "o tédio não era um problema".

Na verdade, vinte e tantos anos depois da expedição, Hale fala com muito afeto dessa amarga experiência; o homem estaria disposto a voltar às Revelations — com tempo hediondo e tudo — no mesmo instante em que surgisse uma oportunidade. Como bem observou o eminente alpinista do século XIX, Sir Francis Younghusband, "é porque elas têm tanto a dar, e dão com tamanha prodigalidade, que os homens se apaixonam pelas montanhas e estão sempre voltando para elas".

OS AEROLOUCOS DE TALKEETNA

MANHÃ COMUM DE JUNHO no centro da cidade de Talkeetna, eixo cultural do vale Susitna no Alasca, população de talvez 250 almas num bom dia. A brisa da madrugada espalha um aroma de abetos e terra molhada; um alce vagueia atravessando a rua principal, deserta, do povoado e se detém para esfregar a cabeça na cerca da praça de esportes local. De repente, do campo de pouso situado na periferia da cidade, chega, rompendo a paz do dia que começa, o som do motor de um teco-teco vermelho engasgando duas ou três vezes e em seguida pegando, com um ronco firme.

O sujeito que ocupa o assento do piloto é um grandalhão que parece um urso e que se chama Doug Geeting. Enquanto taxia sua aeronave ao longo da pista, Geeting comunica-se pelo rádio e passa seu plano de voo no jargão conciso e cifrado que é a *lingua franca* dos aviadores em toda parte: "Talkeetna, quatro-sete-Fox. Quatro passageiros para Southeast Fork, no Kahiltna. Combustível para três horas. Hora e meia de trajeto".

"Entendido, quatro-sete-Fox. Vento 350 com seis nós, favorecendo pista 36. Altímetro em dois-nove-oito-nove."

"Dois-nove-oito-nove, entendido. Vamos nessa." Com isso, o piloto de trinta e cinco anos acelera o avião, o ruído do motor sobe de volume até tornar-se um uivo execrável, e o teco-teco salta do asfalto para o vasto céu alasquiano.

Para além das duas pistas de pouso de Talkeetna, da meia dúzia de ruelas sujas, do conjunto caindo aos pedaços de cabanas feitas com troncos de árvore, de trailers, de barracos pré-fabricados e lojas de suvenir estende-se uma vasta planície de abetos negros, amieiros impenetráveis e alagadiços — o que deve corresponder à concepção de paraíso de um mosquito: lisa como uma chapa, atingindo no máximo cem metros acima do nível do mar. Uns oitenta quilômetros adiante, contudo, deparamos com as imensas paredes do monte McKinley — pico culminante da América do Norte —, erguendo-se logo depois dessas terras baixas, sem nenhuma transição. Assim que se vê nos ares, Geeting inclina o avião fortemente para a esquerda, sobrevoa em direção ao oeste o vasto e lodoso trançado dos braços do rio Susitna, e aponta o aparelho frontalmente no rumo da silhueta avantajada.

O avião de Geeting é um Cessna 185, com capacidade para levar seis passageiros e espaço interior não maior que o de uma pequena caminhonete japonesa. Nesse voo, em particular, está transportando três passageiros, espremidos na cabine como sardinhas debaixo de um amontoado de mochilas, sacos de dormir, esquis e toda uma parafernália de montanhismo que ocupa o avião do chão ao teto. Os três são escaladores e cada um pagou a Geeting duzentos dólares para ser levado a um glaciar situado nos 2300 metros de altitude no monte McKinley, onde os três irão passar quase um mês tentando chegar ao cume de 6194 metros.

Anualmente, cerca de mil escaladores se aventuram nas encostas do McKinley e de seus picos-satélites, e pousá-los nos altos glaciares da cadeia do Alasca constitui o ganha-pão de Doug Geeting. O "voo em glaciares" — como é denominada de modo geral essa difícil, perigosa e pouco conhecida faceta da aviação comercial — conta com não mais que um punhado de praticantes pelo mundo afora, oito ou nove dos quais com base em Talkeetna. O dinheiro obtido não é grande coisa, a escala de trabalho é terrível, mas a vista da janela do escritório é imbatível.

Vinte e cinco minutos depois de deixar Talkeetna, percebem-se as primeiras paredes de perfil denteado do maciço McKinley erguendo-se com toda a nitidez do vale Susitna, uma visão que domina por completo o para-brisa do Cessna de Geeting. Desde o momento em que levantou voo, o avião seguiu um trajeto de ascensão contínua. Agora a altitude alcançada já é da ordem de 2500 metros, mas os picos de rocha coberta de neve que assomam bem em frente acham-se ainda uns bons 450 metros mais acima. Geeting — com suas 15 mil horas de voo em aviões leves, e que faz essa mesma rota há mais de quinze anos — não aparenta nenhuma preocupação quando o aparelho se lança em direção à parede da montanha cada vez mais próxima.

Poucos momentos antes de a colisão parecer iminente — o que resseca a boca dos escaladores e embranquece as juntas de seus dedos —, Geeting faz o avião executar um súbito mergulho, manobrando-o imediatamente em seguida para uma vertiginosa curva à direita, e forçando-o a precipitar-se por uma estreita passagem que se entrevê por trás do ombro de uma das mais altas agulhas. As paredes do flanco da montanha surgem e passam a grande velocidade, tão perto que é possível distinguir cristais de neve individuais brilhando à luz do sol. "É", comenta Geeting, imperturbável, já tendo passado para o outro lado, "isso é o que chamamos de manobra de uma tentativa só."

"A primeira regra para voar nas montanhas", prossegue explicando o piloto com as inflexões descansadas de um natural da Califórnia, "é jamais chegar a um passo avançando em linha reta, porque, se de repente você topa com uma corrente de ar que puxe para baixo e não tem como corrigir a coisa, é morte certa. Em vez de atacar um passo diretamente, eu me aproximo voando em paralelo à linha da crista até estar quase lado a lado com ele, quando então dou uma forte guinada para adentrá-lo, de modo que faço a passagem num ângulo de 45 graus. Assim, se perder minha sustentação e verificar que não vou estar a uma altitude suficiente para concluir a passagem, sempre vou ter condições de desviar no último instante e escapar. Se você pretende continuar por muito tempo neste ofício, o jeito é ter sempre uma saída de emergência desimpedida para qualquer eventualidade."

Do outro lado do passo vê-se um cenário saído diretamente do plistoceno, um mundo que causa estranheza, constituído por rochas negras, gelo azul e neve de um branco que cega estendendo-se de horizonte a horizonte. Abaixo das asas do Cessna, a paisagem é a do glaciar Kahiltna, uma língua de gelo com três quilômetros de largura por sessenta de comprimento, corrugada por um caos de protuberâncias na forma de seracs e gretas. A escala do que se vê pelas janelas do avião desafia o que de mais ousado possa conceber a imaginação: os picos ao longo do Kahiltna erguem-se um quilômetro e meio, e até mais que isso, na vertical, em linha ininterrupta que vai do glaciar ao cume; as avalanches que periodicamente se despejam por essas faces abaixo a uma velocidade de mais de 160 quilômetros por hora têm tão longas distâncias a percorrer que parecem estar caindo em câmara lenta. Contraposto à imensidão dessa paisagem, o teco-teco de Geeting não passa de um minúsculo grão vermelho de poeira, um mosquitinho mecânico quase invisível zumbindo em sua rota pelo firmamento para chegar ao McKinley.

Dez minutos depois, o mosquitinho dá uma guinada de noventa graus em direção a uma ramificação do Kahiltna chamada Southeast Fork e inicia a descida. Uma tosca pista de pouso na neve, demarcada por uma série de sacos plásticos de lixo amarrados a estacas de bambu, materializa-se no meio do glaciar entre emaranhados de gigantescas gretas. À medida que o avião vai chegando mais perto, torna-se visível que esse glaciar é tudo menos plano, como pareceu à distância; a pista, na verdade, estende-se sobre uma rampa suficientemente inclinada para fazer vacilar um esquiador novato.

O ar rarefeito nessa altitude afetou seriamente a potência do motor do Cessna, e o avião irá pousar bem no alto de um beco sem saída de paredes de granito com cerca de 1600 metros de altitude. Referindo-se à situação, Geeting admite entusiasmado que "quando se pousa aqui, não há como dar a volta e tentar de novo — tem-se que acertar a aproximação perfeitamente, logo de primeira". Para evitar surpresas desagradáveis, ele passa em revista as cristas dos arredores à procura de neve levantada pelo vento que sirva como dica da existência de condições desfavoráveis de vento. Muitos quilômetros adiante, no alto do começo do principal braço do glaciar, ele vislumbra uma camada de nuvens em filetes como de algodão arrastando-se acima de uma encosta com 3100 metros de altura chamada passo do Kahiltna. "Aquelas ali são nuvens de *foehn*", diz. "Elas indicam ventos muito turbulentos descendo a encosta — ventos a que chamamos 'rotores'. Não dá para vê-los, mas o ar está em convulsão por esses flancos abaixo como o mar na arrebentação. É só levar um avião para qualquer ponto nas proximidades dessas nuvens que a gente se dana todo."

Bem na hora em que o piloto acaba de dizer isso, o Cessna vê-se fustigado sob o impacto de forte turbulência, disparando o estridente alarme de estolagem enquanto o aparelho sacode, em impulsos descontrolados para cima, para baixo e para os lados. Geeting, no entanto, previu a fustigação e tratou de aumentar sua velocidade para neutralizá-la. Dominando serenamente os saltos, ele guia o avião abaixando-o para o pouso até que o glaciar e os esquis de aterrissagem do aparelho se encontrem e se beijem sem maior dificuldade. Geeting taxia o Cessna até o finzinho da pista, gira o aparelho e o deixa posicionado de tal maneira que, com a frente voltada para o nível mais baixo do glaciar, ele fica pronto para decolar; só então desliga o motor. "Muito bem, chegamos", anuncia. "Aeroporto Internacional de Kahiltna."

Os passageiros de Geeting descem às pressas para enfrentar o frio glacial, enquanto três outros alpinistas, com as faces roxas e descamadas pela permanência de um mês na montanha, sobem a bordo para ser levados de volta ao paraíso da cerveja, dos banheiros com água encanada e da vegetação e alimentação naturais. Depois de cinco minutos passados no "Internacional" de Kahiltna, Geeting acena com firmeza para a aturdida equipe que acabou de depositar no gelo, liga o motor de seu Cessna mais uma vez, arranca com grande estrépito descendo a pista em meio a uma nevasca produzida por ação da hélice em movimento, e lá se vai em busca da próxima carga de escaladores que já aguardam impacientemente sua chegada de volta a Talkeetna.

De maio até fins de junho, o auge da temporada de escalar no McKinley, é comum que nos céus acima de Talkeetna ecoem os lamentos infernais produzidos pelas aeronaves com esquis de pouso — Cessnas, Helio Couriers e Super Cubs, estes munidos de asas revestidas de pano, das cinco da manhã até bem depois de meia-noite. Mas, mesmo que a barulheira chegue a perturbar o sono precioso de alguém, não serão registradas queixas, pois Alasca sem aviões seria tão inconcebível quanto Iowa sem milho.

"Os alasquianos", escreve Jean Potter em *The Flying North* [O norte da aviação], uma história dos pilotos que voam sobre regiões despovoadas, "são o pessoal que mais voa nos Estados Unidos, e provavelmente o que mais voa no mundo... Por volta de 1939 as pequenas companhias aéreas do território do Alasca estavam transportando 23 vezes mais passageiros e mil vezes mais carga *per capita* do que as companhias dos Estados Unidos. O governo federal e as grandes corporações pouco tinham a ver com isso." A força propulsora por trás do desenvolvimento da aviação alasquiana, assinala Potter, era um bando de pilotos intrépidos mal-ajambrados, autoconfiantes e autodidatas — figuras do porte de um Carl Ben Eielson, um Joe Crosson, um Noel Wien e um Bob Reeve, que burlavam o assédio da morte diariamente entregando artigos de mercearia, medicamentos e correspondência nos confins extremos da Terra — de quem Doug Geeting e seus rivais no oferecimento de acesso aos glaciares em Talkeetna fazem jus ao título de herdeiros espirituais.

Um pico de quase 4 mil metros de altitude com vista para a precária pista de pouso glacial que constitui o "Internacional" de Kahiltna, hoje leva o nome de Joe Crosson, o que é uma justa homenagem, pois foi Crosson, em abril de 1932, o primeiro a pousar num glaciar alasquiano, o glaciar Muldrow, no McKinley, para onde transportou uma expedição científica com a missão de medir raios cósmicos. Segundo declarações de um dos membros da expedição, Crosson tratou esse histórico pouso inaugural "como algo de rotina, e acendeu um charuto antes de sair do avião", embora o relato feito por Jean Potter assinale que a operação envolveu "muitos riscos e muitos danos" para o avião, a ponto de o empregador de Crosson, a Alaskan Airways, proibir-lhe que no futuro reincidisse em qualquer nova incursão no glaciar.

Coube a Bob Reeve — um aviador que se exibia em acrobacias aéreas e levava passageiros em excursão para apreciar vistas pouco habituais, homem de temperamento forte nascido no Wisconsin e um típico *bon vivant* — aperfeiçoar a arte de voar sobre glaciares. Começando em 1919, Reeve, com 27 anos na época, travou conhecimento com a aviação em áreas de montanha quando, pioneiro, fez rotas de correio aéreo que cobriam longas distâncias e ofereciam riscos terríveis, sobrevoando os Andes, na América do Sul, entre Lima, Santiago e Buenos Aires, onde teve ocasião, entre um voo e outro, de beber em companhia do elegante e romântico piloto francês, Antoine de Saint-Exupéry, que pouco mais tarde iria escrever *O pequeno príncipe* e esse registro intensamente lírico e de grande popularidade sobre o início da aviação comercial que foi *Terra dos homens.*

Reeve deixou a América do Sul em 1932 depois de incorrer na cólera de seus superiores ao fazer em pedaços um Lockheed Vega de alto custo. De volta aos Estados Unidos, rapidamente perdeu todo o seu dinheiro no mercado de ações e contraiu poliomielite. Falido e gravemente doente, ainda por cima quando a Depressão estava em seu auge, ele pegou um cargueiro para o Alasca, em busca de uma virada na sorte, e acabou indo parar na insignificante cidade portuária de Valdez.

Infelizmente, o Alasca já havia atraído uma multidão de pilotos famintos nesses anos de Depressão, e os clientes pagantes na região não eram suficientes para mantê-los. No desespero, Reeve resolveu especializar-se num ramo do mercado de aviação que nem mesmo os mais ousados aviadores do território tinham se atrevido a tentar: o transporte de aventureiros (com suas pesadas provisões) para as minas de ouro situadas nos glaciares que fluíam, encostas abaixo, da miscelânea de altos picos em volta de Valdez. Experimentando por tentativa e erro, Reeve logo desenvolveu um senso de como evitar gretas ocultas, descobriu que a inclinação de um glaciar podia servir de ajuda, em vez de ser um obstáculo para pousos e decolagens em terrenos de pouca extensão, e ficou sabendo que, lançando sobre a neve uma fileira de sacos de aniagem ou galhos de abetos antes de descer, tornava-se capaz de estabelecer um horizonte e avaliar a configuração de uma rampa em dias nublados quando, de outro modo, seria impossível dizer exatamente onde se achava o solo.

Reeve também concebeu uma forma de manter ativo e rentável seu negócio de voos sobre os glaciares nos meses da primavera e do verão, quando a neve que existe ainda é suficiente para um avião pousar no alto das montanhas, mas não para permitir que um avião munido de esquis decole do campo de pouso ao nível do mar em Valdez: ele cobriu a superfície inferior dos esquis de madeira do avião com aço inoxidável, e, para ter uma pista de decolagem no verão, passou a valer-se dos brejos lamacentos da baía de Valdez, que na vazante da maré viravam uma planície de limo e zostera. Quando Bradford Washburn — um dinâmico montanhista e geógrafo que mais tarde se tornaria diretor do Museu de Ciência de Boston — ouviu falar que Reeve fazia pousos nos glaciares em qualquer época do ano, imediatamente escreveu ao piloto a fim de indagar dele se estaria disposto a transportar uma expedição de escalada a realizar-se num glaciar distante situado no monte Lucânia, de 5200 metros de altitude, que era a mais alta montanha não escalada da América do Norte na época. Uma proposta arriscada, envolvendo 770 quilômetros de voo sobre território agreste e não mapeado, com pouso numa altitude superior em 610 metros a qualquer outro já feito num avião com esquis e carga pesada. No entanto, diz Washburn, "dez dias depois de eu ter mandado a carta, recebi em resposta um telegrama com este texto sintético: 'Voo para onde quer que você vá. Bob Reeve'".

O primeiro voo ao Lucânia para depositar 270 quilos de provisões, no início de maio de 1937, não passou por nenhum transtorno, mas, quando Reeve voltou um mês depois para levar Washburn e outro escalador chamado Bob Bates, o Fairchild 51 atolou numa neve molhada e sem fundo tão logo tocou

84

o solo: temperaturas inusitadamente quentes haviam transformado o glaciar num mar de neve semiderretida. Os três homens conseguiram soltar o avião e empurrá-lo para terreno mais firme, porém sempre que Reeve tentava decolar, o aparelho atolava novamente, perdendo tanto combustível na operação que o piloto chegou a pôr em dúvida se sobrara o suficiente para o voo de retorno a Valdez.

Ele passou quatro dias e quatro noites sem nenhuma esperança. Na manhã do quinto dia, quando começava a parecer que o avião iria se tornar um acessório integrante da paisagem do glaciar, temperaturas levemente mais frescas formaram uma fina crosta acima da neve derretida. Reeve trouxe para fora todas as suas ferramentas e o equipamento de emergência a fim de tornar mais leve o aparelho, diminuiu o passo da hélice com uma chave de boca para espremer até o último restinho de potência que o motor pudesse produzir, e então pôs o avião para descer a rampa em direção à borda de um penhasco de gelo.

"Nós o perdemos de vista quando ele fez o avião mergulhar do topo do glaciar", recorda Washburn, "e em seguida houve um silêncio. Bates e eu ficamos certos de que ele havia caído e se arrebentado. Até que de repente ouvimos o rugido do motor e o avião tornou a passar pelo nosso campo de visão, subindo. Reeve reanimara o aparelho no último instante disponível." Quando mais tarde o Fairchild pousou chafurdando nos brejos lamacentos de Valdez, foi por conta dos últimos vapores exauridos de seu tanque de gasolina.

Washburn voltou da viagem ao Lucânia profundamente impressionado com Reeve, tanto assim que o contratou para muitas de suas expedições subsequentes. Na década de 1950, entretanto, Reeve mudou-se de Valdez e deixou de estar disponível para levar passageiros aos glaciares, de modo que Washburn viu-se forçado a recorrer a outro quando precisou de um piloto em tempo integral que participasse por nove anos seguidos de um levantamento cartográfico do monte McKinley. Recomendaram-lhe um destemido jovem aviador de Talkeetna: Don Sheldon. Washburn conta que, quando indagou a Reeve sobre o que sabia a respeito de Sheldon, Reeve respondeu-lhe: "Ou ele é maluco e vai se matar, ou vai ser uma fantástica revelação como piloto". Confirmou-se a última hipótese.

Valendo-se do trem de pouso "roda & esqui", que acabava de ser inventado — permitindo ao piloto decolar com rodas sobre uma pista seca e, depois, nos ares, fazer descer um jogo de esquis para pousar na neve —, Sheldon se dedicou a voos comerciais a partir de Talkeetna durante 27 anos, cumprindo regularmente, a cada verão, mais de oitocentas horas de voo nos malévolos céus acima da cadeia do Alasca. Ao longo dessa carreira pilotou sucessivamente 45 aviões, quatro dos quais destroçados em quedas violentas, mas nunca causou ferimentos nem a si próprio nem a nenhum passageiro. Seus corajosos pousos em grandes altitudes e heroicas missões de salvamento ficaram legendários não só no Alasca, como em muitos lugares pelo mundo afora. Por ocasião de sua morte, causada por um câncer do cólon em 1975, o nome Don Sheldon tornara-se sinônimo de voo intrépido sobre glaciares.

A carreira de Sheldon coincidiu com um crescimento espantoso da popularidade do montanhismo no McKinley; na última década de sua vida, Sheldon estava tão ocupado com os voos para transportar escaladores que, nos meses de primavera e verão, dormia uma média de apenas quatro ou cinco horas por noite. Mesmo já tendo normalmente uma carga pesada de trabalho, Sheldon, na maioria dos anos, ganhou apenas o suficiente para pagar as contas. "Ninguém fica rico como dono de um negócio de táxi-aéreo", explica Roberta Reeve Sheldon — viúva de Don e filha de Bob Reeve —, que vive até hoje em Talkeetna numa casa de madeira no final da pista de pouso do povoado. "Todo o dinheiro que a gente consegue ganhar volta a ser investido nos aviões. Lembro-me de uma vez em que fomos ao banco e pedimos um empréstimo de 40 mil dólares para comprar um Cessna 180. Três meses depois Don destroçou o aparelho no monte Hayes. Vou lhe contar: é duro continuar pagando por um avião que a gente nem tem mais."

As atribulações financeiras de Sheldon foram exacerbadas pela existência, na mesma cidade, de um segundo e igualmente talentoso piloto especializado em glaciares, um certo Cliff Hudson, que, poucos anos depois de Sheldon, começou a prestar serviços a partir de Talkeetna. Não foi uma rivalidade amistosa: Sheldon e Hudson estiveram sempre roubando os clientes um do outro, e os talkeetnianos daquele tempo ainda recordam vivamente uma briga de socos que espatifou o mostruário de balas e bombons do armazém B & K e deixou os dois homens com marcas negras em volta dos olhos e os lábios partidos. As coisas andaram tão mal entre eles que Sheldon teria até tirado um fininho do avião de Hudson em pleno ar, incidente que deu motivo a uma queixa nos tribunais e que quase fez perder a licença ao piloto provocador.

Sheldon — um ex-caubói de Wyoming, atraente nos seus traços rústicos, ar valentão — era em cada centímetro de seu corpo a imagem típica do ousado *bush pilot*.* Em contraste marcante, Hudson — que ainda está vivo e voando — poderia facilmente ser confundido com um mendigo transviado do Bowery, graças à camiseta manchada, às calças de poliéster brilhantes de tão gastas e aos tênis pretos malcheirosos, peças que compõem caracteristicamente o seu, por assim dizer, uniforme de voo. As falhas na indumentária, entretanto, em nada diminuíram sua reputação de excelente piloto nos glaciares

A biruta principal a serviço da pista de pouso do povoado está colocada sobre o telhado de uma hospedaria local de má fama, chamada Fairview Inn. É comum, dentro dos aposentos mal iluminados da Fairview, entreouvirem-se discussões entre aviadores sobre os méritos relativos de Hudson e Sheldon, como se fossem fãs de beisebol comparando Maris e Ruth. Há frequentadores da Fairview que sustentam ser Hudson um piloto pelo menos tão bom como o foi Sheldon, sem contar que — as-

---

* Nome pelo qual são conhecidos os pilotos que levam clientes a qualquer lugar que se solicite. (N. T.)

sinalam — Hudson até hoje não arruinou nem um só aparelho, o que é incrível, tratando-se de alguém com mais horas de voo sobre glaciares do que qualquer outro piloto existente.

Depois da morte de Sheldon, Hudson desfrutou uns poucos anos de inabitual prosperidade, sem séria concorrência — mas somente uns poucos: por volta de 1984, havia nada menos que quatro empresas de táxi-aéreo funcionando em tempo integral com voos a partir de Talkeetna: a Hudson Air Service, a Doug Geeting Aviation, a K2 Aviation e a Talkeetna Air Taxi, todas especializadas em voar sobre glaciares e todas chefiadas por brilhantes pilotos com a mesma teima de serem melhores que qualquer outro. Jim Okonek, o dono da K2 Aviation, admite francamente que "cada um de nós se considera o melhor piloto da cidade, e não consegue imaginar os motivos de uma pessoa querer voar com outro".

Não é de surpreender que a confluência de tantos egos robustos num lugar tão pequeno possa de vez em quando produzir faíscas. Trocam-se insultos, tiram-se clientes do concorrente, os pilotos estão constantemente queixando-se, uns dos outros, às autoridades para denunciar infrações contra o regulamento. Os atritos cresceram recentemente ao ponto de Geeting não mais falar com Okonek nem com Lowell Thomas Jr., proprietário da Talkeetna Air Taxi. A animosidade entre Geeting e Thomas engrossou tanto que Thomas — em tudo um cavalheiro de 67 anos, ex-assistente do governador do Alasca e filho do famoso radialista — não consegue sequer pronunciar o nome de Geeting: quando uma conversa requer que Thomas tome conhecimento da existência de seu rival mais jovem, ele simplesmente se refere a Geeting como "aquele outro sujeito".

A única ocasião em que os pilotos põem de lado suas diferenças é uma vez por ano, quando participam do Memorial Day Flyover: nesse dia os aviões de cada uma das quatro empresas voam em rasante sobre o cemitério de Talkeetna, formando uma esquadrilha cerrada, tocando-se pelas pontas das asas, em homenagem aos mortos de guerra de Talkeetna. É um espetáculo emocionante. Mas, nem mesmo num evento de tamanha significação, Geeting e Okonek se dignam dirigir a palavra um ao outro.

A concorrência em Talkeetna tem levado os pilotos a procurar uma clientela diferente da tradicional, que sempre incluiu montanhistas, agrimensores, caçadores e mineiros. Geeting, por exemplo, foi contratado pelo Departamento de Pesca e Caça para transportar, em seu avião, a distantes rincões da cadeia do Alasca, ursos-pardos malcomportados. Num desses voos, o passageiro, que viajava solto, acordou do estupor provocado pelo efeito de drogas e expressou seu desconforto estraçalhando o estofamento do avião antes que Geeting pudesse aterrissar e empurrá-lo porta afora.

Dos quatro proprietários de táxis-aéreos, Okonek tem sido o mais empreendedor no tocante a atrair novos negócios. Não faz muito tempo, transportou um fotógrafo e um grupo de moças para a Grande Garganta do glaciar Ruth, um dos trechos paisagísticos mais espetaculares do maciço McKinley, e ali as garotas logo se despiram inteiramente e posaram sobre o gelo para o que se tornaria um memorável ensaio da revista *Playboy* intitulado "As mulheres do Alasca". "Se você espera ser bem-sucedido neste ramo, tem que ter muito expediente", observa Okonek. "Com tantos pilotos na cidade, o número de escaladores não é suficiente para dar serviço a todos."

Além de ursos e coelhinhas, os pilotos agora transportam regularmente levas de turistas, gente que vem passar suas férias vindo da Filadélfia e Des Moines, em voos para admirar a paisagem dos glaciares. Essas viagens, para dizer a verdade, entraram de tal modo na rotina que, no dizer dos mais céticos, os riscos e o aspecto aventureiro que envolviam o trabalho quase já não existem mais — segundo eles, voar sobre os glaciares não é, hoje, muito diferente de dirigir um táxi de praça. Okonek, um coronel reformado da Força Aérea que pilotou helicópteros no Vietnã, discorda, insistindo em que "este acabou sendo o melhor trabalho para pilotos que existe. O piloto de Jacques Cousteau telefonou-me recentemente pedindo um emprego; pilotos comerciais dos mais categorizados em todo o mundo expressaram seu interesse em trabalhar aqui".

"Costumo levar pilotos de linhas aéreas para sobrevoar o glaciar, nos dias em que estão parados", prossegue Okonek, "caras que pilotam 747s para a Swissair e Qantas, e eles ficam abismados de ver os lugares em que pousamos, o terreno que o aviãozinho sobrevoa. Voar sobre os glaciares ainda oferece muitos desafios. Pilotos sem experiência de montanha voam para um passeio sobre o Kahiltna e acabam desorientados pela escala inacreditável dos picos. De repente o aviãozinho sob seu controle perde o fôlego, eles não têm a menor ideia do que fazer, e caem sobre o glaciar. Vemos isso todos os anos."

E aviadores inexperientes ou amadores não são os únicos a cair com seus aparelhos na cadeia do Alasca. Em 1981, um piloto de Talkeetna bem familiarizado com as montanhas, Ed Homer, levou dois amigos para um passeio à tarde nas imediações do McKinley, foi apanhado por uma corrente descendente de ar quando atravessava o passo do Kahiltna e foi chocar-se com seu Cessna contra a lateral da montanha. Quando uma equipe de socorro chegou aos destroços quatro dias depois, um dos passageiros estava morto, outro tinha perdido as duas mãos gangrenadas pelo frio, e Homer ficara sem os dois pés. "Em nossa atividade frequentemente trabalhamos com limites muito estreitos", enfatiza Lowell Thomas Jr. "Tudo depende de você ser capaz de reconhecer quando está ultrapassando demais esses limites. E há ocasiões, sem dúvida — habitualmente quando nos chamam para socorrer escaladores que se meteram em apuros —, em que infringimos esses limites de várias maneiras e fazemos coisas que, em circunstâncias normais, seriam altamente inusuais."

É frequente Geeting participar dessas situações altamente inusuais. Há sete anos, um escalador caiu a uma profundidade de 21 metros, dentro de uma greta oculta no monte Foraker — um pico de 5300 metros nas imediações do McKinley — e sofreu gravíssimos ferimentos na cabeça. Quando dois dias de tempestade impossibilitaram várias tentativas de socorro, um médico que estava no local do acidente avisou pelo rádio, em desespero, que a vítima morreria se não fosse logo para um hospital. "Não havia a menor condição de pouso", lembra Geeting. "Visibilidade zero da superfície do glaciar até os 3300 metros de altitude. Mas eu já havia pousado antes ao pé do Foraker, e estava bem lembrado da configuração dos picos e cristas adjacentes, de modo que resolvi fazer uma tentativa de salvar o cara."

O plano de Geeting consistia em aproximar-se do Foraker por cima das nuvens, determinar sua posição e em seguida estabelecer um padrão de descida que o fizesse acertar na mosca. "Eu voaria em linha reta por exatamente um minuto", explica, "faria uma curva de um minuto, voaria em linha reta por mais um minuto, depois outra curva de um minuto. A cerração era muito forte e a branquidão, total — não dava para ver absolutamente nada —, mas confiei no rumo que havia traçado e insisti nele. Como ponto de referência, pedi àqueles presentes no glaciar que me dessem um grito pelo rádio cada vez que me ouvissem passar por cima de onde se achavam."

A partir do momento em que entrou na camada de nuvens, Geeting não tinha como voltar atrás. Os picos que avultavam, presentes mas invisíveis, na névoa para além das extremidades das asas do avião não deixavam margem nenhuma para erro: se o piloto completasse uma curva com poucos segundos de atraso que fosse, ou guinasse uns poucos graus a mais para a direita ou para a esquerda, com cada manobra subsequente ele estaria sem se dar conta perdendo as coordenadas, e o aparelho terminaria batendo cegamente, a 180 quilômetros por hora, num dos diversos flancos gelados da montanha.

"Comecei a descer, entrando na nuvem alojada entre as paredes da montanha", diz Geeting, "sem despregar o olho da bússola, do relógio e do altímetro, com os ouvidos atentos ao grito com que os escaladores me avisariam que estava no lugar certo, quando percebessem, pelo ruído do motor, que o avião estava passando acima de suas cabeças. Calculei que o pouso se faria aos 2100 metros de altitude, de modo que quando o altímetro marcou 2300 metros me preparei para alinhar o aparelho na posição final, desacelerei, procurando a velocidade de pouso, e fui em frente. A sensação era das mais estranhas, porque numa cerração em que não dá para ver nada como aquela não dá para distinguir onde o céu termina e onde começa o glaciar. De repente minha velocidade baixou a praticamente nada, e pensei: 'Puta que o pariu!'. Olhei pela janela e vi aqueles escaladores surgindo da névoa e correndo em direção ao avião. Eu tinha pousado, puta que o pariu!"

CLUBE DENALI

ANTES DE DEIXAREM VOCÊ ESCALAR O MONTE MCKINLEY, os guardas-florestais que vigiam as atividades de montanhismo no Parque Nacional de Denali fazem-no assistir a uma projeção de slides acompanhada de uma gravação em fita em que são descritos os perigos de aventurar-se na mais alta montanha da América do Norte, de modo muito parecido a como procede o exército quando exibe aos novos recrutas, antes de conceder--lhes passes para sair da base, filmes em que são mostrados os estragos que causam as doenças venéreas. O espetáculo de dez minutos em Denali apoia-se em imagens de estrondosas avalan-ches, barracas esmagadas por tempestades, mãos deformadas por bolhas horríveis que se formam como parte das ulcerações de congelamento e corpos grotescamente retorcidos sendo iça-dos das profundezas de enormes gretas. Tal como os filmes de doenças venéreas mostrados pelos militares, o espetáculo de De-nali é impressionante que chegue para causar arrepios até nos mais insensíveis. Mas me parece que, como instrumento para gerar comportamentos sensatos, é simplesmente tão ineficaz co-mo o filme mostrado na sessão dos militares.

Veja-se, por exemplo, o caso de Adrian Popovitch, mais co-nhecido como Adrian, o romeno. Há poucos anos, Adrian — um homem com um vozeirão, nos seus vinte e tantos anos, bonitos traços amorenados e um temperamento explosivo — arranjou um jeito de fugir de sua pátria, um dos satélites mais melancó-licos do bloco soviético, e chegou aos Estados Unidos. Havia praticado algumas escaladas na Romênia, o bastante para per-ceber que dava para a coisa, e, uma vez em solo americano, re-solveu encarar o montanhismo a sério. Com esse objetivo pas-sava a maior parte de seus dias pendurado no The Rock, em

Seattle — uma escarpa de concreto com nove metros de altura no campus da Universidade de Washington, onde numerosos rapazes e moças com dedos de aço e trajando malhas de lycra aperfeiçoavam-se treinando movimentos de grau 5.13 de dificuldade e disputavam uns com os outros acirrados duelos de *bouldering*. Adrian veio a se tornar um dos melhores escaladores no The Rock, e isso atiçou as chamas de sua ambição: anunciou seu propósito de escalar o McKinley em solo na primavera de 1986, o que faria dele o primeiro romeno a chegar ao cume do mais elevado pico na América do Norte. Ao saberem dessa notícia, logo os céticos assinalaram que os desafios do McKinley eram bem diferentes daqueles lançados mesmo pelas mais ásperas vias no The Rock. E observaram, ainda, ser impossível, no sentido mais estrito da palavra, uma escalada em solo tendo bem próximas cerca de trezentas pessoas, que era o número de outros escaladores que Adrian poderia esperar encontrar na via por ele escolhida para a tentativa. Mas Adrian não era de se deixar dissuadir por tais ninharias.

Como, tampouco, decidiu desistir quando, ao efetuar o registro para a sua escalada, um guarda-florestal chamado Ralph Moore delicadamente lhe sugeriu que era suicídio tentar escalar o McKinley sem uma barraca, sem uma pá para escavar abrigos na neve e sem um fogareiro, artigos, todos esses, que faltavam a Adrian. Sem um fogareiro que derretesse a neve, indagou Moore, o que exatamente pretenderia Adrian beber ao longo das três semanas que constituem a duração típica de uma escalada ao cume? "Estou com dinheiro", respondeu Adrian, como se dizendo isso cortasse qualquer objeção, "vou comprar água de outros escaladores."

Foi exibida para Adrian a assustadora série de slides; ele ficou ciente do fato de que o McKinley já havia matado mais escaladores que o Eiger; informaram-lhe que, já quando chegasse à metade da escalada ao cume de 6200 metros, deveria estar preparado para enfrentar condições mais rigorosas do que as do polo norte, com temperaturas de quarenta graus abaixo de zero e ventos soprando de 130 a 160 quilômetros por hora

— às vezes, durante semanas seguidas; no folheto que lhe deram constava, entre outros, o aviso de que no McKinley "a ação conjugada do frio, do vento e da altitude pode resultar num dos climas mais hostis da face da Terra". A reação que essas advertências provocaram em Adrian foi um irritado comentário mandando os guardas-florestais meterem-se com suas vidas.

Moore, que não tinha autoridade para impedir Adrian de tentar a escalada (e cuja responsabilidade se resumia a ir em seu socorro ou de recuperar seu corpo se fosse chamado a fazer uma coisa ou outra), teve que resignar-se com o fato de que nada iria convencer o teimoso romeno a desistir de seus planos. Tudo o que estava ao alcance do guarda-florestal era tentar conseguir que alguém emprestasse a Adrian um fogareiro e uma barraca, e torcer para que a sorte se mostrasse favorável ao rapaz.

Isso realmente aconteceu, pelo menos no sentido de que Adrian não morreu. Na verdade, ele conseguiu chegar até os 5700 metros sem cair em nenhuma greta oculta nem congelar as extremidades. Mas mostrou-se impaciente demais em sua ascensão e, por isso, não conseguiu aclimatar-se direito, além de ficar seriamente desidratado, infringindo assim duas das regras mais fundamentais de autopreservação em grandes altitudes. Quando avançava sozinho e com muito esforço na escalada das penúltimas rampas, arquejante na presença do ar frígido e rarefeito, começou a sentir náuseas e tonteiras cada vez mais fortes, e seus passos tornaram-se trôpegos como os de um bêbado.

Adrian estava experimentando os efeitos do começo de um edema cerebral, inflamação mortal do cérebro em decorrência de uma subida muito rápida para uma altitude elevada demais. Aterrorizado com o que lhe estava acontecendo, e embora se tornasse cada vez mais difícil para ele pensar com clareza ou manter-se de pé, conseguiu descer arrastando-se até os 4400 metros, de onde ele e outro pretenso escalador solo — um japonês com os pés tão ulcerados pelo congelamento que foi preciso amputar-lhe os dez dedos — viram-se removidos pelo piloto de glaciares Lowell Thomas para um hospital em Anchorage. Quando Adrian recebeu a conta pela parte que lhe coube nesse arriscado salvamento aéreo, recusou-se a pagá-la, transferindo a obrigação para o National Park Service.*

A montanha batizada oficialmente com o sobrenome de nosso 25º presidente (uma denominação que é ampla e deliberadamente ignorada pelos escaladores em favor de "Denali", seu nome atabasco) é tão imensa que desafia a imaginação: uma das maiores formações no relevo do planeta, o volumoso maciço ocupa trezentos quilômetros quadrados da superfície da Terra, e seu cume se ergue mais de 5200 metros verticais acima da tundra ondulada do sopé da montanha. Para efeito de comparação, é bom saber que o Everest se ergue tão somente 3600 metros acima das planícies na sua base.

O cume do McKinley, que não pode ser atingido sem sofrimento, teve sua primeira escalada bem-sucedida, em 1913, pela face norte, a cargo de um grupo chefiado por Hudson Stuck, arquidiácono episcopal do Yukon. Foi preciso que transcorressem dezenove anos para o pico voltar a ser escalado, mas, nas décadas que se seguiram, cerca de 5 mil pessoas juntaram seus nomes à lista encabeçada pelo reverendo Stuck. Ao longo desses anos, desfilaram pelo McKinley alguns feitos e personalidades memoráveis.

Em 1961, o grande alpinista italiano Ricardo Cassin guiou uma equipe na escalada do elegante contraforte de granito que biparte a face sul da montanha, proeza impressionante o suficiente para provocar um telegrama de congratulações do presidente John Kennedy. Em 1963, sete ousados estudantes de Harvard subiram uma via que segue exatamente pelo centro dos 4300 metros da parede Wickersham, varrida por avalanches, façanha de tal valentia ou burrice que, 24 anos depois, ainda não houve quem a repetisse. Nas décadas de 1970 e 1980, heróis tão genuínos como Reinhold Messner, Doug Scott, Dougal Haston e Renato Casarotto visitaram o McKinley e nele deixaram, com suas pegadas, o registro de novos desafios.

* Serviço de Parques Nacionais dos Estados Unidos. (N. T.)

Em sua maior parte, as pessoas que tentam escalar o McKinley, pode-se afirmar com segurança, não o fazem porque buscam a solidão dos grandes espaços abertos. Há atualmente mais de vinte diferentes vias para o cume, e, no entanto, a esmagadora maioria daqueles que tentam escalar a montanha prefere o acesso pelo Contraforte Oeste, via inaugurada pelo pioneiro Bradford Washburn em 1951. Em 1987, na verdade, cerca de setecentos dos 817 escaladores do McKinley aglomeraram-se no caminho do "Butt" (como o contraforte é afetuosamente chamado).* Durante os meses de maio e junho, em que as outras faces e cristas da montanha estão muitas vezes completamente vazias, fileiras de escaladores cobrem o Contraforte Oeste como formigas. Tantas pessoas escolhem essa via — Jonathan Waterman escreve em *Surviving Denali* [Sobrevivendo a Denali] — que, nas mais altas elevações, onde ventos muito fortes varrem toda a neve fresca pouco depois de ela depositar-se nas encostas, os escaladores precisam "selecionar com muito cuidado a neve a ser derretida nos fogareiros, evitando os excrementos que vêm junto com ela... Por sorte, às vezes abaixo de 4500 metros a neve que cai cobrirá os excrementos, os corpos, a sucata, o equipamento descartado".

O típico escalador do McKinley gasta, em média, entre 2 mil e 3500 dólares (ou entre 3500 e 5 mil dólares, se escalar valendo-se do serviço de um guia profissional, como é o caso de 40% dos escaladores do McKinley), para sujeitar-se a três semanas de um castigo inusitado e extremamente cruel. Não faz isso para comungar com a natureza, mas sim porque ele (ou ela: talvez uns 10% dos escaladores do McKinley sejam mulheres) tem um desejo muito intenso de acrescentar o pico culminante da América do Norte a sua coleção de troféus. E juntando seus esforços aos da massa de escaladores que sobe pelo Contraforte Oeste — a via de acesso mais fácil para o alto da montanha —, ele espera aumentar tanto quanto possível as probabilidades a

---

* Derivado de *buttress*, contraforte em inglês. (N. T.)

seu favor. Na maioria dos anos, o McKinley ainda continua vencendo a metade das vezes. Sendo que há anos em que ele se supera, como em abril e maio de 1987, por exemplo, quando os registros do Park Service mostram que seis de cada sete escaladores da montanha voltaram para casa derrotados. Eu fui um deles.

As coisas começaram muito bem. Quando cheguei a Talkeetna, o ponto de embarque que a prática consagrou para as expedições ao McKinley, eu já estava preparado para esperar os costumeiros três ou quatro dias para que as condições meteorológicas permitissem voar, como na última vez em que voei para a cadeia do Alasca, doze anos antes. Foi assim uma agradável surpresa para mim ver-me, apenas catorze horas depois de chegar à cidade, instalado no banco de trás de um pequeno Cessna vermelho cujo dono era o ás dos voos em glaciares, o piloto Doug Geeting. Mais quarenta minutos e lá estava eu, entregue, incólume, no Aeroporto Internacional de Kahiltna: uma surrada pista de pouso na neve, no patamar mais baixo do glaciar Kahiltna. Exatamente 4050 metros verticais acima da pista de pouso, e 24 quilômetros (não em linha reta) para o norte, brilhava o cume do McKinley contra um céu imaculado.

Ser arrancado da segurança da Fairview Inn em Talkeetna e despejado numa paisagem de granito vertical e gelo em avalanches, que reduzia a forma humana à mais completa insignificância, era um bocado inquietante, mas de quinze em quinze minutos outro Cessna ou Helio Courier surgia no céu para soltar nova carga de escaladores, e as filas que iam se formando e aumentando ao lado da pista de pouso foram de grande valia para atenuar o choque dos inóspitos novos arredores.

Trinta ou quarenta barracas foram fixadas na rampa acima da tosca pista de pouso do "Internacional" de Kahiltna, alojando um exército de escaladores que davam risadas e falavam aos berros uns com os outros em pelo menos cinco línguas enquanto verificavam a lista de seus suprimentos e preparavam o que deveriam carregar na escalada. Rob Stapleton — um homem alto e de fisionomia severa, contratado pelos vários pilotos concorrentes de glaciares para morar no "Internacional" de Kahiltna e tentar manter ali alguma espécie de ordem — balançou a cabeça diante do que via e especulou que algumas das figuras a sua volta estavam fadadas a meter-se em encrenca. "É espantoso", opinou, "como muitos grupos já chegam aqui num grau extremo de desorganização e sem nenhuma perspectiva de se saírem bem. Muitas dessas pessoas estão funcionando à base de 90% de energia e 10% de cérebro."

Mal aproveitada ou não, essa energia coletiva funcionava como um antídoto muito bem-vindo contra o tédio sem tréguas da estafante subida da pista de pouso, através da parte baixa do glaciar, um ganho de elevação da ordem de 2100 metros que a maioria dos grupos leva uma semana para completar. Cheguei ao Alasca sozinho, mas, ao efetuar em esquis, dia após dia, a subida do Kahiltna, era inevitável ser absorvido por um ou outro desfile de criaturas joviais e amalucadas — uma fileira aparentemente interminável de escaladores, caminhando penosa e estoicamente para o alto, com cargas de 45 quilos em oscilação constante, tudo muito evocativo das cenas da corrida ao ouro em Klondike. Durante aquela primeira semana, o tempo foi tudo o que se poderia desejar: à noite o ar tinha um toque incisivo de inverno, e caía neve em quantidade suficiente para permitir memoráveis diversões com os esquis; de dia, porém, havia em geral bastante sol.

Ocasionalmente, um grupo de escaladores, já tendo sido derrotados, passava em descida, avisando da presença de ventos arrasadores e de um frio atroz acima dos 4300 metros, mas nós, que seguíamos para o alto, mantínhamo-nos na presunçosa convicção de que as condições teriam mudado quando lá chegássemos. Mesmo depois de encontrar dois escoceses cujo companheiro de escalada acabara de ser removido da montanha por um helicóptero, com grave lesão cerebral depois de uma queda de 250 metros, e dois outros escaladores, na descida, depois de terem quase morrido de edema pulmonar — primeiro um iugoslavo, em seguida um polonês, ambos com experiência no Himalaia —, o otimismo dos que tinham acabado de desembarcar dos Cessnas permaneceu inabalável.

Quando fazem o registro dos escaladores que vão tentar o McKinley, os guardas-florestais pedem que cada equipe forneça, para assentamento nas respectivas fichas, um nome oficial a ser dado à expedição. As expedições com quem dividi o espaço na montanha escolheram designações oficiais tais como "The Walking Heads", "Fat Rod" e "Dick Danger and the Throbbing members" [Cabeças Andantes, Vara Grossa e Dick Danger e os Membros Pulsantes]. Uma vez tendo chegado ao amplo acampamento nos 4400 metros que os escaladores utilizam como plataforma de lançamento para atacar a parte superior da montanha, arriei minha bagagem perto de um par de Membros Pulsantes que discutia acaloradamente com outro escalador.

"Só lhe digo uma coisa, seu gorilão", lançou com desprezo o não Membro, "em minha terra, se você fizer isso, na mesma hora te põem contra o muro e atiram!" Eu não fazia ideia de qual era o motivo da discussão, contudo não havia engano possível quanto àquela voz de forte sotaque, já ouvida por mim, naquele mesmo tom de oratória, em muitas ocasiões no The Rock, em Seattle: Adrian, o romeno, estava de volta ao McKinley. Era preciso admirar a audácia do sujeito, pensei. Os guardas-florestais ainda fumegavam de raiva pelo beiço que haviam levado quando lhe apresentaram a conta do último salvamento.

Adrian, no entanto, tivera muito tempo para refletir sobre o fracasso do ano anterior e estava decidido a não falhar novamente. "O inverno inteiro, não consigo pensar em outra coisa", explicou. "Me deixa maluco." Embora mais uma vez tenha vindo sozinho, este ano ele juntou um arsenal completo de equipamentos dos mais avançados e trouxe não uma, mas *duas* barracas, além de subir os 4400 metros com uma carga dupla de comida e combustível, para, se preciso fosse, manter-se na parte superior da montanha por dois meses inteiros, um esquema que demonstrava ter ele levado mais a sério a questão da aclimatação.

Na realidade ele já estivera a uma altura de 5800 metros em duas ocasiões, tendo prudentemente dado meia-volta e desistido em ambas por serem as condições abaixo de perfeitas. "Só lhe digo uma coisa", habituara-se o novo Adrian a avisar a todo aquele que parasse para ouvi-lo, "esta é uma montanha muito grande, basta um errinho de nada e lá vem pontapé na bunda." Do jeito como o acampamento se apresentava, todo entrincheirado, ao atingir os 4400 metros a maioria das pessoas começava a acreditar na advertência.

O "acampamento" era na verdade uma cidade de barracas plenamente desenvolvida, com uma população que flutuava entre quarenta e 120 habitantes, conforme as equipes chegassem ou partissem. Estendia-se sobre a borda de um desolado platô glacial. De um lado, os contrafortes superiores da montanha erguiam-se dramaticamente, fundindo num mesmo ímpeto o granito, a neve e um reluzente gelo azulado até atingir o cume, mais de 1600 metros verticais acima; do outro lado, a plataforma plana do platô se estendia por algumas centenas de metros antes de terminar bruscamente num precipício de 1200 metros.

Para evitar que as barracas fossem arrancadas das amarras e lançadas no precipício, os escaladores passaram a instalar seus abrigos em trincheiras profundas rodeadas por paredes maciças feitas com blocos de neve. As paredes davam ao acampamento uma aparência de campo de batalha, como se uma rajada de fogo de artilharia fosse esperada para qualquer momento. Cavar essas trincheiras é uma tarefa gigantesca; assim, quando encontrei uma recentemente desocupada, reivindiquei-a na mesma hora, apesar de estar localizada em imediações das mais desalentadoras, perto da latrina comunitária sempre muito concorrida: um trono de madeira compensada, completamente aberto aos elementos, que, mesmo com a vista inspiradora, deixava as partes sensíveis do corpo perigosamente expostas ao impacto pleno de uma sensação térmica determinada pelo vento, geralmente inferior a cinquenta graus negativos.

O lado oposto do acampamento, o setor mais valorizado, era

composto por um complexo de iglus, barracas em forma de domo à prova de bombas e barracas Weatherport aquecidas a propano, que serviam de residência e escritório ao dr. Peter H. Hackett e seu pessoal. A cada verão, desde 1982, Hackett — um médico-escalador magro, lacônico e de aparência cansada que é a maior autoridade mundial em patologia das grandes altitudes — monta seu laboratório nos 4400 metros para pesquisar os males misteriosos que acometem os seres humanos naquele contexto. Ele vem aqui, explicou, porque é uma maneira de sempre poder contar com um suprimento garantido de escaladores em estado crítico para estudar: "Muita gente no McKinley não sabe no que está se metendo, escala muito depressa e adoece seriamente. Nunca me faltam cobaias cambaleando à minha porta". Pelo menos uma dúzia dessas cobaias estaria hoje morta se não fosse o atendimento dado pela equipe de Hackett.

Hackett apressou-se a enfatizar que "nunca fazemos, com os pacientes que nos chegam, experimentos que não faríamos com nós mesmos". Naquele exato momento, por exemplo, um novo medicamento para altitude, de cor azulada, estava sendo testado pelo pesquisador associado, Rob Roach, em si próprio. Pelo tom esverdeado que assumiu sua pele e pelo vômito azul que Roach verteu sobre suas botas brancas com barreira de vapor, não era possível dizer que a nova droga fosse completamente eficaz.

A equipe de Hackett, fiquei sabendo depois, não só não recebia nenhuma remuneração por seus trabalhos de salvamento, como — tendo sido infrutíferos seus esforços para levantar fundos em 1986 e 1987 — pagara do próprio bolso a maior parte das despesas do projeto. Perguntei a um dos médicos, o dr. Howard Donner, por que eles se ofereciam como voluntários para passar o verão labutando num fim de mundo daqueles. "Bem", explicou, em meio a tremores de frio provocados pela nevasca, cambaleando de vertigem e perseguido por uma dor de cabeça atroz, enquanto tentava consertar uma antena de rádio quebrada, "é por uma espécie de divertimento, só que diferente."

* * *

É comum ouvir dizer que o Contraforte Oeste do McKinley tem todos os desafios técnicos de uma longa caminhada na neve. O que é mais ou menos verdade, mas também é verdade que, se você, digamos, tropeçar num cordão desamarrado da bota em momento inconveniente durante a caminhada, provavelmente morrerá. Dos 4800 aos 5200 metros, por exemplo, a via de escalada segue a crista de uma aresta estreita como um fio de navalha, que tem, de um dos lados, um precipício de seiscentos metros, e do outro um de novecentos metros. Além disso, mesmo o mais plano dos terrenos, de aparência completamente inofensiva, pode estar crivado de gretas ocultas, muitas delas com dimensões suficientes para engolir um ônibus inteirinho, sem problemas.

Não que uma greta tenha de ser imensa para ser perigosa. Em fevereiro de 1984, Naomi Uemura — o renomado montanhista e explorador polar japonês — desapareceu no meio da descida do McKinley depois de haver completado a proeza de ser o primeiro escalador solo a alcançar o cume do monte no inverno. A hipótese mais aceita é de que tenha morrido em uma das gretas relativamente pequenas que racham a larga rampa entre o acampamento, nos 4400 metros, e a aresta estreita como um fio de navalha, nos 4800 metros. Na verdade, na primavera passada um par de recém-casados de Denver quase encerrou a lua de mel (só eles sabem por que resolveram passá-la escalando o McKinley) numa dessas mesmas fendas.

Os Honeymooners [Casal em Lua de Mel] — nome com que foi oficialmente registrada a expedição de Ellie e Conrad Miller — acamparam com Adrian, o romeno, e três outras expedições nas dependências superlotadas e precariamente protegidas de um bunker que o acaso quis que fosse vizinho ao meu, nos 4400 metros. No dia 16 de maio os Miller escalaram até os 5200 metros para armazenar uma carga de alimentos e combustível com vistas a uma posterior arremetida ao cume. Naquela noite eles estavam descendo de volta para o acampamento, nos

4400 metros, quando Conrad, que ia como guia, de repente rompeu uma fina ponte de neve e viu-se mergulhando de ponta-cabeça no espaço, "ricocheteando como uma bola de fliperama" entre as paredes de uma greta estreita mas muito profunda.

A encosta acima dessa greta era bem inclinada, e a força da queda de Conrad foi bastante para jogar Ellie ao chão e arrastá--la para baixo, na direção do buraco por onde ele havia sumido. Uma fração de segundo antes de também desaparecer na greta, Ellie conseguiu enfiar o bico de sua piqueta no gelo, o que imediatamente imobilizou os dois.

Balançando na corda quinze metros abaixo da superfície, no crepúsculo azulado da greta, a primeira providência de Conrad foi examinar as próprias calças para ver se houvera relaxamento do esfincter (não houvera), e em seguida verificar se fraturara algum osso (nenhum). Em seguida, com Ellie puxando a corda do alto, vagarosamente pôs-se a escalar com as pontas frontais dos crampons uma das paredes verticais da fenda. Enquanto lutava para voltar à superfície, Conrad adquiriu a convicção interna de que, se tivesse continuado caindo até o fundo, mais de uma centena de metros abaixo, "o que eu veria no final de tudo seria certamente o cadáver congelado de Ue-mura".

Tanto Conrad, um arquiteto de 36 anos, como Ellie, uma balconista de 28 anos, saíram gravemente abalados da experiência, mas ao mesmo tempo firmemente decididos a alcançar o cume do McKinley. Em 18 de maio — não obstante o fato de se acharem sob os efeitos de uma tempestade que já vinha durando dias, com previsão para outra ainda maior — tornaram a escalar até os 5200 metros, com o propósito de reaver as provisões ali armazenadas, aguentar firme até melhorar o tempo e em seguida atacar em direção ao cume.

Mas a tempestade, que dia a dia se mostrava pior, revelou--se consideravelmente mais forte e de duração consideravelmente mais longa do que os Honeymooners haviam imaginado. A 5200 metros as temperaturas caíram a 45 graus negativos, e o cume viu-se açoitado em permanência por ventos ciclônicos durante mais de uma semana, determinando uma sensação térmica da ordem de três algarismos negativos. Não só era impossível cogitar escalar, como também dormir; durante a maior parte do tempo, Conrad e Ellie viram-se obrigados a passar o tempo deitados na barraca, vestindo todas as roupas de reserva que possuíam e rezando para que a barraca não se rompesse nas costuras. (Na verdade, pouco antes de os Honeymooners chegarem aos 5200 metros, aconteceu exatamente isso com uma Oval Intention — que é das barracas mais resistentes que existem. Ela estourou no meio da noite, deixando seus três ocupantes em péssima situação.)

A ventania que assolou a parte superior da montanha durante essa tempestade era terrível de ver, mesmo a partir do ponto de observação relativamente seguro dos 4400 metros. Sempre que o vento amainava no acampamento, um rugido muito mais profundo, mais alucinado, mais lúgubre — como o estrondo de um lançamento de foguete — fazia-se ouvir, emanando da aresta oitocentos metros acima. Quando a tempestade se instalou, a maioria dos vinte ou trinta escaladores acampados a 5200 metros abandonou sua posição e tratou de refazer, com grande dificuldade, o caminho de volta até os 4400 metros. Não os Honeymooners.

Logo no início de sua permanência nos 5200 metros, Conrad e Ellie descobriram a entrada de uma caverna de gelo. Achando que ela oferecia acomodações mais seguras do que a barraca, Ellie resolveu investigar. Verificou que se tratava de um espaço em forma de T, profundamente entalhado na encosta, com um túnel de entrada de cinco metros de comprimento que levava a um túnel principal perpendicular com pelo menos o dobro daquele comprimento. Sem sombra de dúvida, o túnel estava infinitamente mais a salvo de tempestades do que a barraca, mas bastou uma visita das mais rápidas para convencer Ellie de que era mais recomendável correr os riscos lá fora, no temporal.

O interior da caverna, diz ela, "era uma coisa soturna: muito escuro e úmido e extremamente claustrofóbico. Um desespero total, hediondo. Eu jamais admitiria mudar-me para dentro daquela coisa".

Os túneis tinham apenas 1,20 metro de altura, lixo de todo tipo espalhado pelo chão, as paredes manchadas de urina, vômito e sabe-se lá o que mais. Mais perturbadoras do que tudo, entretanto, foram as criaturas que ela encontrou habitando aquela escuridão subterrânea. "Havia uns sete ou oito sujeitos muito estranhos lá dentro", diz Ellie. "Eles já estavam na caverna havia dias, e a comida tinha se acabado desde muito tempo. Ficavam lá sentados, tremendo, com todas as roupas de reserva em cima do corpo, na atmosfera sufocante; respirando a fumaça espessa exalada pelo fogareiro e cantando vinhetas musicais de programas de TV, tudo cada vez mais estranho. Eu tinha de sair dali o mais depressa possível."

Os homens da caverna, depois se soube, eram membros de duas expedições diversas. Uma delas — um trio de Flagstaff, no Arizona, que adotara o nome de Crack o'Noon Club — só estava ali dentro havia um ou dois dias. A outra expedição, formada por um grupo decididamente mais estranho, já estava na caverna havia quase uma semana. Eram nada mais nada menos que Dick Danger e os Membros Pulsantes.

Dick e os Membros — Michael Dagon, Greg Siewers, Jeff Yates e Stephen "Este" Parker — eram quatro alasquianos valentões, arrogantes e abusados na faixa entre vinte e tantos e trinta e poucos anos. Tinham muito pouco do que se poderia chamar de experiência montanhística, mas cada um deles, de certo modo, preparara-se fisicamente para a empreitada e estava a fim de chegar ao cume do McKinley de qualquer maneira. Dagon — ou seja, o próprio Dick Danger — ficara sem tocar em carne vermelha e álcool durante um ano para ficar em forma para a expedição, e fora tão obsessivo em seus treinos e planejamentos que a mulher acabara por abandoná-lo.

Segundo consta, os Membros chegaram aos 4400 metros

em 9 de maio; no dia seguinte, Yates teve um edema pulmonar — um caso moderado, mas mesmo assim com os gorgolejos, a respiração ofegante e o potencial risco de vida que acompanham um caso de edema. Para a maioria dos escaladores isso justificaria uma desistência imediata, porém os três Membros sadios deixaram Yates recuperando-se por um dia nos 4400 metros enquanto transportavam uma carga de comida para os 4600 metros, voltando em seguida aos 4400 para passar a noite. Na manhã seguinte, tendo decidido que não houvera piora no estado de Yates, os quatro escalaram monte acima em direção à aresta fio de navalha, a fim de ali estabelecer um acampamento elevado como base para o ataque ao cume.

Quando os Membros chegaram aos 5200 metros, em 13 de maio, instalaram-se em suas barracas num bunker precariamente construído, lado a lado com os bunkers mais resistentes de meia dúzia de outras expedições, inclusive uma equipe de funcionários do Park Service sob a liderança do guarda-florestal Scott Gill, um grupo dirigido por um experimentado guia alasquiano chamado Brian Okonek e uma equipe da SWAT, pertencente à polícia de Montreal, em férias. Na ocasião, os Membros calcularam que tinham comida suficiente para três dias — para quatro, se poupassem. Chegou o 18º dia, continuava a tempestade e a comida tinha quase acabado.

Para complicar ainda mais as coisas, naquela tarde o guarda-florestal Gill recebeu um relatório meteorológico pelo rádio anunciando uma tempestade ainda mais furiosa — a previsão do tempo classificava-a especificamente como "uma tempestade das grandes, com três dias de duração". Ela deveria abater-se sobre a parte superior da montanha em questão de horas. Quando uma voz interveio na emissão de rádio para perguntar "das grandes quanto?", a pessoa que transmitia respondeu com uma risadinha macabra: "Bem, grande o bastante para, quando atacar, não deixar ninguém vivo acima de 4600 metros".

"De repente", diz Yates, "foi como uma voz dentro da gente alertando: Epa! É melhor dar o fora daqui!" Ele conta que outras equipes "começaram a descer de imediato dos 5200 metros, mas nós levamos três horas na arrumação da bagagem toda, e quando nos pusemos a caminho a tempestade tinha desabado para valer. Logo perdemos o rumo, sem distinguir coisa alguma por causa da cerração que reduzia a visibilidade a zero. O vento castigava tanto que alguém da última equipe a deixar o acampamento antes de nós teve de abandonar a mochila para prosseguir a descida. Ao nos distanciarmos do acampamento o equivalente a dois comprimentos de corda, ficou evidente que não daríamos conta de nosso objetivo, de modo que fizemos meia-volta e voltamos até os 5200 metros".

Foi aí que "nós percebemos que estávamos mergulhados na merda até o pescoço", diz Dagon. Reergueram as barracas e as ancoraram à encosta com estacas para a neve e uma complexa trama feita com cordas de escalar, receando que o vento cada vez mais forte fosse, mesmo assim, rasgar e lançar as barracas pela aresta abaixo. Foi então que Brian Okonek, sentindo-se bastante protegido no seu sólido bunker, falou-lhes da caverna de gelo. Ele a havia construído, disse, durante uma tempestade violenta em 1983, e com isso salvara a vida de dezoito escaladores.

Os anos decorridos desde então entupiram a caverna de Okonek com neve acumulada pela ação do vento; para restaurá-la, os Membros, com a ajuda de outra expedição denominada 5150, enfrentaram seis horas cavando com muita dificuldade e sob frio intenso, durante as quais os quatro Membros tiveram os dedos das mãos e dos pés ulcerados pelo enregelamento. Depois, entretanto, de se terem transferido todos para a caverna, desenvolveram um gosto perverso por morar dentro dela: apesar das úlceras por enregelamento e da falta de comida, resolveram esperar que cessasse a tempestade, por mais tempo que isso pudesse levar, para cumprir seu desígnio de chegar ao cume.

A vida nos 4400 metros, enquanto isso, inegavelmente melhor do que a existência miserável daqueles enfurnados na caverna dos 5200 metros, não deixava de ter suas atribulações.

Acuados no acampamento mas relativamente livres da tempestade que se desencadeava mais acima, nós, residentes dos 4400 metros, de início passamos o tempo de modo até agradável — soltando pipas, esquiando sobre a crosta formada na neve fina das rampas protegidas que ficavam logo acima do acampamento, praticando escalada no gelo sobre as paredes de seracs das imediações. À medida que a tempestade foi se prolongando, porém — e as reservas de comida, combustível e energia começaram a escassear —, uma depressão coletiva se instalou em nossa entrincheirada cidade de barracas.

Quando chegou à barraca médica a confirmação dos boatos de que cinco escaladores muito queridos haviam morrido em avalanches nos montes Foraker e Hunter, perto dali, o clima de tristeza aprofundou-se ainda mais. As pessoas adquiriram o hábito de deixar-se ficar em seus miseráveis pequenos bunkers noite e dia, discutindo e tremendo dentro de suas barracas, delas só saindo para ir à latrina ou para retirar com a pá a neve que se acumulava trazida pelo vento. "Foi você quem teve a ideia de vir nessa porra de expedição", entreouvi de um escalador numa barraca vizinha, lamentando-se para seu companheiro, "bem que eu lhe disse que deveríamos ter ido escalar rocha em Yosemite!"

Com o prosseguimento da tempestade, ativou-se o comércio de suprimentos decisivos, a ponto de tornar-se inescrupuloso. As expedições com abundância de alguma mercadoria especialmente valiosa, como papel higiênico, cigarros, Diamox (um remédio para prevenir o mal de montanha), ou barras de Tiger's Milk, conseguiram condições de troca cada vez mais favoráveis. Tive de trocar nada menos que 250 gramas de queijo por três tabletes de Diamox. Adrian, que possuía um estoque invejável de comida, pôde dar-se o luxo de aliviar o tédio sem fim alugando um walkman de um escalador canadense faminto pelo preço ridiculamente baixo de uma barra de *pemmican* (paçoca de carne seca) por dia.

Vivendo a experiência daqueles dias carregados, comecei a encarar o fracasso de Adrian no ano anterior dentro de uma perspectiva diferente e mais compreensiva. Fui forçado a reconhecer que nessa viagem, a primeira que fiz a Denali, também eu havia subestimado grosseiramente a montanha. Ouvira as advertências dos guardas-florestais; escutara um montanhista da categoria de Peter Habeler afirmar que as tempestades no McKinley "são das piores por que já passei"; sabia que, quando Dougal Haston e Doug Scott escalaram juntos o McKinley, seis meses depois de haver alcançado o cume do Everest, Haston dissera que os dois haviam precisado recorrer "a toda a nossa experiência no Himalaia para simplesmente conseguir sobreviver". E, no entanto, de algum modo — como Adrian em 1986 — eu não acreditara realmente em nada daquilo. Isso se refletia em minha decisão de fazer economia na hora de escolher os equipamentos: trouxera um surrado saco de dormir de dez anos e uma barraca comprada a preço de liquidação; não cogitei incluir na bagagem uma jaqueta de penas de ganso, nem cobre-botas, nem serrote para neve, nem qualquer tipo de estaca para neve. Imaginei que o Contraforte Oeste não ofereceria maiores dificuldades; afinal, que desafios eu haveria de encontrar numa escalada que atraía trezentas pessoas de todos os tipos por ano?

Desafios mais que suficientes para alguém como eu, foi o que acabei descobrindo. Senti-me péssimo o tempo todo, e muitas vezes à beira da catástrofe. Minha barraca começou a rasgar-se mesmo na relativa calma dos 4400 metros. Meus lábios e meus dedos racharam e sangraram; meus pés estavam sempre dormentes. À noite, mesmo usando uma por cima da outra todas as roupas que havia levado, não conseguia evitar crises violentas de tremedeira e calafrios. Minha respiração condensada produzia uma crosta de gelo de 2,5 centímetros sobre a parede interna da barraca, o que resultava numa nevasca permanente no interior da barraca, com o vento batendo nas paredes finas de náilon. Tudo o que não estivesse guardado dentro de meu saco de dormir (câmera, filtro para proteção solar, garrafas com água, fogareiro) congelava e virava um tijolo inútil e quebradiço. Meu fogareiro, na verdade, estragou logo no início da viagem por causa do frio; se não fosse uma alma bondosa chamada Brian Sullivan, que teve pena de mim e me emprestou o seu sobressalente, eu teria — como Dick Danger tão eloquentemente expressou — mergulhado na merda até o pescoço.

A tempestade atingiu um novo grau de violência na manhã de 21 de maio. Ao anoitecer, contudo — não obstante uma previsão meteorológica de fortes ventos e muita precipitação de neve por mais cinco dias pelo menos —, o céu ficou limpo e o vento cessou. Na manhã seguinte a temperatura subiu para 35 graus abaixo de zero e umas poucas nuvenzinhas lenticulares reapareceram acima do cume do Foraker, mas a calmaria continuava e o tempo permanecia bom, de modo que pus minhas coisas numa mochila leve e aceitei o convite para juntar-me a uma equipe de cinco sujeitos fortes guiados por Tom Hargis — um veterano do Himalaia que havia escalado pela segunda vez o famoso Gasherbrum IV em 1986 — e tentar um ataque ao cume com duração prevista de um dia, com um percurso de 1800 metros de desnível a vencer. Quando deixei o acampamento, Adrian deu uma olhada para o céu, riu galhofeiro e gritou em seu sotaque do leste europeu: "Boa sorte, cara! E vai precisar mesmo, pode ter certeza! Quem sabe mais tarde vou encontrá-lo por lá, igualzinho a um peixe congelado!".

Quando alcançamos o início da aresta estreita como um fio de navalha, a 4930 metros, duas horas depois de termos partido, a brisa acelerara para uma velocidade de cerca de 40 quilômetros por hora e as nuvens começavam a encobrir o sol. Ao chegarmos aos 5190 metros, uma hora depois, estávamos escalando em meio a uma nevasca em toda a sua plenitude, com visibilidade quase zero e um vento de uns oitenta quilômetros por hora que dava para congelar a pele em questão de segundos. Foi então que Hargis, que guiava a enfiada, tranquilamente deu meia-volta. Ninguém discutiu sua decisão de descer. Depois de sobreviver à aresta oeste do Everest e ao Gasherbrum IV, Hargis, pelo visto, não estava interessado em bater as botas tentando o "Butt".

111

Com a volta da tempestade, no dia 22, os Honeymooners finalmente desistiram. Naquela tarde eles chegaram aos tropeços ao acampamento a 4400 metros, completamente estourados mas com uma notícia espantosa: os estranhos sujeitos da caverna tinham conseguido subir ao cume.

Uma por uma, outras equipes foram abandonando seus acampamentos fortificados nos 5200 metros, mas Dick e os Membros aguentaram firmes. Escavações posteriores feitas por eles no abrigo revelaram a existência de alimentos velhos, armazenados em quantidade suficiente — um pouco de mingau de aveia meio antigo mas comestível, pouquinha coisa de chocolate, uma lata de atum e outra de arenque defumado — para sustentá-los. Quando o fogareiro deles começou a pifar, mendigaram neve derretida no fogareiro de seus primeiros companheiros de caverna, os integrantes da expedição 5150.

A 5150 era uma equipe de quatro alasquianos que haviam tirado seu nome do código penal do estado (5150, na gíria policial, serve para designar "pessoas mentalmente insanas"); a inspiração para a aventura provinha da inalação regular de Matanuska Thunderfuck, variedade lendária da *Cannabis sativa* cultivada no Alasca. O pessoal da 5150 vangloriava-se, na verdade, de ter consumido mais de cem baseados da erva poderosa no trajeto entre o Aeroporto Internacional de Kahiltna e os 5200 metros. Nem mesmo esse prodigioso fortalecimento químico foi suficiente, porém, para impedir que um dos integrantes do grupo se tornasse extremamente hipotérmico depois de um único dia passado no interior da caverna, de modo que seus companheiros tentaram reanimá-lo aumentando ainda mais seu consumo da erva. "Ficou uma coisa meio patética", conta Mike Dagon. "O pessoal chegava para ele e dizia: 'Se funcionou para fazer você chegar até aqui, vai funcionar para te levar o resto do caminho'. Quando, afinal, depois de dois dias na caverna, ficou óbvio que o cara não conseguia se aquecer, a turma da 5150 não insistiu mais e abandonou o refúgio."

A partida da 5150 com seu fogareiro que funcionava poderia ter tido duras consequências para os Membros, mas foi só o tempo de a 5150 sair e logo se mudou para a caverna o Crack o'Noon Club. Os Nooners, aliás, também tinham fogareiro, e funcionando bem, e não se mostraram menos generosos no que diz respeito a partilhar a água que ele produzia.

"As manhãs dentro da caverna eram deprimentes como elas só", reconhece Dagon. "Ou seja: você acordava e tinha um sujeito roncando na sua cara, não havia o que comer, e todo dia era a mesma coisa: a gente via que só ia dar para continuar olhando um para a cara do outro, dentro da toca de gelo. Mas eu diria que até que aguentamos muito bem a parada. Nosso passatempo era jogar 'cultura inútil', falando das coisas que íamos comer quando descêssemos; além disso, Parker nos ensinou os prefixos musicais dos programas de TV."

Até que, na noite de 21 de maio, o temporal de repente amainou. Dick e os Membros estavam com as extremidades congeladas, gravemente desidratados, enfraquecidos pela fome, estupidificados pela altitude e nauseados de tanto respirar o monóxido de carbono exalado pelo fogareiro. Mas, fiéis à escola do alpinismo cujo lema é "não há glória sem coragem", calcularam que talvez transcorresse mais um mês sem que tornassem a ver um céu sem nuvens. Esforçaram-se ao máximo por ignorar suas enfermidades, e todos menos Greg Siewers — o único escalador experiente entre eles — se mobilizaram para o ataque ao cume. Às nove e meia da noite, em companhia do Crack o'Noon Club, emergiram de sua toca congelada e rumaram para o topo.

Os Membros moviam-se aflitivamente devagar no ar cortante da noite, e logo foram deixados para trás pelos três integrantes do Crack o'Noon. A 5650 metros, mal passava da meia-noite quando um dos ascensores mecânicos de Dagon quebrou ao ser usado numa pequena extensão de corda fixa; para tentar consertá-lo, Dagon tirou a luva, que foi carregada pelo vento. Minutos depois, Yates sentiu um puxão na corda e se voltou para trás. "Mike me disse que estava com muito frio na mão", Yates recorda, "e então, baixando os olhos, notei que sua mão estava desprotegida, só que Mike parecia não se dar conta do fato. Eu não sabia se ele estava sem luva havia muito tempo, mas percebi que estava em apuros; o que fiz foi pegar sua mão imediatamente e enfiá-la dentro da minha jaqueta."

Assim que a mão de Dagon se aqueceu, providenciou-se uma luva sobressalente, e os Membros continuaram subindo até as cinco e meia da manhã, quando atingiram a base da parede final, nos 5800 metros. Ali tiveram de voltar a parar, dessa vez por uma hora inteira, para aquecer as mãos e os pés de Dagon nas barrigas de Yates e Parker. "Parker disse a Mike que ele estava evoluindo para uma hipotermia grave, que o certo seria descermos", conta Yates. "Mike disse que de jeito nenhum, não agora, justamente quando estávamos tão perto, e, buscando no mais profundo de si, encontrou forças para vencer os últimos trezentos metros."

Enquanto avançavam para a aresta do cume, podiam ver as graciosas agulhas do monte Huntigton e do Mooses Tooth irrompendo como uma visão surrealista de uma espessa camada de nuvens que cobria o glaciar Ruth, cerca de 4 mil metros abaixo. "Eu sabia que, de certo ponto de vista abstrato e intelectual, aquela era uma bela vista", explica Yates, "mas não dava para eu prestar atenção nela ou me interessar por ela: havia passado a noite toda acordado; estava inteiramente fora do ar, o cansaço era demais."

Às nove e vinte da manhã de 22 de maio de 1987 os Membros finalmente puseram os pés no cume do McKinley. "O ponto culminante da América do Norte", relata Mike Dagon, "consiste em três insignificantes calombos sobre uma aresta arredondada, com um dos calombos erguendo-se pouquinha coisa acima dos outros. E nada mais. Foi um incrível anticlímax. Acho que minha expectativa era que houvesse fogos de artifício e música tocando na minha cabeça, só que nada de semelhante aconteceu. Chegamos, e na mesma hora demos meia-volta e começamos a descer."

Minutos depois de os Membros pisarem o topo, a camada de nuvens que antes pairava sobre o Ruth escalara os 4 mil metros até o cume: a janela de dezesseis horas de bom tempo acabava de fechar-se com estrondo. Nas seis horas subsequentes eles tiveram de se empenhar muito para conseguir vencer a cerração e descer até os 5200 metros. Foi somente graças a uma trilha de estacas de bambu fincadas na neve pelos Crack o'Nooners na subida a cada comprimento de corda que os Membros conseguiram fazer o caminho de volta à caverna, ao fim de dezoito horas corridas de esforço. Uma vez chegados à toca de gelo, lá permaneceram sem poder sair por causa do tempo dois dias mais, sem ter com que se alimentar; até que no dia 24 de maio eles finalmente conseguiram descer arrastando-se até os 4400 metros, onde Rob Roach e Howard Donner, na barraca médica, passaram várias horas cuidando de seus dedos congelados.

Com essa demonstração do que é possível conseguir graças a uma determinação ferrenha e a uma suprema capacidade de suportar a dor, os Membros — uma das poucas expedições que se podem gabar de ter alcançado o cume em maio — deveriam ter inspirado em nós, que ficáramos nos 4400 metros, ânimo para respirar fundo com mais energia e dar o melhor de nós para repetir a grandiosa façanha. Mas o que aconteceu foi que minha provisão de figos secos àquela altura estava chegando ao fim, e aumentara em mim uma sede por algo mais estimulante do que simples neve derretida. Dia 26 de maio recolhi minha barraca, conectei os esquis às botas e disse adeus a meus camaradas de luta.

Quando apoiei nos ombros a mochila para partir, Adrian lançou um olhar pensativo para o sul na direção de Talkeetna e começou a murmurar alguma coisa sobre o tempo estar com cara de que não ia melhorar tão cedo. "Talvez", pensou em voz alta, "o melhor para mim seja descer como você, e deixar para escalar o McKinley no ano que vem." Passado um instante, porém, ele tornou a olhar para o pico e calou a boca. Enquanto eu tomava impulso com meus bastões glaciar abaixo, pude ver

115

Adrian ainda na mesma posição, olhando para cima na direção das rampas que levam ao cume, compondo em imagens no espírito, sem dúvida, as glórias que aguardavam o primeiro romeno a escalar o McKinley.

CHAMONIX

É SETEMBRO AINDA, mas o vento que varre as estreitas ruas de Chamonix, na França, já tem cheiro de inverno. A cada noite a linha da neve, como se fosse a borda de um desmoronamento, desliza um pouco mais para baixo sobre os vastos contrafortes de granito do Mont Blanc, em direção ao amontoado de telhados de ardósia e campanários do fundo do vale. Três semanas antes, os cafés nas calçadas da avenida Michel Croz estavam entupidos de turistas bebericando *citron* a preços abusivos e esticando os pescoços para admirar o famoso horizonte, três quilômetros verticais acima de suas mesas, tremeluzente como uma miragem na névoa de agosto. A maioria desses mesmos cafés está agora vazia, os hotéis desertos, os bistrôs ainda há pouco vibrantes, silenciosos como bibliotecas. Assim, vagando pelas ruas de Chamonix, poucos minutos antes da meia-noite, não é sem surpresa que vejo uma aglomeração formada à entrada do Choucas, um nightclub perto do centro da cidade. Curioso, vou para o fim da fila.

Vinte e cinco minutos depois, finalmente do lado de dentro, não há lugar para sentar. Elvis Costello ressoa pelo sistema de som com potência suficiente para chacoalhar os copos de cerveja. É impossível enxergar o outro lado do bar através da névoa azul dos Gitanes. A clientela jovem tem uma aura egocêntrica e arrogante que evoca a observação de Shakespeare sobre "os franceses, tão seguros e fogosos", mas ninguém está dançando. Um número surpreendentemente pequeno de pessoas parece estar paquerando; quase ninguém conversa. Os frequentadores do Choucas, deduzo logo, frequentam o lugar estritamente em função dos vídeos: todos os rostos ali presentes estão vidrados na meia dúzia de telas gigantes de televisão, siderados pelo piscar incessante dos raios catódicos.

No momento o grupo está hipnotizado por um vídeo sobre uma atividade muito popular na França, o *bungee jumping*. Uma loira alta e atraente chamada Isabelle Patissier flutua em um balão de ar quente aproximadamente mil metros acima de uma área rural. Uma das pontas de uma corda elástica de trinta metros de comprimento está amarrada nos tornozelos da francesa, a outra ao cesto do balão. Da borda do cesto, Patissier — uma das melhores escaladoras de rocha do mundo e em nada uma mocinha frágil — calmamente mergulha de cabeça no vazio. Ela ganha aceleração rumo ao solo com rapidez alarmante, mas a corda elástica interrompe a queda sem problemas, fazendo-a balançar para cima e para baixo de forma espetacular. Patissier, no entanto, não consegue subir pela corda elástica e voltar para a segurança do balão, e fica pendurada de cabeça para baixo ao sabor da brisa. Para remediar a situação, o piloto do balão tenta uma aterrissagem de emergência, porém na manobra a corda elástica se enrosca num fio de alta tensão, quase eletrocutando Patissier, ainda pendurada pelos pés, sem ação, na ponta da corda elástica, que a essas alturas começa a pegar fogo.

Patissier acaba resgatada das garras da morte, mas, antes que qualquer um no bar possa recuperar o fôlego, tem início outro vídeo igualmente eletrizante sobre um herói local, Christophe Profit, escalando solo o esporão Walker, a Nordwand e a face norte do Matterhorn — todos eles no espaço de um único dia de inverno. A diversão prossegue nesse diapasão até a hora de fechar, com vídeos de acrobacias sobre asas de aviões, paraquedismo nudista, surfe em ondas gigantes, descida em um só esqui, a alta velocidade, por uma encosta de pedra-pomes, manobras temerárias de motocicleta à maneira de Evel Knievel. O fio condutor entre esses filmes é sempre o risco de vida. Quanto mais assustadoras as coisas, mais extasiadas as pessoas. O vídeo de maior sucesso, efetivamente, é uma compilação de 45 minutos contendo acidentes fatais em corridas de automóveis, uma horrível miscelânea de carros e espectadores sendo amassados, desmembrados e queimados vivos — tudo, para maior deleite do público, com os trechos mais impactantes em close de tela inteira e replay em câmara superlenta.

A certa altura da noite o videocassete pifa. A imagem desaparece da tela e começo a conversar com um jovem francês da cidade vizinha de Annecy. O bermudão de estampa floral de Patrick lhe chega até as canelas; ele veste, ainda, um camisetão com a imagem de Batman e óculos de montanha de armação cor-de-rosa, embora estejamos num bar mal iluminado e o sol tenha se posto há seis horas. Com a típica modéstia gaulesa, ele deixa escapar que além de especialista em pilotagem de parapente é um *superbe* escalador de rocha. Respondo que por acaso também sou escalador e que estou bastante satisfeito com a qualidade das vias por mim escaladas até agora em Chamonix. Aproveitando a oportunidade para também me vangloriar, prossigo dizendo ter gostado especialmente da via completada na véspera, uma escalada clássica — de uma agulha absurdamente vertical chamada Grand Capucin — graduada como *extrêmement difficile* no guia de escaladas de Vallot.

"O Capucin?", responde Patrick, visivelmente impressionado. "Deve ter sido muito difícil decolar com o parapente lá de cima, não?" "Não, não", retruco depressa, "simplesmente escalei o pico." Eu não pretendia dar a impressão de que também saltara do cume de parapente. *"Non?"*, exclama Patrick, num segundo de surpresa. "Bom, solar o Capucin também é uma empreitada difícil." Na verdade, explico constrangido, eu também não tinha solado o pico — escalara com um parceiro e uma corda. "Você não solou e não saltou de parapente?", pergunta o francês, incrédulo. "Não achou a experiência um pouco — como é mesmo que vocês dizem... banal?"

Vim a saber depois que ao dar com o Choucas eu inadvertidamente encontrara o bistrô mais enturmado de Chamonix. O que não era pouca coisa, pois Chamonix, ainda que habitada por menos de 11 mil habitantes fixos, há dois séculos é a comunidade de montanha mais enturmada do continente, talvez de todo o planeta, e isso não apenas na cabeça dos que vivem lá. Veja bem, Chamonix é consideravelmente mais do que a Aspen dos Alpes. A cidade é o berço autêntico do *haut chic*. Não por acaso Yvon Chouinard instalou a primeira sede europeia de sua loja Patagonia em pleno centro de Chamonix: ele desejava uma sentinela avançada do outro lado do oceano com altíssima visibilidade.

Chamonix em si é hiperconstruída e não particularmente bonita pelos padrões arquitetônicos europeus. Tem muita armadilha para turista, muito concreto megalítico medonho, muito carro — e pouco estacionamento. Ainda assim, há suficiente Velho Mundo em suas ruelas labirínticas de calçamento de pedra e nos velhos chalés de paredes grossas para fazer mesmo a mais atraente estação de esqui americana parecer um parque temático pseudobávaro. Espremida no vale apertado, claustrofobicamente estreito, do rio Arve, a apenas treze quilômetros do ponto onde Itália, Suíça e França se encontram numa fronteira comum, a comunidade é comprimida, ao norte, de encontro aos picos de 2743 metros das Aiguilles Rouges, e mais comprimida ainda ao sul pelos 4806 metros do maciço do Mont Blanc. Ponto mais alto da Europa Ocidental, o Mont Blanc se ergue tão perto da cidade que é rotina os parapentes aterrissarem no centro da cidade depois de decolar do cume da montanha.

O sucesso da mostra eclética de vídeos do Choucas nada tem de surpreendente: afinal, a cidade vive da recreação de alto risco e do marketing decorrente. Como diz o alpinista americano Marc Twight — que desde 1984 mora intermitentemente na cidade —, com grande afeição e só uma pontinha de ironia, Chamonix é nada menos que a "capital mundial dos esportes mortíferos". O enorme cartaz de boas-vindas aos visitantes que chegam de carro a Chamonix pela principal rodovia vinda da Itália afirma somente que acabam de chegar à *"Capitale Mondiale du Ski et de l'Alpinisme"* — a capital mundial do esqui e do alpinismo. E olhe lá, a placa não exagera. Chamonix e os chamoniards são a ponta de lança da escalada no mundo, talvez mais hoje do que no passado. No clima frenético, turbinado pela adrenalina da última década, porém, a definição de Twight parece, das duas, a mais acurada. As calças esportivas de vinco impecável e os suéteres clássicos que os guias usavam antigamente foram suplantados por roupas de lycra e gore-tex em tonalidades fosforescentes, e o montanhismo tradicional desdobrou-se aqui num sem-número de esportes alpinos radicais — que o dr. Paccard teria dificuldade para reconhecer.

Como você deve estar lembrado, o dr. Michel-Gabriel Paccard inventou o esporte de escalar montanhas em 8 de agosto de 1786, ao fazer a primeira ascensão do Mont Blanc na companhia de Jacques Balmat, um caçador de cabras-montesas habitante da região. Logo após a empreitada, Balmat contou, "eu estava com os olhos vermelhos, o rosto enegrecido e os lábios azuis. Sempre que ria ou bocejava, o sangue brotava de meus lábios e bochechas e, para completar, estava semicego". Por sua inestimável contribuição à futura base econômica da comunidade, os dois excêntricos alpinistas receberam um prêmio em dinheiro equivalente a sessenta dólares americanos, o centro da cidade foi batizado com o nome de praça Balmat, e a rua principal ficou sendo a rua do Doutor Paccard — onde hoje, dois séculos mais tarde, você encontra não só o Choucas e a vistosa nova filial da Patagonia, como também comerciantes que vendem de tudo: parapentes, lingerie parisiense, cartões-postais de astros da escalada como Jean-Marc Boivin e Catherine Destivelle, piquetas com cabo de grafite, pitons de titânio, e as últimas novidades em snowboards com silhuetas em relevo lembrando os arranha-céus de Manhattan.

Nas décadas que se seguiram à escalada de Paccard e Balmat, à medida que relatos do feito e de ascensões subsequentes circulavam pelo continente, Chamonix se tornava um lugar tremendamente elegante, frequentado por ricos e famosos, e depressa se tornou a primeira estância de montanha do mundo (antes disso, como observou o articulista da *New Yorker* Jeremy Bernstein, todos consideravam as montanhas "assustadoras, feias e um obstáculo para as viagens e o comércio, e todo aquele que nelas ou perto delas vivesse era considerado subumano"). Goethe, Byron, Ruskin, Percy Shelley, o príncipe de Gales e a ex-imperatriz Josefina — todos foram a Chamonix. Em 1876, 795 pessoas já haviam chegado ao topo do Mont Blanc, entre elas um inglês chamado Albert Smith, que desmaiou bêbado no cume depois que ele e os companheiros de escalada entornaram 96 garrafas de vinho, champanhe e conhaque no decorrer da ascensão.

Quando o tráfego intenso no Mont Blanc começou a empanar a glória de escalá-lo (pelas vias mais fáceis, o pico de 4806 metros não é tecnicamente exigente nem mesmo muito íngreme), os alpinistas ambiciosos voltaram sua atenção para as centenas de picos-satélites e suas paredes a pique — as lendárias Chamonix Aiguilles —, que cravejam as cristas do maciço como o dorso de um estegossauro. Em 1881, quando Albert Mummery, Alexander Burgener e Benedict Venetz venceram a assustadora Aiguille du Grepon, o feito foi considerado sobre-humano. No entanto, num momento visionário após a escalada, Mummery previu que seria apenas uma questão de tempo o Grepon perder sua reputação de "escalada mais difícil nos Alpes" e passar a ser considerado "um passeio para senhoras".

Cem anos depois do dia de glória de Mummery, novas técnicas, melhor equipamento e uma explosão populacional nas alturas determinaram exatamente o tipo de desvalorização que ele temia, não apenas para o Grepon, mas para a maioria dos "últimos grandes desafios" que se seguiram: o esporão Walker, o pilar Frenney, a face norte dos Les Droites, o colo do Dru, para citar apenas alguns.

Mesmo tendo proporções genuinamente de Himalaia, com uma elevação vertical ininterrupta de quase 4 mil metros da base ao cume, o Mont Blanc está situado em pleno centro efervescente da Europa Ocidental. E aí mora o problema. Essa justaposição improvável de topografia radical e cultura continental rarefeita, para o bem ou para o mal, gerou a moderna Chamonix.

Num dia bonito de verão, veem-se em suas ruas pessoas muito variadas, as mesmas que você imaginaria encontrar em qualquer cidade turística francesa: matronas embrulhadas em mink, turistas de Cincinatti e Milão, frágeis velhinhos de boina de lã, garotas pernaltas frequentadoras de butique, de meia preta e minissaia. A diferença, em se tratando de Cham — nome da cidade na gíria local —, é que pelo menos metade dos transeuntes calça botas de escalada e tem um rolo de perlon* de 8,8 milímetros jogado no ombro. E, com um pouco de paciência, mais cedo ou mais tarde você vê passar Boivin, Profit ou Marc Battard, todos *héros de la Répuhlique*, com feitos relatados regularmente nas páginas de revistas de grande circulação, como a *Paris-Match*. No ano passado Boivin tornou-se o primeiro homem a decolar um parapente do cume do Everest. Seu rival, Battard, tornou-se o primeiro a subir a mesma montanha em menos de um dia. Depois, num lance que muitos franceses veem como o mais impressionante de todos, Profit escalou em dezenove horas cravadas, sozinho e no inverno, a longa, selvagem e pontiaguda aresta Peuterey, do Mont Blanc.

Quando Profit — ou por exemplo o monoesquiador Eric Saerens — é visto num restaurante de Chamonix, imediatamente se instala o burburinho, algo comparável ao efeito que causaria a presença de Mattingly ou Magic Johnson num restaurante dos Estados Unidos. Nem é preciso dizer que os franceses são civilizados demais para cortejar seus ídolos em público como nós, americanos. Mas há exceções: quando o ídolo da escalada em rocha Patrick Edlinger aparece na cidade, conta Twight, "todo mundo baba em cima dele sem o menor pudor. Há dois invernos fui a uma festa no Choucas em que Edlinger estava: parecia um paxá. As pessoas praticamente se esmurravam para conseguir chegar à mesa dele e manifestar sua adoração".

Nem todos os alpinistas de Cham são famosos. Atualmente o Mont Blanc é escalado por quase 6 mil pessoas por ano, e dezenas de milhares de outras lotam as Aiguilles adjacentes. *Um*

---

* Denominação do náilon usado para a fabricação de cordas de escalada. (N. T.)

milhão de caçadores de emoções desse ou daquele tipo passam por Chamonix todo ano. O maciço é rodeado de hotéis, salpicado de "cabanas" de vários andares, entrecortado por 57 teleféricos e bondinhos e perfurado por um túnel de onze quilômetros através do qual passa uma importante rodovia europeia. No auge da estação de escalada, a *vallée* Blanche — o alto platô glacial que alimenta o *mer* de Glace — fica apinhada de alpinistas, tantos que, do alto, parece um formigueiro. São tantas as novas vias de escalada documentadas nos registros do Office de Haute Montagne que você fica tonto! Na cordilheira toda, não há praticamente um único metro quadrado de gelo ou rocha que não tenha sido escalado por alguém.

Alguém poderia concluir que já não resta um pingo de desafio nas montanhas acima de Chamonix — mas seria um erro. Os franceses, povo orgulhoso e criativo, com talento para dramatizar as coisas, não tiveram a menor dificuldade para encontrar novas formas de estímulo alpino. Além das variações óbvias — escalada de velocidade, escalada solo extrema, esqui extremo —, adotaram fervorosamente atividades como o *bungee jumping*, *le surf extrême* (snowboard extremo), *le ski sur l'herbe* (no verão, descida de encostas gramadas em alta velocidade sobre esquis com rodas), descida em *ballule* (descida encosta abaixo dentro de bolas infláveis gigantes), e — o mais popular dos novos jogos — decolada do topo das montanhas com paragliders, ou, como dizem os franceses, *parapentes*.

Tarde luminosa de outono no centro de Cham. Estou sentado no terraço da brasserie L'M saboreando lentamente uma panqueca de morango e um café com leite enquanto reflito se, dados meus talentos limitados, algum dia terei condições de elevar-me acima da vida dos banais terminais. No alto, um desfile incessante de parapentes flutua pelo céu, na rota entre os Alpes circundantes e um relvado utilizado como campo de pouso da cidade, a poucos quarteirões dali. Quando finalmente me canso do garçom, que me pergunta a cada cinco minutos se quero mais alguma coisa ("Ou *monsieur* já está de saída?"), me levanto e vou até o relvado, ao pé do teleférico da estação de esqui Brevent, para assistir de perto a um pouco de ação aérea.

Em todo o território dos Estados Unidos existem, no máximo, quatrocentos pilotos de parapente. Um número que reflete a reputação do esporte, de ser insanamente perigoso. (Evidenciando firme comprometimento com a verdade na publicidade, o maior fabricante americano de parapentes — o Feral, Inc. — tem como logomarca uma caveira e ossos cruzados.) Nos Alpes, nem o risco mortal nem o medo de possíveis processos judiciais diminuíram a proliferação da prática do parapente: pelas últimas estimativas haveria 12 mil parapilotos em toda a França. E o fervor com que os franceses abraçaram o esporte não tem nada a ver com o talento gaulês para evitar acidentes: em Chamonix os parapilotos passam o tempo todo se estatelando nos telhados das casas e nas rodovias movimentadas, sendo jogados sobre teleféricos e despencando dos céus como moscas. Com efeito, meia hora depois de chegar ao campo de pouso de Chamonix vejo dois parapentes errarem a pontaria do pequeno relvado e caírem mais adiante, sobre as árvores, e um terceiro se chocar de cara com a parede de um prédio de apartamentos, na altura do segundo andar.

O número crescente de acidentes com parapentes, contudo, dificilmente levará os franceses a banir o esporte de suas estações de esqui (como aconteceu nos Estados Unidos), assim como a carnificina anual na escalada não resultará na redução dessa atividade — muito embora, num ano típico, entre quarenta e sessenta pessoas encontrem fins pouco prazerosos nas montanhas acima de Chamonix, e a contagem total de cadáveres no Mont Blanc tenha ultrapassado os 2 mil, tornando-o de longe a montanha mais mortífera do planeta.

O interessante é que o esqui de rotina, servido por teleféricos — atividade que poucos praticantes americanos consideram arriscada —, contribui com aproximadamente metade dessa taxa anual de mortes. Há oito áreas de esqui no vale de Chamonix, e as encostas incluem muitas pistas não mais desafiadoras que as trilhas mais fáceis de Stowe ou Park City, só que uma grande extensão de terreno é servida por teleférico, o que elimina a linha divisória entre esqui comum e montanhismo extremo. Uma curva para o lado errado ao descer do teleférico nos Grands Montets ou na Aiguille du Midi, por exemplo, locais muito populares para a prática do esqui, e facilmente se acaba no fundo de uma greta, soterrado por uma avalanche de seracs, ou de repente se resvala da borda de um abismo de trezentos metros. Nos Estados Unidos os esquiadores dão como certo que todo risco natural, caso haja, estará sinalizado, cuidadosamente isolado por cercas, ou dessa ou daquela maneira à prova de idiotas. Em Chamonix, a segurança pessoal é vista — com razão — como responsabilidade do esquiador, não da área de esqui, e os idiotas não duram muito tempo.

No que diz respeito a esportes de risco — e esportes em geral —, os franceses têm uma atitude fundamentalmente diferente da dos americanos. Os americanos preferem esportes de equipe, como beisebol e futebol americano, e os heróis atléticos que apresentam como modelos para os filhos tendem a entrar no molde rigorosamente impecável de Orel Hershiser. Os franceses, em contraste marcante, são individualistas notórios com uma queda pelo feito sensacional, pelo detalhe de estilo e pelo ato solitário dramático. Seus modelos atléticos tendem a fumar Gitanes um atrás do outro, a dirigir irresponsavelmente rápido e a ter ótimos desempenhos em atividades como windsurf de longa distância e escaladas solo de vias de 5.12 em rocha.

De modo que, mesmo chateados com tanto derramamento de sangue em seu território, os chamoniards preferem resolver o problema com um dar de ombros. Luc Bellon, um *gendarme* esguio e vigoroso de trinta anos de idade, explicou-me: "Em Chamonix, vemos as coisas com outros olhos. Você pode não ser guia ou escalador — talvez seja açougueiro ou dono de loja de suvenires —, não importa, mesmo assim as montanhas põem comida em sua mesa. Como os pescadores em relação ao mar, aprendemos a aceitar o perigo e as tragédias como parte de nossa vida".

Embora Luc Bellon trabalhe como *gendarme* — palavra francesa para "policial" —, isso não significa que passe os dias prendendo assaltantes ou controlando o tráfego com um capacete ridículo na cabeça. Bellon pertence a um setor de elite da polícia local denominado *Peloton de Gendarmerie de Haute Montagne*, ou PGHM, cuja tarefa é safar os infelizes aventureiros que encontram mais emoção do que a que pensavam encontrar. O *tuóc-tuóc-tuóc* do helicóptero azul e compacto do PGHM voando rumo às Aiguilles para resgatar nas alturas mais um corpo roto é tão comum em Chamonix quanto o som das sirenes policiais no Bronx: em julho e agosto, quando os glaciares e as Aiguilles são tomados por uma multidão de alpinistas incautos do mundo todo, não raro Bellon e seus companheiros efetuam de dez a quinze resgates de feridos — ou de cadáveres — por dia.

Por ironia, talvez a habilidade e a vigilância do PGHM contribuam para o alto índice de acidentes em Chamonix, já que muitos candidatos a Boivin se arriscam mais do que normalmente fariam, sabendo que Bellon e companhia ficam de plantão 24 horas por dia para salvar sua pele. Segundo John Bouchard, experiente alpinista americano que frequenta Chamonix desde 1973 (e que, com a esposa francesa, é dono da Wild Things, empresa de equipamentos de escalada, e da Feral, dos parapentes com caveira e ossos cruzados): "Atualmente, em vez de levar equipamento para um bivaque de emergência, o pessoal sai para escaladas difíceis levando apenas um rádio. Se as coisas complicam, partem do princípio de que basta dar o alarme e pedir um resgate".

Confesso ter considerado saída semelhante durante minha visita a Chamonix no outono passado. No segundo dia em Cham, comecei a escalar sozinho uma canaleta de gelo bastante íngreme, mas muito escalada, num pico de 4247 metros chamado Mont Blanc du Tacul. Ainda na parte baixa da escalada, era comum eu acertar rocha ao fincar minhas piquetas na fina cobertura do colo, estragando sem cuidado o fio das lâminas. A meio caminho, sem aclimatação e terrivelmente fora de forma, comecei a ter dificuldade para golpear o gelo com as ferramentas cegas com força bastante para que se prendessem. No entanto, como não levara corda para rapelar e descer, minha única opção parecia ser continuar escalando com as pontas frontais dos crampons até o topo, para então voltar caminhando pelo lado fácil. Nesse momento um helicóptero do PGHM passou em voo de rotina e, ao me ver na parede, se deteve para conferir se eu era mais um cabeça oca em apuros. Na hora, resolvi acenar pedindo ajuda. Afinal, ainda na véspera empenhara setenta dólares num seguro para resgate — ou seja, o salvamento extemporâneo não me custaria um centavo.

O problema era que eu não conseguia achar o que dizer ao sujeito de garboso suéter azul, justificando o resgate, quando ele descesse no cabo do guincho para me recolher. Hesitei um momento e depois, morto de culpa, levantei um braço — sinal de que tudo estava bem —, e o helicóptero zuniu na direção do vale como uma mariposa gigante, abandonando-me a meus próprios e sofríveis recursos.

Entre os milhares de sombrios infortúnios e resgates emocionantes ocorridos ao longo dos anos em Chamonix, alguns se destacam. O resgate mais famoso foi no verão de 1966, na face oeste do Petit Dru, imponente obelisco de granito que se eleva quase 1800 metros acima do *mer* de Glace. Dois alemães inexperientes haviam começado a escalada da parede no dia 14 de agosto; depois de quatro dias, completados dois terços da via, viram-se na situação de não ter como sair de um platô de um metro, incapazes de vencer os negativos cobertos de gelo que guardam o pináculo do cume. Os alemães enviaram um SOS, encolheram-se em seu pequeno platô e esperaram pelo socorro enquanto o tempo piorava.

Desencadeou-se um grande esforço de resgate. Mais de cinquenta homens — das tropas francesas de montanha e guias de Chamonix — subiram as faces norte e leste do Dru, menos difíceis, e tentaram baixar um cabo de aço a partir do cume. Os trechos negativos imediatamente acima dos escaladores em apuros frustraram a estratégia uma e outra vez, e três dias depois do pedido de ajuda os alemães continuavam fora de alcance. A essa altura Chamonix já estava repleta de repórteres e equipes de televisão, e o resgate era capa em todos os grandes jornais da Europa Ocidental.

No dia 18 de agosto, num café no lado italiano do Mont Blanc, Gary Hemming leu sobre o aperto dos alemães e na mesma hora concluiu ser o homem certo para salvá-los. Hemming — um californiano alto e sonhador, de inclinações boêmias e cabeleira loira desgrenhada — morava na França havia cinco anos, principalmente em Chamonix, mas ocasionalmente também em Paris, onde costumava dormir debaixo das pontes do Sena. Três anos depois, por razões que ainda intrigam muita gente, numa área de camping em Teton, embriagou-se e meteu uma bala na cabeça. Em 1966, porém, aos 33 anos de idade, o escalador estava em plena forma.

Hemming estivera muitas vezes na face oeste do Dru. Em 1962, ele e Royal Robbins haviam estreado uma nova via na parede, a "American Direct", na época considerada uma das escaladas mais difíceis do mundo e ainda hoje vista como uma das grandes dos Alpes. De modo que Hemming conhecia muito bem a montanha, e quando leu sobre o sufoco dos alemães concluiu na mesma hora que a melhor forma de salvá-los seria escalando a própria face oeste, plano de ação que os homens empenhados no resgate — tanto os militares como os mais fortes dos guias de Chamonix — haviam descartado como impossível, pois o tempo estava tempestuoso e a parede acumulara muito gelo. Hemming voltou correndo para Chamonix e começou a escalar a face oeste no dia 19 de agosto, guiando uma equipe internacional especialmente formada, que acabou somando oito escaladores de primeira.

A escalada foi inenarravelmente difícil, mas em três dias o grupo de Hemming chegou ao platô dos alemães, encontrando os dois homens vivos e em surpreendente boa forma. Por incrível que pareça, cinco minutos depois um dos guias da equipe da face norte também chegou ao local, depois de fazer uma traves-

129

sia contornando a montanha a partir da via mais fácil, e anunciou que ele e os outros guias iriam assumir a evacuação dos alemães. Dizem que Hemming retrucou com firmeza: "Não. Nós chegamos primeiro, os alemães são nossos".

Um dia depois, a equipe de Hemming concluiu a descida, com os alemães a tiracolo, em segurança, e encontrou a imprensa toda reunida à espera na base do Dru, munida de câmeras e gravadores. Quando as feições contemplativas de Hemming e sua história tocante chegaram aos jornais e às telas de TV da Europa, ele se tornou o queridinho do continente. Os franceses, especialmente, enlouqueceram com *le beatnik*, o nobre selvagem americano bonito e rude, caladão como Gary Cooper. De repente Hemming virou herói, metamorfoseado de um dia para outro de escalador duro e desajustado em perfeito deus loiro — e ingressou definitivamente na galeria dos mitos.

"Não há caminho fácil para um outro mundo", escreve James Salter em *Solo Faces*, romance frugal, vigoroso, ambientado em Chamonix e inspirado na vida de Hemming. Os chamoniards são uma gente extremamente fechada, pouco disposta a abrir sua vida aos forasteiros. Muitos dos sobrenomes estampados nas fachadas das lojas da rua do Doutor Paccard ou na lista da central de guias de escalada — Balmat, Payot, Simond, Charlet, Tournier, Devouassoud — estão lá desde que Goethe ou a imperatriz Josefina visitaram a cidade pela primeira vez. Com efeito, ninguém "de fora" — para os chamoniards, todo aquele nascido a uns poucos quilômetros dos limites da cidade — é aceito nas fileiras da Compagnie de Guides de Chamonix Mont-Blanc sem uma licença especial, concedida raramente. Um grupo de jovens guias "estrangeiros" (ou seja, não chamoniards) revidou, criando um serviço concorrente, Les Guides Indépendams du Mont Blanc; aos olhos da maioria dos chamoniards, porém, esses independentes, em relação à Compagnie, são como uma garrafa de vinagre diante de um Chateau Lafitte-Rothschild.

130

Hemming só conseguiu penetrar na sociedade restrita de Cham depois de seu momento de heroísmo no Dru (os franceses sempre tiveram um respeito profundo e duradouro pela fama). John Bouchard também acabou sendo aceito pelos chamoniards, mas não antes de completar uma série de ascensões brilhantes, impensáveis — duas delas em vias ainda não escaladas, várias delas sozinho —, que culminaram em seu casamento com Titoune Meunier, ela mesma escaladora extraordinária, membro do clã local dos Simond. Segundo Marc Twight, amigo e protegido de Bouchard, "John foi para Cham, roubou as cobiçadas primeiras ascensões dos escaladores mais ousados dos Alpes, depois arrebatou o coração da menina mais encantadora da cidade". O tipo de feito, executado com rematado estilo, que os franceses consideram irresistível. Daí em diante, os chamoniards adotaram Bouchard como um dos seus, um filho da cidade que, por inexplicável acidente cósmico, casualmente nascera na América.

Além de Hemming e Bouchard, porém, raríssimos americanos — ou estrangeiros de qualquer tipo, aliás — foram admitidos no clube. Marc Twight — um alpinista de 28 anos, intenso e muito talentoso — está em fase de teste. Nestes últimos cinco anos, Twight escalou inúmeras das mais nefastas "vias da morte" de Chamonix, e em março passado foi tema de uma matéria de dez páginas na *Montagnes*, a revista francesa de escalada. Só que ainda não se sente aceito pelos nativos. "Quando cheguei aqui, em 1984", conta, "fui pura e simplesmente ignorado e evitado. Agora, que fiz algumas escaladas legais, os escaladores e parapilotos quentes daqui me deixam frequentar sua periferia, conversam comigo e me passam algumas informações sobre as vias. Só. Nada de convites para jantar. Nunca vou poder fazer parte do círculo de iniciados. Não sei bem por quê. É o jeito deles e pronto."

A maioria dos escaladores e esquiadores estrangeiros — as legiões de bascos, ingleses, tchecos, poloneses, alemães, suecos, italianos, espanhóis, argentinos, americanos, coreanos, canadenses, australianos, noruegueses, neozelandeses, indianos e japoneses que afluem anualmente para Chamonix — não dá a mínima para ser admitido ou não na sociedade local. Eles só querem sossego, querem tentar a sorte nas alturas movidos por seus impulsos e, entre uma aventura e outra, passar o tempo no vale da maneira mais barata e confortável possível.

Como se pode imaginar, com uma gama tão ampla de nacionalidades, recorre-se a um leque igualmente amplo de estratégias para atingir esses objetivos. Tchecos e poloneses, por exemplo, que tendem a ser ao mesmo tempo pobres em recursos materiais e ricos em resistência física, desdenham hotéis e *pensions* em favor dos campos de cultivo da periferia da cidade, pagando cinco francos por noite aos agricultores pelo privilégio de fazer cocô no mato e armar as barracas surradas em meio à lama e ao estrume.

Da mesma forma, encontram-se poucos suecos nos hotéis de Chamonix, só que por outra razão. Parece que na Suécia os impostos sobre o álcool são proibitivos. Quando os suecos vão à França, onde a bebida custa mais ou menos metade do que custa na Escandinávia, tendem a abusar e, como diz Twight, "ficar desastrosamente descontrolados. Querem brigar, quebrar tudo, e se tornam muito turbulentos. O resultado é que, quando veem um passaporte sueco, os donos de hotel de Chamonix costumam dizer: 'Sinto muito, acabo de lembrar que todos os quartos acabam de ser ocupados'". A situação degenerou a ponto de empresários suecos terem comprado recentemente hotéis na vizinha Argentière, alguns quilômetros vale acima, só para que seus compatriotas tivessem um lugar onde dormir, perto de Chamonix. Atualmente, durante a temporada de esqui, Argentière se transforma numa verdadeira colônia sueca.

Ainda mais delicadas do que as relações franco-suecas, contudo, são as franco-britânicas, resultado de uma inimizade recíproca existente há tantos séculos que já faz parte dos respectivos códigos genéticos. Os britânicos até que têm um ou dois aliados entre os chamoniards. Num acordo tácito, há três décadas o clã local Snell permite que os ingleses acampem num terreno pertencente à família, na periferia da cidade, e em troca os ingleses não barbarizam as duas lojas de equipamentos de escalada da família, na rua do Doutor Paccard. Entre muitos alpinistas franceses e ingleses, porém, a impaciência é profunda a ponto de às vezes originar verdadeiras batalhas campais — que já destruíram bistrôs e mandaram muitos escaladores ingleses famosos para a cadeia de Chamonix.

A intolerância também se reflete na gíria franco-inglesa. Para os ingleses, por exemplo, um preservativo é uma *"French letter"*, uma carta francesa. Para os franceses é *"une capote anglaise"*, um capote inglês. Quando alguém sai de algum lugar de forma desonrosa, os britânicos referem-se ao fato como *"take a French leave"*, sair à francesa, enquanto os franceses denominam o mesmo fato *"filer à l'anglaise"*, escapar à inglesa. Em francês coloquial, a sodomia é conhecida como *"le vice anglais"*, o vício inglês, e embora nesse caso os ingleses não disponham de equivalente etimológico preciso, os escaladores britânicos há muito consideram a preocupação com a indumentária dos gauleses prova cabal de que todos os franceses são pervertidos latentes.

Ultimamente, contudo, parece que os franceses estão rindo por último. Nos dias que correm, os nativos chamoniards não só são os escaladores, esquiadores e parapilotos mais bem-vestidos das montanhas, como pela primeira vez desde a escalada de Paccard-Balmat não há um único inglês (ou quem quer que seja) vivo capaz de igualar a desenvoltura e a destreza que eles arvoram em gelo e rocha extremos. Astros como Profit, Boivin e Patrick Gabarrou podem ter uma queda por cachecóis cor-de--rosa e roupas de montanha com cores combinando, mas ninguém os chama de maricas.

O téléphérique de dois estágios leva aproximadamente meia hora para cobrir os 2750 metros verticais entre Chamonix e o cume da Aiguille du Midi. Éramos sessenta pessoas espremidas no bondinho enferrujado para a subida: franceses de roupas fluorescentes verde e laranja com mochilas combinando; várias equipes de um clube de escalada italiano, cantando, peidando e rindo entusiasmados; uns poucos japoneses silenciosos, incongruentemente vestidos em ternos e vestidos longos.

No cume — uma vertiginosa agulha de granito toda perfurada por túneis e ajaezada de bizarras estruturas de aço —, dirijo-me ao restaurante para um rápido *croque-monsieur*; em seguida embarco em outro teleférico para cruzar a planície riscada de gretas da *vallée* Blanche, até a fronteira italiana. Dali, uma pequena descida a pé me conduz a meu objetivo do dia: a face norte de um pico chamado Tour Ronde. Se essa montanha estivesse no Alasca, onde fiz grande parte de minhas escaladas, talvez fosse preciso passar três ou quatro dias lutando debaixo de uma mochila de 35 quilos para atingir esse lugar a partir do vale de Chamonix. Como o pico está situado na França, porém, a aproximação tomou menos de duas horas (parada para café da manhã incluída), minha mochila contém pouco mais que almoço e um suéter extra e não suei nem uma gota.

Se o pico fosse no Alasca, entretanto, eu provavelmente o teria só para mim. Enquanto ajusto meus crampons no sopé da Tour Ronde, conto sete escaladores na via acima.

A escalada de 365 metros segue direto para o alto por uma rampa de gelo brilhante acinzentado em forma de ampulheta. Pelos padrões de Chamonix a via é fácil, mas me preocupa toda essa gente acima de mim. Em 1983, uma dupla de escaladores caiu quase no final da face e, à medida que mergulhava em direção ao glaciar, ainda encordada, arrastou consigo dezoito pessoas que escalavam abaixo, matando seis delas, além deles próprios.

Os escaladores acima não representam problema até o momento em que atinjo a metade da parede, a cintura da ampulheta, onde contrafortes rochosos dos dois lados afunilam todo o gelo desprendido pelos que escalam adiante para uma passagem estreita, pela qual tenho de escalar sessenta metros. Felizmente, em geral as lascas de gelo que caem são pequenas e resvalam sem problemas em meu capacete. Numa escalada como esta é normal ter gelo caindo — os escaladores não conseguem evitar que

134

pequenos torrões se soltem quando cravam suas piquetas —, mas, por alguma razão incompreensível, uma das equipes acima começa a lançar também discos de granito, alguns pesando três ou quatro quilos. "Ei!", grito para eles. "Não estão vendo que tem gente aqui embaixo?" O único resultado aparente foi estimulá-los: quando ergo o rosto para berrar outra vez, recebo um pedregulho no queixo. Abaixo a cabeça depressa e começo a chutar o gelo ainda mais rápido.

Dez minutos depois, saio da passagem para a parte superior da face, onde é possível evitar a fuzilaria. Quarenta e cinco minutos mais e estou no topo, onde vejo os dois franceses que rolavam as pedras para cima de mim estirados ao lado da estátua de bronze da Virgem Maria que assinala o cume. Me aproximo e pergunto cortesmente: "Qual é, babacas? Na descida talvez eu chute uns blocos de pedra para cima de vocês, para vocês verem o que é bom".

Os dois escaladores, de vinte e poucos anos, não dão a mínima. Um deles vira e me diz: "A queda de pedras é um dos muitos riscos naturais que os escaladores têm de enfrentar nos Alpes. Se você não gosta das escaladas daqui, por que não volta para os Estados Unidos, onde as montanhas não são tão grandes?".

Aos poucos os franceses se vão, deixando-me sozinho no cume, e começo a serenar. A rocha está quente, o céu de setembro cristalino e absolutamente calmo. À minha volta, tão próximas que quase posso tocá-las, as Aiguilles se erguem em ondulações sucessivas e infinitas. Ali, a crista do Mont Blanc e os dedos delgados da aresta Peuterey; lá adiante, o Grepon e o Charmoz, a enorme presa do Dent du Géant, os cumes gêmeos dos Drus, o perfil imponente das Grandes Jorasses. Quase toda a minha vida li sobre esses picos, admirei-os em fotos pouco nítidas que recortava de revistas e pregava nas paredes, tentando imaginar a textura de seu famoso granito.

Está ficando tarde. Preciso começar a descer já, se não quiser perder o último *téléphérique* para o vale. Mas sinto uma espécie de calor gostoso, diferente, subindo pela espinha, e não quero interrompê-lo antes que chegue aonde quer que pretenda

135

chegar. "Mais cinco minutos", negocio comigo mesmo em voz alta. Quatrocentos metros abaixo, a sombra da Tour Ronde se espicha como um gato pelo glaciar.

Quando olho para o relógio, uma hora se passou. Lá embaixo, em Chamonix, as ruas já estão completamente escuras e os bares começam a se encher de escaladores e parapilotos de volta das alturas. Se eu estivesse lá embaixo agora, partilhando uma mesa com algum indômito herdeiro de Messner, Bonatti ou Terray, provavelmente minha excursão ao topo da Tour Ronde seria banal demais para ser mencionada. Aqui do alto da montanha, meu platô oferece uma perspectiva diferente. Os cumes ainda brilham sob o sol de outono. As paredes sussurram histórias, o glaciar vazio está vivo de luz. "Mais cinco minutos", repito para mim mesmo. "Mais cinco minutos e juro que começo a descer."

CANIONISMO

O RIO SALT SERPENTEIA através da crista central do Arizona, correndo para oeste a partir do alto território apache, perto da fronteira com o Novo México, em direção às castigadas e áridas terras do deserto de Sonora, para finalmente atravessar a fumaça e o calor de Phoenix e render tanto seu nome como o que resta de suas águas ao rio Gila. O Salt já foi tão desfigurado por diques, reservatórios e canais de irrigação que, quando chega ao centro de Phoenix, não passa de um córrego arenoso cercado por bancos de concreto. Quando pus os olhos pela primeira vez no poderoso Salt, da janela de um 737 prestes a aterrissar no aeroporto de Phoenix — um dia no começo de abril, quando o rio deveria estar correndo em sua maior vazão —, não parecia haver nele uma única gota de água.

Quando, uma hora depois, um camarada chamado Rick Fisher me informou empolgado que o Salt era "um dos rios mais espetaculares e desafiadores de toda a América do Norte, circundando uma das últimas áreas autenticamente selvagens dos 48 estados do sul", concordei educadamente com a cabeça e tentei ser compreensivo com o sujeito lembrando-me de que certa vez tentara convencer um amigo de Boston de que os Seattle Mariners — time da minha cidade natal, ocupantes perenes da segunda divisão na Liga Americana do Oeste — eram, na verdade, o time mais talentoso do beisebol. Fisher, um fotógrafo e guia de atividades outdoor de 36 anos nascido em Tucson, captou meu olhar cético. "Espere e logo verá", ele protestou cheio de certeza.

Mesmo quando chegamos ao cânion da parte superior do Salt, onde passaríamos uma semana explorando o rio e seus afluentes, eu continuava não vendo nada. Estávamos a 150 quilôme-

137

tros de Phoenix, acima dos últimos diques e canais de desvio, de modo que o rio de fato tinha água. O território ressecado a nossa volta tinha o charme próprio das áreas de relevo acidentado, mas poucos diriam que se tratava de algo espetacular — não, certamente, pelos elevados parâmetros de uma região que ostenta, a poucas horas de carro, Zion e o Grand Canyon. Além disso, cerca de duzentas pessoas — famílias em trailers do tamanho de porta-aviões, adolescentes festeiros com alto-falantes a todo vapor, ratos de fim de semana metidos a esportistas náuticos exibindo cortes de cabelo de quarenta dólares e óculos de sol de cem, além de garotões de rosto rosado entornando cervejas — estavam acampadas ao longo da margem do rio, e um desfile infindável de barcos infláveis colados uns aos outros singrava as modestas corredeiras do Salt, desde o alvorecer até o sol se pôr. Este cânion tem bastante vida selvagem, concluí, mas selvagem ele não é, de jeito nenhum.

Eu fizera meu diagnóstico do rio Salt e de Fisher cedo demais, entretanto. Fisher mostraria ter um verdadeiro dom para farejar recantos do deserto — alguns praticamente aos pés das barulhentas hordas do Sun Belt — que, de alguma forma, conseguiram escapar à mão pesada do século XX. A uma distância entre 1,5 e 3 quilômetros abaixo da tumultuada área de camping, Fisher estacionou seu rodado 4 × 4 e começou a guiar quatro amigos seus, dois golden retrievers e eu pelo cânion do curso principal do Salt, no ponto em que ele era cortado por um riacho chamado Cibecue.

Em poucos minutos, íngremes paredes de rocha — um mosaico maluco de diabásio vulcânico branco e dobras em serpentina de arenito amarelado — começaram a fechar-se sobre nossas cabeças, e o desfiladeiro ficou tão estreito que tivemos de começar a andar diretamente dentro da água do riacho, que chegava à altura de nossos joelhos e que corria rápida e transparente, surpreendentemente fria. Oitocentos metros rio acima contornamos uma curva e demos num beco natural, uma dramática artimanha da topografia conhecida na gíria local como "caixa de pedra". Paredes negativas de rocha lisa nos cercavam,

138

formando uma gruta estreita em forma de U, com a torrente do riacho despencando quinze metros em queda livre do alto da parede. Aparentemente, continuar avançando cânion acima exigiria de nossa parte algumas manobras bem interessantes, tipo escalada em rocha de grau 5.12 sem possibilidade de proteções e com tênis molhados.

Felizmente, era só impressão. Fisher retrocedeu conosco cinquenta metros arroio abaixo, até o ponto onde um pilar de rocha se apoiava, a meia altura, na parede leste da ravina. O pilar era ligeiramente negativo em relação a sua base, mas um pouco de creme viscoso para as mãos, uma agarra salvadora escondida e uma manobra enérgica levaram-nos ao amplo platô em que culminava o pilar. Dali em diante era uma escalada fácil para ganhar tanto o topo do desfiladeiro como toda a parte superior do cânion. Em poucos minutos todos nós — inclusive os cães, que foram atados a cadeirinhas improvisadas e içados por uma corda — estávamos no alto.

A escalada não era tecnicamente difícil, mas, como explicou Fisher na fala mansa do sudoeste rural, "98% dos caras que conseguem chegar até este ponto do cânion, o que, aliás, não é tanta gente assim que consegue, voltam porque a caixa de pedras lhes parece muito intimidante". Fisher, um homem baixo e musculoso com bigode de Pancho Villa e um ar vagamente melancólico, confessou em seguida: "Quando comecei a vir a este cânion a escalada era ainda mais fácil, mas há alguns anos uns caras de Flagstaff trouxeram um macaco hidráulico e derrubaram este enorme bloco, que antes se apoiava no pilar e tornava a subida bem menos difícil. Eu não teria feito uma coisa dessas, mas acho que fico feliz por eles terem feito. Graças aos garotos de Flag, só poucos grupos por ano vão além da cachoeira. Estamos a... menos de um quilômetro daquele zoológico do Salt, mas a partir daqui o cânion ainda está praticamente do jeito que era há quinhentos anos".

Com efeito, ultrapassada a cachoeira, parecia que tínhamos entrado num mundo completamente diferente. Até a vegetação mudava. Protegido nas duas extremidades por formidáveis caixas de pedra, o cânion do Cibecue nunca fora frequentado por vacas, cavalos e ovelhas. Em decorrência, a flora ripária nativa ainda não foi substituída por gramíneas invasoras e outras espécies que dominam a paisagem em que o gado pasta.

À medida que avançávamos cânion acima, vimos como ele foi se abrindo, por dois ou três quilômetros, em amplas matas, para depois fechar-se novamente numa ravina profunda, estreita e serpenteante que em determinado ponto mal chegava a dois metros de largura entre uma e outra parede absolutamente vertical. Vimos um ninho de águia equilibrado sessenta metros acima do riacho, no cume de um pináculo de arenito. Pouco além desse ninho, passamos por um abrigo de rocha praticamente intocado, construído setecentos anos antes pelos mogollon (pronuncia-se mãgui-ãn), enigmáticos contemporâneos dos anasazi,* mais ao norte.

O riacho Cibecue, junto com o rio Salt e seus outros afluentes, drena a vertente sul de uma conformação topográfica conhecida como anel Mogollon. O anel, que corta diagonalmente a parte centro-norte do Arizona entre Flagstaff e Phoenix, marca o limite meridional do planalto do Colorado. Com uma queda abrupta de 1800 metros na altitude, o anel separa, de forma enfática, os altos picos e florestas das montanhas Rochosas das planícies e bacias áridas do deserto de Sonora.

O anel está salpicado por uma enorme quantidade de cidadezinhas rurais e mineradoras em ruínas, e a extremidade mais baixa de sua encosta desce diretamente até a periferia da grande Phoenix, com seus 2 milhões de habitantes. Mas em função das características agrestes da região dos mogollon, muitos de seus mais de 4 milhões de hectares mantêm uma aura de *terra incognita* e abrigam uma vicejante população de ursos-negros,

---

* Povo que habitava as regiões do planalto ao norte dos estados do Arizona e Novo México e sul de Utah e Colorado entre os anos 100 e 1300. (N. T.)

140

águias-douradas e águias-de-cabeça-branca, suçuaranas, veados e carneiros-monteses. Catorze ou quinze cânions notáveis — ostentando nomes como Salome Jug, Hell's Gate, Dry Beaver e Devil's Windpipe — encrespam a face escarpada do anel e, excetuando-se as visitas ocasionais de um ou outro agricultor ou garimpeiro, permaneceram inexplorados durante séculos.

Os encantos do anel Mogollon eram tão obscuros que em 1984 o Serviço Florestal planejou disponibilizar os cânions para desenvolvimento comercial. Felizmente, a ideia foi abandonada quando uma coalizão de defesa das áreas selvagens, da qual Fisher fazia parte, divulgou a região e obteve para ela junto ao Congresso o status de área protegida. Foi um alívio para Fisher porque, diz ele, as ravinas do Mogollon oferecem o que há de melhor em matéria de canionismo no continente norte-americano.

É uma reivindicação e tanto. O rio Colorado entalhou um sulco de 1800 metros de profundidade e 1500 quilômetros de comprimento ao longo do centro do planalto de mesmo nome, e cada um dos afluentes que alimentam o Colorado — e cada riacho e córrego que alimenta esses afluentes — foi compondo essa imensa ferida na Terra, transformando boa parte do Colorado, de Utah, do Arizona e do Novo México num labirinto fantasmagórico de ravinas de rocha avermelhada. Literalmente centenas desses cânions poderiam ser descritos como as últimas grandes amostras selvagens dos 48 estados do sul. Alguns ainda estão por ser descobertos, outros são território de apenas uns poucos. Como então, em nome de John Wesley Powell,* alguém poderia concluir que um, dois, ou vinte cânions específicos são melhores do que todo o resto?

Para entender por que Fisher insiste que os cânions do Mogollon — a maioria dos quais é simplesmente desconhecida mesmo dentro do Arizona — são lugares mais interessantes

---

* O major John Wesley Powell liderou uma expedição pioneira pelo Grand Canyon, Colorado, em 1869. (N. T.)

141

para o canionismo do que a maioria dos celebrados desfiladeiros de Zion, Escalante, Canyonlands, ou do próprio todo-poderoso Grand Canyon, primeiro é preciso entender o que pode e o que não pode ser adequadamente denominado canionismo aos olhos do sr. Fisher, que é uma espécie de paladino quando se trata dessa modalidade de exercício ao ar livre que há pouco tempo recebeu seu nome de batismo. O verdadeiro canionismo, segundo ele, é um híbrido de escalada em rocha, exploração de rios e curtição de mochileiro. Se o que você está praticando não envolve uma dose saudável de cada uma dessas três coisas, simplesmente não se trata do produto genuíno.

O entusiasmo de Fisher pelo canionismo no anel Mogollon deve-se à complexa configuração da geologia subjacente da escarpa, uma completa mixórdia de rochas ígneas, metamórficas e sedimentares. O arranjo confuso de camadas duras e friáveis cria uma arquitetura de cânions que não apenas varia tremendamente de drenagem para drenagem, como tende a estar adornada por cascatas de vários andares, poços aterradores encaixados na rocha e passagens diabolicamente estreitas. "Em outros lugares do mundo há cânions maiores e mais extensos do que os do anel Mogollon", declara Fisher, "mas nenhum tão especial, e pouquíssimos mais desafiadores".

Fisher sem dúvida adora um desafio, porém aprecia especialmente a conformação dos cânions do Mogollon porque ela contribui para manter à distância turmas de estudantes, caçadores maníacos e imbecis de modo geral. "Provavelmente conheço uns duzentos caras que exploram cânions estreitos como o Escalante, o Buckskin-Pariah ou os Zion Narrows. São lugares bastante espetaculares, só que em geral não exigem mais do que uma caminhada dura. Consequentemente, num belo dia de primavera podemos encontrar até vinte pessoas andando pelo cânion num lugar como o Zion Narrows. Enquanto isso, as gargantas do riacho West Clear — o mais conhecido dos cânions do Mogollon — possivelmente não recebam mais do que quatro ou cinco grupos de visitantes ao longo do ano inteiro. Caramba, quatro grandes cânions do noroeste do Arizona —

não vou lhe dizer quais são — ainda não tiveram uma única exploração documentada."

O tráfego rarefeito significa que a maioria dos tesouros ambientais e culturais do território mogollon permanece notavelmente intocada. Fisher mencionou dois cânions a não mais de 130 quilômetros da área metropolitana de Phoenix que ainda abrigam moradias primitivas na rocha jamais escavadas. E confessou: "Provavelmente eu poderia ganhar um bom dinheiro saqueando as moradias na rocha e vendendo cerâmica mogollon, que vale uma nota no mercado negro. Mas não conseguiria viver com isso. Entre os canionistas que conheço há uma ética muito estrita no que diz respeito a não mexer em nada, nas moradias na rocha. Um de meus amigos encontrou um pote lindo, perfeitamente intato, enterrado até a boca na areia. Ele o desenterrou para dar uma olhada, depois voltou a enterrá-lo — até a boca, exatamente como o havia encontrado — e seguiu seu caminho".

Depois de tê-los explorado mais do que qualquer outro ser vivo, Rick Fisher pode com justiça reivindicar o título de maior autoridade mundial em cânions do Mogollon e na miríade de segredos que eles contêm. Contudo, sua primeira visita data do final da década de 1970. Essa primeira incursão ocorreu na época em que ele ainda estudava na Universidade do Arizona: tinha ouvido falar de um lugar estranho e maravilhoso chamado White Pools, supostamente escondido em algum lugar da parte superior do riacho West Clear — um afluente do rio Verde que brota do anel cinquenta quilômetros a sudeste de Sedona.

Foi preciso um dia inteiro de caminhada a corta-mato, em meio a um mar de espinhos, por encostas que tendiam a desmoronar, apenas para descer do anel até a base do cânion. Naquela noite, foi acordado pelo barulho de algo se mexendo dentro de sua mochila. Quando acendeu a lanterna para investigar, foi saudado por uma cascavel enroscada que fixava seus olhos. Na manhã seguinte, continuando riacho acima, viu os lados do cânion se estreitarem até formar uma fenda entre duas paredes verticais. Em determinado ponto havia três grossos troncos entalados entre as paredes, vinte metros acima de sua cabeça, testemunho intimidante da força e do nível das águas que inundam o cânion nas cheias repentinas causadas por trombas--d'água.

Um quilômetro e meio garganta adentro, a primeira de uma série do que ele denomina "caixas de água" — poços profundos demais para serem vadeados e impossíveis de serem contornados escalando — forçou Fisher e seus dois companheiros a nadar. A dificuldade de nadar com uma mochila cheia, para não mencionar o problema de manter o conteúdo seco, acabou convencendo-o a passar a levar uma pequena jangada inflável em suas aventuras canionísticas subsequentes — pequena o bastante para caber na mochila, mas com suficiente capacidade de flutuação para não afundar sob o peso de mantimentos e equipamentos para uma semana quando empurrada à frente do nadador. Em pouco tempo essas minijangadas foram consideradas peças essenciais no equipamento de canionismo, mas não antes que o presidente da seção de Phoenix do Sierra Club se afogasse, em 1979, tentando cruzar a garganta do riacho West Clear sem estar munido de uma delas.

As provações dessa primeira excursão ao Mogollon fizeram de Fisher um fanático do canionismo: ele já voltou mais de dez vezes ao riacho West Clear. Já venceu, com aplicação metódica, a maioria dos outros cânions do Mogollon, constantemente refinando suas técnicas e ferramentas no processo. "Logo aprendi uma coisa", diz Fisher. "Cada cânion do Mogollon é único. Uma pequena diferença na configuração geológica de um deles pode fazer uma enorme diferença quanto aos equipamentos e técnicas que você vai utilizar e quanto à melhor época para tentar uma descida específica. O que funciona no riacho West Clear talvez não funcione em Salome; o que funciona em Salome não vai funcionar em Tonto; um lugar maravilhoso em maio pode ser mortífero em julho."

A partir de contornos reveladores em uma carta geológica

do USGS,* Fisher também aprendeu a adivinhar a localização dos cânions mais interessantes — segundo a estética do canionismo, os que têm passagens mais estreitas, cachoeiras mais fotogênicas e poços mais claros e profundos. "Para encontrar um bom cânion num mapa", diz ele, "primeiro procure um pico alto o suficiente — para captar água —, o que nesta região significa cerca de 2400 metros. Em seguida, analise a dimensão da bacia de captação acima do cânion em que está interessado: ela geralmente deve cobrir uma área de quinze por trinta quilômetros, pelo menos, para resultar num curso d'água com fluxo suficiente para cavar um cânion decente. Depois, examine a distância entre as curvas de nível. Elas têm de indicar uma formação ao mesmo tempo profunda e muito estreita. Há cânions muito profundos que, por serem largos demais, nada têm de interessante."

"Por fim", prossegue Fisher, "verifique a geologia. Se a configuração geológica não for exata, a maior parte da água do curso d'água se infiltra no solo, mesmo num sistema amplo de drenagem, e não haverá poços ou cachoeiras, que são o que me interessa encontrar nos cânions." Pesando todos esses fatores conjuntamente, segundo Fisher, em geral dá para saber se determinado cânion vale uma visita.

Mas nem sempre. Durante vários anos, Fisher notara um sulco no mapa — ele o chama cânion Crystal, em lugar de utilizar o nome real, desejoso de manter segredo sobre a localização do lugar — que parecia bastante promissor sob todos os aspectos, exceto quanto a sua conformação geológica, que era uniformemente ígnea. "Isso", diz ele, "geralmente resulta num cânion bastante desinteressante, de modo que desisti dele. Acontece que eu estava errado. Mas *muito* errado." Certo dia, um piloto que conhecia a obsessão de Fisher por cânions contou-lhe que por acaso sobrevoara o cânion Crystal e observara "algu-

---

* United States Geological Survey — organismo estatal ligado a atividades geológicas, nos Estados Unidos. (N. T.)

mas cachoeiras muito grandes". Fisher imediatamente resolvera esquecer a geologia e ir dar uma olhada.

Para chegar ao cânion era preciso atravessar uma chapada infestada por uma raça particularmente agressiva de cascavéis negras ("Elas tinham só um metro ou um metro e pouco", conta Fisher, "mas eram grossas como um braço musculoso e suas cabeças eram largas, com uma aparência realmente maléfica"), e em seguida descer sessenta metros de parede vertical, da rocha pouco firme característica do anel, para chegar até o riacho do fundo. Alguns petroglifos mogollon acabaram mostrando o caminho até uma passagem por entre as faixas de basalto. Mesmo assim, insiste Fisher, "não deixava de ser uma escalada difícil. Os tais mogollons foram escaladores de primeira, e com certeza não tinham medo de altura".

Os riscos assumidos por Fisher, contudo, pagaram belos dividendos. Não apenas as cachoeiras se mostraram à altura de tudo o que ele esperava, "como no cânion havia moradias na rocha e alguns dos poços mais profundos e transparentes do Arizona. E as paredes acima de um desses poços eram cravejadas de milhões de cristais de quartzo, alguns formando cachos enormes. Eles não eram perfeitamente cristalinos; mesmo assim eram incríveis. De modo que eu acho que você entende por que procurei fazer segredo em torno desse cânion. Você pode ir até lá quando tiver vontade — já voltei seis vezes —, garanto que nunca vai encontrar ninguém".

A obsessão é uma coisa engraçada. Você fica especulando que particularidade na educação ou na arquitetura cromossômica produz um torcedor fanático pelo time da esquina, enquanto outros dedicam a vida à religião, e outros ainda só se interessam por desenvolver o tomate perfeito. Quem pode explicar por que Rick Fisher devotou a vida aos cânions do sudoeste desértico?

Fisher dedicou uma década quase inteira a visitar os cânions do Mogollon sempre que possível, tanto a trabalho como

146

por lazer, documentando suas formas sobrenaturais em milhares de fotografias, comparecendo ao Congresso para, com seu testemunho, contribuir para que eles fossem salvaguardados pelo status oficial de área protegida. Valeu-se, com sucesso, dos encantos consideráveis dos cânions para envolver romanticamente várias mulheres e, sem sucesso, para reabilitar muitíssimos delinquentes juvenis e introduzir um número igualmente significativo de crianças deficientes e malandros urbanos de todo tipo aos prazeres da natureza.

Paradoxalmente, no entanto, não foi a ligação de Fisher com os cânions do anel Mogollon a causa de sua pequena fama mundo afora, mas seus feitos nas vertentes da Sierra Madre, no México, sobre a qual escreveu um guia bastante popular e de onde, há vários anos, tem retirado o grosso de seu sustento trabalhando na área do turismo de aventuras.

Foi na Sierra Madre, em 1986, que Fisher alcançou suas realizações mais notáveis no canionismo: desceu dois dos cânions mais profundos da América do Norte, o Sinforosa e o Urique. Este último foi palco de seu maior apuro canionístico até o presente — que não teve nada a ver com corredeiras de classe VI ou escalada em rocha radical.

Fisher levara dois companheiros à barranca de Urique, uma mulher chamada Kerry Kruger e o namorado dela, Rick Brunton. Os três haviam passado três dias remando e carregando uma pequena jangada de borracha cânion abaixo sem maiores incidentes, quando atravessaram a fronteira do estado de Chihuahua para o de Sinaloa, este último um distrito conhecido pelo cultivo de maconha e heroína. Naquela noite, deixaram o rio para acampar junto à confluência de um pequeno riacho secundário, e Fisher foi atrás de água potável. Quase em seguida, entrou em uma plantação de milho de aspecto anormalmente verde. Quando olhou melhor, viu que cada pé de milho servia de apoio para um pequeno pé de maconha. "Voltei depressa para o barco", lembra Fisher, "e disse: 'Gente, temos de juntar as coisas e sair daqui depressa'".

Fisher explica que naquela parte do México os camponeses

"não conseguem entender por que gringos ricos se dariam ao trabalho de ir até lá para percorrer seus longínquos rios, a menos que fossem espiões da DEA* à procura de drogas. Remamos feito uns loucos durante uma hora para evitar um confronto, mas naquele ponto o rio fazia uma grande volta, de modo que apesar de tudo o que remamos fomos parar outra vez exatamente ao lado da plantação de maconha. Contornamos uma curva do rio, que era estreito, e encontramos as duas margens ocupadas por homens de aparência descuidada, agachados e armados com rifles. Havia um sujeito de pé. Vestia uma camisa boa e um belo chapéu de caubói — e em vez de rifle tinha uma pistola automática. Esse homem gritou para nós dizendo que nos aproximássemos, que queria comprar cigarros. Respondemos: 'Não fumamos, faz mal para os pulmões'. Por alguma razão, todos eles acharam aquilo tremendamente engraçado."

No final, Fisher acabou se safando da situação quando mostrou ao mandachuva da pistola uma pasta de recortes de jornais que sempre carrega consigo exatamente para esse tipo de incidente. Convencidos de que ele podia ser qualquer coisa menos um agente da DEA, os plantadores de maconha permitiram que os canionistas continuassem sua excursão. Pouco depois, os três chegaram a uma vila. Segundo Fisher, "não havia estradas num raio de 250 quilômetros dali; parecia um lugar saído de um filme de Clint Eastwood, com cavalos amarrados a mourões e todos aqueles mexicanos de cicatriz no rosto e rifle no ombro circulando e olhando para nós como se tivéssemos acabado de desembarcar de uma nave espacial".

Antes de continuarem, Fisher foi até o centro da cidade para tirar algumas fotos de uma missão do século XVIII em ruínas, enquanto Kruger e Brunton ficavam de olho no barco. Com Fisher afastado, três jovens bêbados, que brindavam à lucrativa entrega de um carregamento de maconha na pista de

---

* Drug Enforcement Agency — Agência de Repressão às Drogas dos Estados Unidos. (N. T.)

pouso local, desceram até o rio para se divertir atormentando os gringos. Quando Fisher voltava para o barco, um dos mexicanos tentou beijar Kruger, fazendo com que Brunton imediatamente se interpusesse entre os dois. Fisher chegou bem a tempo de ver o mexicano enfiar o cano de uma arma no peito de Brunton.

Novamente, ele conseguiu contornar a situação antes que alguém se machucasse. Dessa vez, por incrível que pareça, obteve esse resultado ralhando com os sujeitos em espanhol capenga. "Tomando cuidado para não olhá-lo nos olhos — o que seria visto como provocação —, comecei a gritar com eles dizendo que eram *muy malos hombres*, que deviam se envergonhar por aborrecer turistas inocentes. Funcionou. O líder me deu um safanão no ombro, depois os dois guardaram as armas e foram embora." Tremendo de forma incontrolável, Fisher e companhia pularam para dentro do barco e foram embora remando tão depressa quanto seus braços conseguiam.

Claro, o canionismo não precisa ter doses tão altas de adrenalina nem implica necessariamente viagens a terras distantes. Foi essa a minha impressão ao final da semana que passei em território mogollon, com Fisher e seus amigos, quando visitamos um cânion que os nativos chamam Salome Jug. Em linha reta, não são nem oitenta quilômetros do cânion ao limite do perímetro urbano de Scottsdale — à noite, as luzes de Phoenix reluzem no horizonte como uma projeção de cinema —, mas o Salome foi o mais fascinante dos cinco cânions que conheci. Se percorrer uma garganta assustadora como o riacho Tonto ou a barranca de Sinforosa é o equivalente canionístico a uma expedição ao Himalaia, descer o Salome Jug é comparável a escalar uma via ensolarada de três enfiadas de corda nas Shawangunks.

Meia hora por uma estrada para jipes abandonada margeada por *ocotillos* de pontas flamejantes e milhares de enormes *saguaros* nos levou à borda do desfiladeiro. Ele era estreito o suficiente para que se pudesse cuspir até o outro lado, e se abria numa queda brusca de sessenta metros até as águas cristalinas do riacho Salome. Um rappel parecia inevitável, mas Fisher nos guiou até um sistema oculto de rampas naturais pelo qual escorregamos facilmente até o fundo do cânion.

De uma ponta à outra, o curso do Salome Jug não tinha mais de oitocentos metros, mas o que lhe faltava em tamanho mais do que sobrava em intimidade e intensidade natural. O cânion era um recanto terreno absolutamente encantador, eu nunca vira coisa igual. O riacho, ao lado, borbulhava ao longo de uma série de poços longos e rasos — de surpreendente tonalidade esmeralda, em função de minerais dissolvidos na água — unidos por uma série de cascatas que variavam em altura de uns poucos centímetros a mais de vinte metros de altura. Acima dessa cena erguiam-se paredes de granito rosado esculpido em curvas impressionantes e ângulos sensuais, lisas e lustrosas como uma bola de boliche.

Decidimos transformar nosso trajeto de uma a outra extremidade do Salome numa brincadeira. Passamos o dia nadando de poço em poço e escalando em meio ao turbilhão das cachoeiras. Sempre que a ideia nos ocorria, parávamos para sentar ao sol e olhar a passagem das nuvens pela faixa de céu cor de cobalto emoldurada pelas bordas do cânion, lá no alto. Deitado sobre um delicioso bloco de granito já no fim da tarde, deixando o calor da pedra rosada absorver o frio de minhas costas molhadas, dei-me conta de que era meu aniversário. Mesmo que quisesse, pensei, não teria encontrado melhor lugar para passá-lo.

UMA MONTANHA
MAIS ALTA DO QUE O EVEREST?

NUMA TARDE QUENTE DE 1852, conta a lenda, o supervisor-geral do Grande Levantamento Trigonométrico da Índia, Sir Andrew Waugh, estava sentado em seu escritório em Dehra Dun quando um computador chamado Hennessey (naquele tempo os computadores eram de carne e osso, não tinham drives de disco nem chips de silicone) entrou correndo e disparou: "Senhor, descobri a montanha mais alta do mundo!". A montanha que ele "descobrira" se projetava da crista do Himalaia, no reino proibido do Nepal, e na época era conhecida apenas pelo algarismo romano XV. Pelos cálculos de Hennessey, erguia-se à altura estonteante de 8839 metros acima do nível do mar.

Em 1849 e 1850, utilizando teodolitos de precisão, os agrimensores haviam "disparado" repetidamente contra o pico XV a partir das planícies do norte da Índia, mas enquanto Hennessey não terminou de computar seus dados, dois anos depois, ninguém nem desconfiava que o pico XV fosse tão surpreendentemente alto. As estações de observação dos agrimensores localizavam-se a mais de 160 quilômetros da montanha, e dessa distância só se vê o cume do pico XV, escondido atrás dos maciços alterosos situados diante dele — muitos dos quais dão a impressão de ser bem mais altos do que ele.

Em 1865, depois que os cálculos de Hennessey foram rigorosamente verificados e Waugh se convenceu além de qualquer dúvida de que nenhuma montanha do Himalaia rivalizava com o pico XV em altitude, ele decidiu batizá-lo oficialmente monte Everest, em homenagem a Sir George Everest, seu predecessor no cargo de supervisor-geral, sem saber que os tibetanos que viviam ao norte da grande montanha já tinham vários nomes para ela, não apenas mais apropriados como consideravelmente

151

mais sonoros, a começar por Chomolungma, que significa "Deusa Mãe do Mundo".

Antes que o monte Everest — ex-XV, ex-Chomolungma — fosse medido, o título de Montanha Mais Alta do Mundo fora, em diferentes momentos, concedido a vários outros picos. Nos séculos XVI e XVIII prevalecia a convicção de que o Chimborazo, vulcão de 6310 metros nos Andes sul-americanos, era o mais alto deles. Em 1809, um agrimensor britânico estimou a altitude de um pico do Himalaia chamado Dhaulagiri em 8187 metros (número posteriormente corrigido para 8167 metros), portanto um candidato mais qualificado para o título. A maioria dos geógrafos de fora da Índia, porém, considerava absurda a ideia de que pudesse haver uma elevação tão exagerada, e continuou favorecendo o Chimborazo até a década de 1840, quando o título foi transferido durante um curto período para o Kangchenjunga, de 8585 metros, vizinho ao monte Everest e, finalmente, na década seguinte, para o próprio Everest.

Nem é preciso dizer que, uma vez firmemente estabelecido como ponto mais alto da superfície da Terra, não demorou muito para que os homens decidissem que o Everest precisava ser escalado. Chegar ao cume, declarou G. O. Dyrenfurth, influente historiador dos primórdios do montanhismo no Himalaia, é "uma questão de empenho humano universal, uma causa da qual não há como escapar, independentemente dos custos que o empreendimento possa acarretar". Os custos, conforme se veria, seriam significativos. Depois da momentosa declaração de Hennessey no escritório de Sir Andrew, quinze vidas foram perdidas, realizaram-se treze penosas expedições e passaram-se 101 anos até que o cume do Everest fosse finalmente conquistado.

Somente nas primeiras horas do dia 29 de maio de 1953 um ousado neozelandês chamado Ed Hillary e seu atarracado companheiro sherpa, Tenzing Norgay, viram-se galgando centímetro a centímetro as últimas e altíssimas ondulações da aresta sul do monte Everest. No final da manhã, Hillary lembrou mais tarde, "estávamos começando a cansar. Fazia duas horas que eu

152

escavava degraus no gelo ininterruptamente, e especulei, sem ânimo, se teríamos força suficiente para concluir nossa jornada. Contornei mais uma crista e vi que a aresta desaparecia à frente e que podíamos avistar até muito longe o território do Tibete. Olhei para cima e logo adiante vi um cone de neve arredondado. Uns poucos golpes de piqueta, uns poucos passos cautelosos, e Tensing [sic] e eu estávamos no topo". E assim Hillary e Tenzing, pouco antes do meio-dia, tornaram-se os primeiros homens a pisar o cume do monte Everest.

Quatro dias depois, manhã da coroação da rainha Elizabeth, a notícia da conquista chegou à Inglaterra. "O *The Times*", escreveu Jan Morris, a jornalista que deu a notícia em primeira mão (embora na época ainda fosse "ele", escrevendo sob o pseudônimo de "James Morris"), "estampara a notícia na edição daquela manhã, a multidão incontável que aguardava na chuva de Londres o momento da coroação soubera do fato na escuridão da noite, o mundo se regozijava conosco; tudo estava bem." A conquista do "terceiro polo" (os polos norte e sul sendo o primeiro e o segundo) estufou ao máximo o orgulho britânico. Hillary foi sumariamente sagrado cavalheiro, Tenzing virou herói nacional na Índia, no Nepal e no Tibete (os três disputando sua nacionalidade). A partir daquele dia, todos os almanaques e enciclopédias do mundo registrariam para todo o sempre que os primeiros homens a conquistar o pico mais imponente do mundo haviam sido Sir Edmund P. Hillary e Tenzing Norgay. Ou pelo menos assim parecia, pelo menos até o dia 7 de março de 1987, quando um artigo curto, escondido na última página do *New York Times*, foi publicado debaixo da seguinte manchete: "Novas informações demonstram que o Everest talvez seja o segundo mais alto".

As informações em questão haviam sido colhidas no verão de 1986 por uma expedição americana ao K2 — íngreme pirâmide de rocha marrom e gelo brilhante localizada sobre a fronteira sino-paquistanesa, cerca de 1300 quilômetros a noroeste do Everest. Depois de medir sinais eletromagnéticos emitidos por um satélite militar, um astrônomo de 65 anos da Universidade de Washington chamado George Wallerstein calculara que o K2 — que durante muito tempo se acreditara ter 8610 metros de altitude — poderia, na verdade, ter uma elevação total de 8858 metros, possivelmente até 8908 metros. Se as constatações de Wallerstein fossem corretas, o K2 era de fato o pedaço mais alto de terra firme no planeta, e não o Everest, que em 1975 tivera sua altitude meticulosamente calculada em 8848 metros por agrimensores chineses.

Nos quase cinquenta anos transcorridos desde que Hillary e Tenzing abriram o caminho, mais de duzentas pessoas deram tudo de si para chegar ao topo do Everest, e milhares de outras tentaram e fracassaram, determinando o gasto de incontáveis milhões de dólares, a amputação de dúzias de dedos congelados, e a perda, segundo o último cômputo, de mais de cem vidas humanas. Todos aqueles que fizeram esses sacrifícios acreditavam firmemente que ao fazê-lo iam atrás do maior troféu do montanhismo. Mas se Wallerstein estivesse certo, diz Lance Owens, líder da expedição americana de 1986 ao K2, "isso significa que todo mundo andou escalando a montanha errada". De fato, se Wallerstein tivesse razão, o mérito da primeira ascensão do pico mais alto do mundo caberia não a Hillary e Tenzing, mas a uma dupla de escaladores italianos pouco conhecidos, Lino Lacedelli e Achille Compagnoni, que, em 1954, tornaram-se os primeiros a pisar o topo do K2.

Quase todos os geógrafos e geodetas, porém, em seguida fizeram uma advertência: ainda era um pouco cedo para Hillary devolver a comenda ou para os italianos começarem a estourar champanhes. O próprio Wallerstein não se cansava de repetir que suas "observações eram de natureza preliminar", e que seria um erro declarar que o K2 era decididamente mais alto do que o Everest enquanto as medidas das duas montanhas não fossem rigorosamente refeitas, utilizando-se para isso a moderna tecnologia de satélites. Wallerstein sabia muito bem que a história recente do Himalaia não carece de momentos em que alguém anuncia ter descoberto a existência de uma ou outra montanha que ultrapassa o Everest em altitude, só para ser constrangedoramente desmentido assim que os fundamentos de seu raciocínio são examinados de perto.

No começo dos anos 1930, por exemplo, houve uma onda de entusiasmo com relação a um pico de aparência impressionante, o Minya Konka (hoje conhecido como Gongga Shan), que domina um recanto perdido da província chinesa de Sichuan. Em 1929, depois de voltar de uma expedição àquela parte do mundo em busca do panda gigante, Kermit e Theodore Roosevelt Jr., filhos do presidente durão, escreveram um livro em que aludiam a afirmações de que o Minya Konka "se eleva a mais de 9 mil metros e é o mais alto do mundo". Corroboravam esses boatos as histórias contadas por um tal Joseph Rock, botânico autodidata com certa queda pelo dramático e pouco rigoroso no que diz respeito a fatos. Rock visitara um monastério na base do Minya Konka, utilizara uma bússola de bolso e um barômetro e em seguida anunciara a altitude estimada da montanha. Feito isso, tratara de telegrafar para a National Geographic Society: "MINYA KONKA MAIOR PICO DO MUNDO 9220 METROS. ROCK".

A National Geographic, que patrocinava as explorações de Rock na China, não quis publicar esse cálculo; medições posteriores, menos negligentes, viriam demonstrar que o Minya Konka tem apenas 7589 metros de altitude — quase um quilômetro e meio menos do que o cume do Everest. Mas isso não era problema: Rock já se garantira, mudando de alvo. Agora um outro pico, 650 quilômetros ao norte do Minya Konka, também teria pelo menos 9 mil metros de altura. Ao pé dessa montanha — a Anye Machin, hoje Magen Gangri — vivia um belicoso povo aborígine que acreditava que ela era a morada dos deuses; e até bem depois de o Minya Konka ter saído de pauta, muita gente continuou acreditando que o Anye Machin seria o pico mais alto do mundo.

As sementes da lenda do Anye Machin foram plantadas pelo general de brigada George Pereira, valoroso explorador britânico que em 1921 empreendeu uma ambiciosa jornada a partir de Pequim: pretendia cruzar a pé o Tibete, a Índia, Burma e o sul da China, para em seguida retornar a Pequim. Pereira morreu no caminho, mas em 1923, antes de morrer, deu com Rock na província chinesa de Yunnan e lhe falou de um imenso pico na cadeia do Anye Machin: tinha certeza de que era mais alto do que o Everest. Rock imediatamente decidiu ir até lá.

Fez a dura viagem ao Anye Machin em 1929 e estimou sua altura de uma distância de cerca de cem quilômetros — utilizando, também dessa vez, apenas o que Galen Rowell, o fotojornalista e montanhista que em 1981 fez uma das primeiras ascensões do Anye Machin, descrevera como "visadas de bússola, altitudes calculadas a partir do ponto de ebulição da água, e o zelo habitual para aparecer com uma medida estonteante". O sr. Rock constatou que o Anye Machin tinha 9014 metros de altitude, cerca de 150 mais do que o Everest.

A especulação em torno da altitude do Anye Machin ficou adormecida durante quase duas décadas. Foi acionada novamente, contudo, com grandiosidade, quase no fim da Segunda Guerra Mundial, em decorrência de um artigo publicado em inúmeros jornais do mundo todo. Em 1944, um DC-3 americano que participava da ponte aérea entre Burma e Chunking, passando por cima do "calombo" da cordilheira, teria sido desviado de sua rota por uma violenta tempestade. Em algum ponto próximo à cadeia Anye Machin, o piloto saíra de uma camada de nuvens a 9300 metros de altura — segundo o piloto, o altímetro da aeronave funcionava perfeitamente — e erguera o olhar para avistar um pico coberto de neve projetando-se bem acima do teto de nuvens, centenas de metros mais alto do que o ponto em que estava o avião.

Ocorre que esse famoso voo foi pura invenção (um DC-3 não tem condições de chegar nem perto de uma altitude de 9300 metros) de oficiais entediados da XX Força Aérea querendo pregar uma peça nos correspondentes de guerra britânicos que importunavam os pilotos em busca de histórias temerárias eletrizantes. Em 1947, no entanto, quando um industrial americano de cinquenta anos de idade chamado Milton "Esferográfico" Reynolds (fabricava canetas) leu sobre aquele "voo" num livro recém-publicado de James Ramsey Ullman, ele, como

156

praticamente todo mundo, não estava informado da brincadeira. Reynolds sabia, porém, que Ullman, em *Kingdom of Adventure: Everest* [Reino da aventura: Everest], concluía uma passagem sobre o Anye Machin da seguinte forma: "... se a montanha-mistério é de fato mais alta do que o Everest, sua descoberta será considerada o mais importante evento geográfico dos tempos modernos".

Reynolds — um milionário baixinho, rechonchudo e calvo com uma queda por publicidade — gostava de se apregoar como o inventor da caneta esferográfica. Na verdade a esferográfica foi bolada por um húngaro chamado Laszlo Biro; Reynolds simplesmente a ofereceu ao público americano. Alegando que seu instrumento tão moderno tinha, entre outros atributos, o de "escrever debaixo d'água!" (esquecendo-se de acrescentar que na verdade a caneta muitas vezes funcionava mal até no papel perfeitamente seco), Reynolds conseguiu vender 13 milhões de dólares em canetas no decorrer de um ano.

Em abril de 1947, acompanhado por um exímio piloto de provas de 27 anos de idade chamado Bill Odom, Reynolds quebrara o recorde de volta ao mundo aérea estabelecido por Howard Hughes. Nem bem se acalmou o rebuliço em torno dessa façanha, Reynolds imaginou outra melhor: ele e Odom voariam até a China para provar que o Anye Machin era o pico de mais de 9 mil metros avistado pelos pilotos da ponte aérea de Burma.

Ele e Odom embarcaram para a China no dia 29 de fevereiro de 1948, num enorme quadrirreator C-87 batizado com o nome de *China Explorer*, especialmente equipado com o que havia de mais moderno em instrumentos aéreos de agrimensura. Fazia parte da equipe de Reynolds o conhecido alpinista e agrimensor de montanhas Bradford Washburn, recrutado junto ao Museu de Ciências de Boston para assegurar que o Anye Machin fosse medido com acurácia. O compartimento de carga do avião continha 10 mil canetas esferográficas folheadas a ouro a serem ofertadas a madame Chiang Kaishek. Quando um dos auxiliares de Reynolds observou que as esferas das canetas de ouro não estavam funcionando bem, que as canetas não es-

157

creviam praticamente nada, Reynolds respondeu: "Eu sei, mas os chineses não sabem escrever mesmo, e ficarão felizes por possuí-las".

A expedição não começou bem. Em Pequim, taxiando para tomar a pista de decolagem antes da partida rumo ao Anye Machin, Odom atolou o C-87 na lama, depois tentou soltar o avião acelerando fundo os motores. Enquanto os cientistas americanos e chineses a bordo espiavam horrorizados pelas janelinhas, o trem de pouso do lado direito cedeu sob o esforço e o enorme avião caiu sobre a própria barriga, rompendo um dos tanques de combustível e destruindo uma das hélices. Ninguém se feriu, mas Reynolds tristemente anunciou o término da expedição.

Passo a passo, o trem de pouso foi consertado e Reynolds e Odom voaram com o C-87 para Xangai, onde pretendiam comprar a nova hélice que, esperavam, lhes possibilitaria levar a dispendiosa aeronave de volta para os Estados Unidos. Depois de trocada a hélice, porém, Reynolds teve uma inspiração: propôs a Odom que, em vez de tomar o rumo de casa, fizessem um voo não anunciado (e altamente ilegal) direto de Xangai para o Anye Machin, sem Washburn, sem observadores chineses se intrometendo, para medirem eles mesmos a altitude da montanha e na sequência prosseguir diretamente para Calcutá.

Decolaram com esse plano na cabeça no dia 2 de abril, mas Odom subestimara o combustível necessário para executá-lo. O Anye Machin ficava a 2400 quilômetros de Xangai, e Calcutá, 3200 quilômetros adiante, e quando o *China Explorer* se aproximava da montanha Odom percebeu que teriam de dar meia-volta imediatamente se quisessem evitar uma aterrissagem forçada em algum ponto da vastidão selvagem do Tibete. "Naquele momento", Reynolds depois escreveu, "vi à frente uma gigantesca massa de terra saindo da camada de nuvens abaixo e erguendo-se até a camada seguinte, a 9450 metros... Na realidade, eu estava olhando para a montanha mais alta do mundo!"

O China Explorer retornou a Xangai com quinze minutos

de combustível nos tanques, quando então os chineses, fervendo de raiva, imediatamente apreenderam a aeronave e escoltaram os americanos até seu hotel sob guarda armada. Reynolds não se arrependeu. Poucos dias depois, ele e Odom conseguiram voltar sub-repticiamente a seu avião para tentar uma fuga. Reynolds conta que nem bem haviam entrado na aeronave e uma "multidão de chineses" enfurecidos se aproximava. Como manobra diversionária, Reynolds atirou pela porta suas últimas duzentas canetas de ouro. Odom acionou os motores enquanto os chineses lutavam uns com os outros pelas esferográficas, e os americanos se mandaram debaixo de uma saraivada de balas.

Reynolds e o *China Explorer* voltaram sãos e salvos para os Estados Unidos, mas sem quase nada que pudesse provar que o Anye Machin era mais alto do que o Everest. Para corrigir esse problema, em 1949 um explorador de nome Leonard Clark viajou até o sopé do Anye Machin com um teodolito bruto emprestado por uma repartição rodoviária chinesa e calculou a altitude do pico em 9040 metros. "Acredito, acima de qualquer dúvida", insistiu depois de voltar, "ter encontrado a montanha mais alta do mundo."

Lembrando as mortes do general Pereira, em 1923, e de Bill Odom, num acidente durante uma exibição aérea em Cleveland, em 1949, Clark também insistia que o Anye Machin estava "azarado" por uma maldição que trouxera infortúnio a "todo explorador, piloto e aventureiro que, mesmo brevemente, tivesse contemplado essa montanha dita dos deuses". Poucos anos depois, Clark desapareceu sem deixar traço enquanto explorava a selva sul-americana. Infelizmente a medição que ele fizera do Anye Machin não teve melhor sorte: cálculos cuidadosos feitos pelos chineses em 1970 determinaram a verdadeira elevação do ponto mais alto da montanha como sendo de meros 6282 metros.

Assim, será que a estimativa de Wallerstein para a altura do K2 em 1986 era tão suspeita quanto as estimativas errôneas de Clark, Rock e Reynolds para o Anye Machin? Se não, como

159

uma montanha de proporções tão pouco marcantes como o Anye Machin poderia ser considerada concorrente ao título do Everest durante quase cinco décadas quando, até esse ano, não ocorrera a ninguém que o K2 — montanha que se ergue cerca de 2400 metros acima do Anye Machin — também estava no páreo?

A resposta à primeira pergunta é talvez — mas, também, talvez não. Quanto à segunda pergunta, seria o caso de explicar que, diferentemente do Anye Machin, tanto o Everest como o K2 (batizado e medido pela primeira vez pelos ingleses, em 1856 — o nome sem graça do pico é uma designação de conveniência do agrimensor que acabou colando) tinham sido tantas vezes medidos e remedidos por especialistas que sua ordem de tamanho acabara sendo aceita por praticamente todo mundo como imutável.

Medir montanhas, contudo, é uma tarefa diabolicamente difícil, com espaço de sobra para que se cometam erros. Como explica Louis Baume em *Sivalaya*, um compêndio de fatos sobre as catorze maiores montanhas do mundo, "o cálculo das altitudes dos picos do Himalaia é um campo de tanta complexidade erudita que nem mesmo anjos munidos de teodolitos e fios de prumo ousariam meter o nariz no assunto".

Para calcular o tamanho de uma montanha do modo tradicional, por triangulação, o agrimensor primeiro utiliza um teodolito para "alvejar" o ângulo de elevação do pico de pelo menos dois lugares diferentes, cada um dos quais deve ter uma altitude já estabelecida. Depois de medir a distância entre as duas estações de teodolito, ele conhece as dimensões de dois ângulos e um lado de um enorme triângulo imaginário delineado pelo cume da montanha e as duas estações. Juntando esses três números numa fórmula trigonométrica simples, e em seguida corrigindo o resultado para compensar a curvatura da Terra, ele obtém a altitude de sua montanha.

Ignorando, por enquanto, toda a questão em torno de como o agrimensor determina a altitude, em primeiro lugar, de suas estações de teodolito, consideremos alguns dos problemas mais espinhosos com os quais ele tem de lidar ao longo do procedimento delineado acima. Ao processar as medidas para chegar à altitude do pico, por exemplo, o agrimensor deve, de alguma forma, levar em consideração fatores tão incertos como a refração atmosférica e a deflexão do fio de prumo. Esta última, em termos simples, é a tendência de a massa imensa de uma cordilheira como o Himalaia atrair imperceptivelmente as bolhas do líquido de nivelação nos instrumentos do agrimensor em direção às montanhas — da mesma forma como a Lua atrai as marés — e, dessa forma, interfere em seu ritmo.

O fenômeno anterior, a refração, é a tendência dos raios de luz — a mesma luz que cria a imagem da montanha no visor do teodolito — de se desviarem ao atravessar a atmosfera entre a montanha e o agrimensor, fazendo a montanha parecer mais alta do que realmente é. A fração precisa dessa deformação é uma variável crucial, mas enganosa, ligada a fatores como temperatura e densidade de cada camada atmosférica atravessada pela luz.

Entre o nascer e o pôr do sol, por exemplo, à medida que a atmosfera se aquece e suas propriedades de refração mudam, a elevação triangulada de um pico distante pode facilmente "encolher" algumas centenas de metros. E o efeito dessa variável sobre os cálculos do agrimensor cresce exponencialmente com cada quilômetro adicional entre ele a montanha. Ao obter uma altitude para o Everest a partir de estações situadas nas distantes planícies da Índia, os agrimensores tiveram de corrigir seus cálculos em até 419 metros para compensar a refração estimada.

Todas as dificuldades mencionadas até aqui são apenas a última peça do quebra-cabeça. Se antes você não tiver montado corretamente o resto do quebra-cabeça — que lhe fornece a altitude das estações finais de teodolito —, será perda de tempo tomar visadas da montanha.

O xis do problema, na determinação da altitude de uma montanha em relação ao nível do mar, é determinar, nas palavras de Wallerstein, exatamente "onde o mar estaria, caso batesse de encontro à base da montanha, e não a 1600 quilômetros de distância". As estações de medição a partir das quais a altitude do Everest foi triangulada pelos britânicos estão situadas a mais de 1600 quilômetros do ponto inicial da mensuração, a cidade de Madras, no litoral sudeste da Índia. No caso do K2, as estações de medição estavam a mais de 2700 quilômetros de Madras. Antes que qualquer das duas montanhas pudesse ser medida, a altitude das estações finais dos teodolitos teve de ser estabelecida mediante uma cadeia complexa formada por milhares de triangulações independentes, realizadas laboriosa e meticulosamente em todo o subcontinente indiano. Esse tipo de trabalho, diz David N. Schramm, ex-diretor do departamento de astronomia e astrofísica da Universidade de Chicago, "é como construir um castelo de cartas. Cada nível de dados é construído sobre o anterior. Se um deles cai, toda a pilha desaba".

Em sua medição do K2 em 1986, o professor Wallerstein pôde deixar totalmente de lado o elaborado "castelo de cartas" a partir do qual os primeiros agrimensores do K2 estabeleceram seus cálculos. Para tanto, apoiou-se num instrumento não maior do que uma mala de 35 quilos de peso, o receptor Doppler. Esse receptor Doppler específico fora projetado para analisar ondas de rádio emitidas por uma rede de seis satélites originalmente postos em órbita pela Marinha dos Estados Unidos para funcionar como sistema de auxílio à navegação de submarinos. Medindo alterações sutis na "força" desses sinais quando um satélite passa pelo céu (o mesmo efeito Doppler frequentemente observado, responsável pela queda brusca do volume do som da sirene quando um carro de polícia passa depressa), o instrumento pode determinar latitude, longitude e altitude de onde quer que tenha sido plantado, com uma precisão muitíssimo maior do que a mais cuidadosa rede de triangulações a partir do litoral jamais foi capaz de obter. Se dez ou doze passagens de satélites são monitoradas e sua média calculada, um receptor Doppler pode estimar sua posição na superfície terrestre com um erro não maior que um metro esférico.

Além de acurados, os receptores Doppler são proibitivamente caros (um de boa qualidade custa mais de 80 mil dólares) e relativamente difíceis de encontrar. Uma vez que ninguém tinha razão nenhuma para desconfiar que as altitudes aceitas do Everest e do K2 fossem incorretas, o uso desses instrumentos sempre ficou reservado a aplicações cuja praticidade pudesse ser mais facilmente demonstrada — localização de reservas minerais ou de aeronaves acidentadas — do que a confirmação da altitude dos gigantes do Himalaia. Mas quando Wallerstein e Lance Owens esbarraram num receptor Doppler usado a preço de ocasião, resolveram incluir o instrumento em sua bagagem para o K2, só para ver no que dava.

Em 8 de junho de 1986 — um dia claro e frio no planalto do Karakoram, no sudoeste da China — Wallerstein puxou a antena de seu receptor Doppler num montículo junto à base do K2, ligou o aparelho e tomou a medida da altitude em que se encontrava a partir de um satélite que passava 1100 quilômetros acima. Em seguida, valendo-se da elevação precisa da base e de um teodolito comum, triangulou a altitude de vários dos marcos de relevo adjacentes que sabia terem sido medidos pela última vez em 1937, pelo explorador britânico Michael Spender.

Ao voltar para Seattle, Wallerstein descobriu, para surpresa sua, que as altitudes registradas por Spender para aqueles marcos tinham todas cerca de 270 metros menos do que as suas. Visto que Spender utilizara o cume do K2 — que supunha ter 8610 metros de altura — como única referência a partir da qual derivou todas as outras elevações, Wallerstein concluiu que a altitude sacramentada do K2 também devia estar com cerca de 270 metros a menos. Segundo seus cálculos, talvez o K2 fosse mais alto do que o Everest, quem sabe várias dezenas de metros mais alto.

Tendo chegado a esses números, Wallerstein — que é um astrônomo reconhecido e cientista consciencioso, porém com pouca experiência em agrimensura — enfatizou que, em função da natureza limitada de suas medições, não afirmava que o K2 *era* mais alto do que o Everest, apenas que *talvez* fosse. O objetivo principal da expedição de que Wallerstein participara era escalar o K2 (a equipe chegou a 8050 metros na face norte do pico antes de ser derrotada pelas mesmas tempestades que contribuíram para a morte de treze pessoas do outro lado da montanha), e não medir sua altura, de modo que foi obrigado a passar a maior parte de seu tempo na China fazendo carregamentos de comida e equipamentos de escalada nas encostas inferiores do maciço. Quando suas responsabilidades de carregador se encerraram, restavam-lhe apenas uns poucos dias para efetuar suas medições.

Além disso, o recarregador solar de baterias com que a expedição contara manter o receptor Doppler abastecido não funcionou. Em decorrência, o aparelho só pôde registrar uma passagem do satélite antes de suas baterias perderem a potência. Embora as 32 leituras independentes feitas pelo receptor naquela única passagem fossem muito claras, sem passagens posteriores foi impossível confirmar sua precisão.

A despeito desses problemas, e das próprias advertências de Wallerstein acerca da natureza especulativa de sua revisão para mais da altitude do K2, a notícia de que o pico poderia ser mais alto do que o Everest criou grande excitação, sobretudo na Itália. Logo depois que a notícia foi divulgada simultaneamente pela revista *Outside* e pelo *New York Times*, Wallerstein foi soterrado por uma avalanche de pedidos de entrevistas de jornais e estações de televisão italianas. Além dos italianos, boa parte dos montanhistas do mundo (exceção possivelmente feita àqueles que haviam escalado o Everest) torcia ferozmente pelo K2, entendendo que, sendo uma montanha mais bonita e muito mais difícil de escalar, o pico *merecia* ser o mais alto. Em meio a todo esse burburinho, porém, Bradford Washburn — que tivera papel fundamental na destruição da aura do Anye Machin — insistia que, quando a poeira assentasse, o Everest continuaria sendo o primeiro. E se não fosse? "Bem", concedeu o eminente agrimensor, "nesse caso acho que Ed Hillary pode ficar um pouco abalado."

Na semana que se sucedeu à publicação das conclusões de Wallerstein, várias equipes anunciaram planos para resolver a questão de uma vez por todas, refazendo as medições tanto do

K2 como do Everest utilizando a tecnologia Doppler. Ironicamente, a primeira dessas expedições a retornar com a informação segura foi uma equipe italiana chefiada por Ardito Desio, o mesmo Ardito Desio que nos idos de 1954 liderara a expedição italiana a fazer a primeira ascensão do K2. Depois de tomar meticulosas leituras dos satélites tanto sob o Everest como sob o K2 — e ignorando o que deve ter sido uma forte tentação para manipular os dados para favorecer o K2 —, Desio divulgou suas conclusões no dia 6 de outubro de 1987: Everest, 8872 metros; K2, 8616 metros. Hillary e Tenzing sem dúvida respiraram aliviados.

OS IRMÃOS BURGESS

A PRIMAVERA SUPOSTAMENTE JÁ CHEGOU à cadeia Front, no Colorado, mas as nuvens estão baixas e uma brisa gélida corta o Eldorado Canyon enquanto Adrian Burgess, um inglês de 39 anos, morador de Boulder, sobe com esforço o inclinado arenito vermelho de uma escalada chamada C'est La Vie. A quarenta metros do chão, ele para em um platô inclinado, conecta a corda a um par de grampos e dá segurança para que seus três parceiros, um por um, subam até onde se encontra. O último desses três escaladores é seu irmão gêmeo idêntico, Alan.

No momento em que Alan atinge o poleiro exposto, o vento aumenta muito e rajadas de neve começam a se depositar sobre o platô da parada. Alan observa as microagarras que iniciam a próxima enfiada de corda e em seguida encara Adrian e observa, em seu sotaque britânico, "Falta pouco para o Bustop abrir, não é, cara?".

O Bustop é um bar que sedia boa parte dos negócios de Alan sempre que ele está em Boulder visitando Adrian entre uma e outra expedição no Himalaia, atividade que tem dominado a vida dos gêmeos nos últimos nove anos. Alan escolheu o Bustop, diz ele, porque o bar fica muito perto da casa de Adrian. Provavelmente ele também não acha ruim o Bustop oferecer duas cervejas por um dólar durante o happy hour e, além disso, um boteco com garotas topless.

Depois de uma eficiente retirada das paredes do Eldorado, a turma dos Burgess segue em grande estilo até a entrada do Bustop a bordo de um pedaço enferrujado de aço de Detroit — o maior bem material de Adrian —, em cujo para-choque há um adesivo que diz: "A fool and his money are soon parting"

— um idiota e seu dinheiro logo se separam, ou, numa tradução alternativa, um idiota e seu dinheiro logo caem na farra. Dentro dos cômodos cavernosos e mal iluminados do bar, quase todas as dançarinas parecem conhecer Alan. Várias delas sorriem e cumprimentam-no pelo nome enquanto ele abre caminho até uma mesa junto à passarela. Nossa garçonete se chama Susan; Alan a conheceu em Pheriche, uma vila sherpa nas alturas da rota de caminhada para o Everest. Imagino que provavelmente só em Boulder seria possível encontrar strippers que passam as férias caminhando pelo Nepal.

Quando nos sentamos, Adrian parece constrangido. "É por causa da Lorna", Alan me diz num sussurro. "O Aid não pode pôr os pés aqui." Lorna, sobrinha rica de um congressista americano, está casada com Adrian há sete anos. Assim que tem oportunidade, Alan disfarça e enfia uma das inconfundíveis caixas de fósforo do Bustop no bolso do casaco de Adrian, para o caso de Lorna algum dia encontrá-la e cobrar uma explicação. "Quero ver esse cara num aperto", cochicha Alan com um sorriso perverso.

Felizmente, Adrian é especialista em apertos, assim como Alan. Acontece que, quando se é alérgico a trabalho, a saída é viver de charme e de pequenas mutretas ocasionais — e quando se passa boa parte do ano escapando da morte no teto do mundo, adquire-se bastante prática nisso.

Os gêmeos Burgess ocupam um nicho único na sociedade alpina moderna. Numa subcultura que acabou dominada por franceses, alemães e austríacos que vivem sob as luzes da mídia, com vidas impecáveis e treinamento duro, posando para comerciais de Alfa Romeo e emprestando seus nomes para linhas de roupa elegante, os gêmeos se mantiveram pouco conhecidos e ainda são os mesmos farristas brigões, eternamente um passo à frente das autoridades. São espécimes em extinção de uma raça de escaladores britânicos da classe trabalhadora para quem o quanto se bebe e com quem se briga sempre foi tão importante quanto que montanhas se escala. Embora seus nomes não signifiquem absolutamente nada para a maior parte do mundo, dentro da pequena e restrita fraternidade multinacional obcecada em encontrar vias cada vez mais difíceis para subir montanhas cada vez maiores, os garotos Burgess são estrelas de magnitude máxima.

Altos e magros como varapaus, pele permanentemente pálida, rostos britânicos compridos e cabelo loiro-escuro estilo príncipe Valente, Adrian e Alan Burgess não pareceriam nem um pouco deslocados tocando guitarra-base numa banda inglesa de rock dos anos 1960 — os Animals, talvez, ou os The Who. Os gêmeos nasceram e se criaram na vila operária de Holmfirth, junto aos extensos charcos do Yorkshire — o mesmo território desolado e meditativo que deu origem aos romances das irmãs Brönte. No caso dos irmãos Burgess, suas perambulações de infância pelos charcos puseram-nos em contato com os escaladores durões do norte da Inglaterra. Esses escaladores mais velhos encheram as jovens mentes impressionáveis dos gêmeos com narrativas dos feitos corajosos e atos incríveis de Don Whillans, Joe Brown e outros grandes bebedores e heróis do arenito, direcionando de forma irrevogável o rumo das vidas dos Burgess.

Os gêmeos começaram a escalar com catorze anos e imediatamente passaram a dedicar-se ao esporte com fúria. Aos dezessete foram para os Alpes pela primeira vez, e em pouco tempo estavam mandando ver em muitas das vias mais temidas de Chamonix e das Dolomitas. Depois de ouvir os veteranos britânicos falar maravilhas de escaladas legendárias como Les Droites e o pilar Frenney, concluíram que subir picos famosos escapando por um triz era coisa comum na Europa continental. Quando tinham 24 anos, em 1973, expandiram seus horizontes alpinos dirigindo uma minivan caindo aos pedaços até a Índia, onde escalaram uma difícil via nova num pico himalaico de 5500 metros chamado Ali Rattna Tibba.

No início da década de 1970 os rapazes de Yorkshire tiveram empregos ocasionais na área — florescente na Inglaterra — da educação ao ar livre, organizando atividades na natureza para delinquentes juvenis. "Eram programas tipo 'pivetes para o mato'", explica Adrian, "só que no nosso caso era 'pivetes levando pivetes para o mato'."

Os gêmeos se mudaram para o Canadá em meados da década de 1970, onde arranjaram emprego na construção civil em Calgary apresentando-se como carpinteiros de alto nível, quando na verdade tudo o que sabiam sobre construção era o que tinham conseguido pescar numa rápida folheada de um livro da biblioteca local, na noite anterior ao dia em que se candidataram ao emprego. Foi também no Canadá que Alan obteve o status de imigrante, com correspondentes direitos e benefícios, afirmando ser um mecânico de Volkswagen de primeira linha, habilidade que aparentemente ninguém na cidade possuía. Mesmo ao ar livre, porém, acharam o trabalho muito menos divertido do que escalar, de modo que os Burgess concluíram que era melhor deixar essa história de trabalho para lá. Excetuando-se pequenos deslizes passageiros, ressaltam os gêmeos orgulhosamente, desde 1975 nenhum dos dois tem um emprego honesto.

Foi naquele ano que eles começaram a perambular febrilmente pelo planeta, frequentando bares e brigando na melhor tradição Whillans. Foram presos em quatro países e admoestados em muitos outros. Em Lima, no Peru, armaram a maior pancadaria num bordel, depois de acusar o estabelecimento de praticar propaganda enganosa. Em Talkeetna, Alasca, os moradores locais até hoje se enfurecem com o episódio em que os Burgess e seis de seus cupinchas britânicos carregaram trinta caixas de cerveja do bar Fairview e por pouco não foram parar na cadeia.

No decorrer de suas viagens, os gêmeos também escalaram um sem-número de vias apavorantes, do Fitzroy ao McKinley, do Huascaran às Howser Towers, de Les Droites a Logan e às Grandes Jorasses. "Nossas vidas praticamente se tornaram uma longa sequência de viagens", reflete Al com ar incrédulo. "Foram tantas, que às vezes é difícil distinguir uma da outra."

A sucessão de escaladas dos Burgess não passou despercebida à comunidade de escalada britânica. Já em 1975, na verdade,

Chris Bonington* considerou a possibilidade de convidá-los para sua histórica expedição à face sudoeste do Everest, via tida como "o caminho mais difícil para subir a montanha mais alta do mundo". A expedição acabou levando Dougal Haston e Doug Scott ao cume, mas os gêmeos nunca chegaram a ser parte da equipe — muito provavelmente, especula Alan, "porque de alguma forma tínhamos criado uma reputação de ficar meio agitados de vez em quando, e Bonington, homem da mídia, não queria ninguém que pudesse perturbar sua paz".

Quando perceberam que sua "reputação de ficar meio agitados de vez em quando" poderia fazer com que jamais fossem convidados para uma expedição a um grande pico do Himalaia, os gêmeos decidiram tomar as rédeas dos acontecimentos. Em 1979, uniram forças com um amigo de nome Paul Moores e foram para o Nepal tentar uma audaciosa ascensão em estilo alpino do Annapurna II, de 7937 metros. Foram derrotados por ventos ferozes a 7160 metros, mas o gosto do ar rarefeito do Himalaia somente aumentou seu apetite por voltar a prová-lo. Desde então, os Burgess voltam anualmente ao Himalaia ou ao Karakoram.

No outono passado foi o Lhotse — vizinho mais próximo do Everest, quarta maior montanha do mundo — o objeto da atenção dos gêmeos. O ano de 1987 acabou não sendo bom para escaladas no Himalaia. Tempestades arrasaram a cordilheira com tanta frequência e fúria que nenhum escalador chegou sequer ao topo do K2 ou do Everest — primeira vez em dezesseis anos que o cume de nenhuma das duas montanhas foi atingido. Assim, os gêmeos ficaram compreensivelmente aliviados quando, meio caminho Lhotse acima, 27 de setembro amanheceu brilhante e promissor na região do Khumbu, no Nepal.

Alan abria caminho na parte alta do contraforte sudeste do Lhotse, seguido na corda por Adrian e um conhecido do Colo-

---

* Conhecido montanhista inglês, autor de inúmeras façanhas, sobretudo no Everest e em outras montanhas do Himalaia. (N. T.)

rado de nome Dick Jackson. A grande quantidade de neve fresca no pico fez a equipe pensar duas vezes acerca das condições de avalanche, mas a encosta parecia tranquilizadoramente firme debaixo da cobertura de neve que batia nos joelhos. Com uma dúzia de expedições ao Himalaia no bolso, Alan pensava estar habilitado a dizer quando uma encosta era ou não era segura. Além disso, parecia importante aproveitar ao máximo o bom tempo numa temporada em que ele fora tão raro.

A 7 mil metros, a via Lhotse acima ziguezagueava em meio a uma série de paredes de gelo. Alan guiava a escalada fácil sobre um desses seracs, descuidadamente assegurado de baixo pelo irmão, quando seus devaneios hipóxicos foram interrompidos por um WOOOMPF! profundo e surdo. Alan olhou para cima e viu o talho dentado de uma linha de fratura se delineando ao longo da encosta, desprendendo um imenso pacote de neve endurecida pelo vento, com um metro e meio de espessura e trinta de largura, diretamente acima do ponto em que se encontrava.

Por um instante, o pacote deu a impressão de mover-se em câmara lenta, mas, quando ele se soltou da última de suas frágeis ligações com a encosta e ganhou impulso em direção ao vale, um quilômetro e meio vertical abaixo, a massa de neve começou a acelerar de forma alarmante. Depois de descer doze metros, a parte frontal do pacote atingiu Alan bem no meio do peito. "Tentei me manter no topo", ele recorda, "mas não houve jeito. Fui engolido e era só escuridão, e eu só conseguia pensar: 'Merda, então morrer é isso'."

"Mas uns trinta segundos depois", prossegue Alan, "de repente emergi na superfície, nariz apontado para a base da encosta, afundado até a cintura na avalanche, com toda aquela neve pesada puxando minhas pernas. Instintivamente, atirei a cabeça para trás, arqueei o corpo, e aquele troço todo começou a deslizar por baixo de mim."

Porém, foi sair da frigideira para entrar no fogo: a avalanche àquela altura engolira seus dois companheiros de corda e os carregava rapidamente na direção de um abismo de sessenta metros. Alan mal teve tempo de cravar sua piqueta e calçar o corpo nos calcanhares; a corda que vinha de Adrian e Jackson se esticou com um forte puxão em sua cintura, ameaçando, outra vez, atirá-lo pelas escarpas do Lhotse.

Com o peso dos companheiros retesando a corda e a tênue conexão à terra firme por um triz, o apoio súbito proporcionado por Alan puxou Jackson e Adrian para a superfície e a avalanche passou por baixo deles. Quando Alan finalmente conseguiu interromper sua descida, os dois estavam a apenas três metros da borda da parede.

Na tarde seguinte, restabelecendo-se no campo-base, avistaram um lammergeier — espécie de abutre tibetano com quase três metros de envergadura — circulando correntes ascendentes acima. Era estranho, pois nunca se viam lammergeiers — a menos que houvesse um iaque morto ou outro tipo de carniça na vizinhança, e não havia por que haver iaques por perto. O enigma foi desvendado no dia seguinte, quando os gêmeos acompanharam o médico de uma expedição espanhola até a base da montanha para procurar quatro companheiros que não tinham aparecido e depararam com peças e partes de equipamentos de escalada espalhadas ao longo de uma grande área atingida por uma avalanche.

Os espanhóis desaparecidos tentavam escalar o Lhotse por uma via adjacente àquela tomada pelos Burgess e Jackson, e haviam sido colhidos por uma avalanche similar exatamente na mesma manhã. Os escaladores espanhóis, entretanto, não tiveram a mesma sorte: os quatro foram arrastados 1800 metros para a morte. Uma busca cuidadosa na zona de deslizamento revelou os restos mutilados de dois dos corpos, que Alan e Adrian ajudaram o médico a enterrar. "Rapaz", lembra Adrian com um calafrio, "foi uma tarefa horrível." Não era, no entanto, algo com que os gêmeos não estivessem acostumados.

Todo alpinista que tenha em vista as altas encostas do Himalaia muito provavelmente será testemunha da partida prematura de alguém; quanto àqueles que se aventuram nos picos de mais de 8 mil metros com a frequência dos Burgess, trata-se de uma inevitabilidade estatística. Os dois estavam presentes em 1982 — Alan como membro de uma grande expedição canadense ao Everest, Adrian com uma pequena equipe neozelandesa tentando o Lhotse pelo lado oeste — quando, primeiro, uma avalanche na cascata de gelo do Khumbu, depois um serac que desabou, mataram cinco de seus companheiros. Os gêmeos também se encontravam no K2 naquele horrível verão de 1986, quando a montanha tirou a vida de nada menos que treze pessoas, inclusive do líder de sua expedição, o renomado escalador inglês Alan Rouse, cujos companheiros (não os gêmeos) foram forçados a abandoná-lo em coma, mas ainda vivo, numa barraca a 7900 metros para salvar as próprias peles.

Pelos cálculos de Adrian, mais de metade dos colegas de escalada dos dois já "encontrou a foice", como ele diz — a grande maioria no Himalaia. Mas se as implicações desse índice assustador perturbam os garotos Burgess, eles não demonstram. Lidar com o risco, andar na corda bamba, brincar cada vez mais perto da borda do precipício — escalada de ponta sempre foi isso. Quem decide participar desse passatempo perigoso não o faz a despeito dos lances fatais, mas precisamente por causa deles.

Mesmo depois que o episódio nada prazeroso com os espanhóis revelou quão perto da morte eles haviam estado na avalanche de setembro anterior, os gêmeos nem pensaram em abandonar seu plano original, de escalar o contraforte sudeste do Lhotse, atravessar a longa aresta do cume, espetacularmente escarpada, descer pelo distante lado oeste da montanha e depois, para encerrar, vencer a tortura da cascata de gelo do Khumbu para atingir a base da montanha. A verdade é que Alan tratou de convencer-se de que o fato de terem escapado da morte melhorara suas probabilidades: dali em diante, seriam mais cautelosos.

Uma semana depois das avalanches, os gêmeos, Dick Jackson e outro nativo do Colorado, Joe Frank, voltaram à montanha, apenas para ter seu caminho interrompido a 6600 metros por riscos de avalanche ainda maiores do que os anteriores. Os gêmeos, porém, ainda não estavam preparados para desistir da montanha. Chegaram à conclusão de que a via que matara os espanhóis parecia mais segura do que a sua, de modo que Alan desceu até a vila de Namche Bazar para mudar a permissão de escalada para a rota dos espanhóis.

"Enquanto Al estava em Namche", conta Adrian, "uma megatempestade atingiu o Himalaia, a maior de todo o maldito ano. Em 36 horas caiu mais de um metro e vinte de neve." Durante a segunda noite de tempestade, Adrian estava deitado em sua barraca no campo-base quando a parte de trás do resistente iglu repentinamente desabou, soterrada sob uma massa de neve. Impossibilitado de chegar até a porta, ele abriu passagem rasgando o tecido e, do lado de fora, descobriu que uma pequena avalanche — apenas um deslizamento, na verdade — se desprendera silenciosamente da encosta acima do acampamento, esmagara metade de seu abrigo e interrompera sua trajetória trinta centímetros antes de soterrá-lo. A barraca do irmão, a poucos metros de distância, estava completamente enterrada debaixo de dois metros de escombros de avalanche que mais pareciam concreto. "Se Al estivesse lá dentro naquela noite", diz Adrian, sério, "não há dúvida de quais teriam sido as consequências."

Na manhã seguinte, Adrian partiu para Namche ao encontro de Alan. A caminhada demandou abertura de trilha sob neve na altura do peito. Foram duas horas para percorrer o primeiro quilômetro e meio, distância que normalmente faria em quinze minutos. Quase dois quilômetros depois, ao pé do Island Peak, Adrian chegou ao campo-base de uma expedição da Royal Air Force. "Parecia ter sido atingido por uma porra de uma bomba", diz ele. "Metade das barracas estava no chão, havia dois corpos bem ao lado, tudo o que se via de outro cadáver era uma mão congelada saindo da neve. Segundo os sobreviventes, ainda havia um quarto corpo soterrado em algum lugar, não sabiam onde, e um carregador tamang enlouquecera depois da avalanche, tirando a roupa toda e saindo em disparada noite adentro. Eu só conseguia pensar numa coisa: 'Rapaz, essa merda toda está mesmo acontecendo?'."

O carregador nu acabou sendo encontrado, hipotérmico e com congelamentos nos dedos, mas vivo. Adrian içou-o para as costas, prendeu-o com uma tira do tipo usado pelos sherpas para apoiar cargas na testa e partiu para Chhukun, o povoado mais próximo, a uns onze quilômetros dali. A meio caminho, Alan apareceu, subindo pela trilha. "Ei, que tal, cara?", falou Adrian. "Bom ver você. Dê uma carona a este filho da puta, está bem?" Os irmãos percorreram juntos o resto do caminho até Chhukun, revezando-se para carregar o tamang, e conseguiram chegar à vila a tempo de salvar-lhe a vida.

Os Burgess foram finalmente forçados a desistir de sua expedição ao Lhotse, mas antes mesmo de chegar a Katmandu já bolavam esquemas de arrecadação de fundos para uma expedição ao K2 no verão seguinte. Um desses esquemas incluía convencer o *National Enquirer* de que talvez Alan Rouse ainda estivesse vivo depois de dois anos numa barraca a 7900 metros de altitude (ninguém voltara à parte alta do K2 desde que Alan fora abandonado, em agosto de 1986). Os gêmeos voltariam com a história de como ele sobrevivera canibalizando os camaradas mortos e, como pagamento, pediriam um modesto honorário — algo como dez ou vinte mil dólares.

Os negócios com o *Enquirer* nunca decolaram, mas mesmo assim os gêmeos conseguiram chegar ao Karakoram. No final de maio instalaram um campo-base ao pé do K2. Enquanto estas linhas são escritas — se tudo correr como planejado —, os garotos Burgess devem estar chegando ao cume.

Mas, por outro lado, talvez não. Analisando seu histórico de escaladas, percebe-se facilmente a frequência com que o sucesso no Himalaia se esquivou dos Burgess. Os gêmeos tentaram — e fracassaram — o Annapurna II, o Nanga Parbat, o Ama Dablam, o Everest (duas vezes Alan, uma Adrian), o Lhotse (três vezes Adrian, duas Alan), o Cho Oyu (duas vezes Alan) e o K2. Os únicos picos himalaicos cujos cumes eles efetivamente viram foram o Annapurna IV, 7525 metros, e o Dhaulagiri, 8167 metros. Se os escaladores mantivessem registros das médias de rebatidas,* Adrian teria 0,200 nas Ligas do Himalaia e Alan, meros 0,167.

Esses índices pouco marcantes podem ser atribuídos, pelo menos em parte, ao hábito dos gêmeos de apostarem em vias muito difíceis com equipes muito pequenas e, com frequência, tornar essas vias intencionalmente mais difíceis tentando as escaladas sob os ventos uivantes e o frio inimaginável dos invernos do Himalaia. Paradoxalmente, os gêmeos culpam sua "natureza cautelosa" pela escassez de grandes cumes em suas vidas. Alan insiste que "no nosso grupo de amigos na Inglaterra sempre tivemos a reputação de ser escaladores cuidadosos, porque não arriscamos tanto nossos pescoços. E é por isso que ainda estamos vivos, suponho, e a maioria deles não".

Embora os gêmeos concordem que sorte tem muito a ver com quem sobrevive e quem não sobrevive no Himalaia, também argumentam que a grande maioria dos acidentes de montanhismo pode ser evitada. "Achamos", diz Adrian, "que a maioria das tragédias acontece porque os escaladores cometem erros. Claro, também somos capazes de cometer erros, mas, se você mantém os olhos abertos e não escala pelos motivos errados, não comete tantos erros assim."

Alan afirma que as mortes de dois de seus amigos mais próximos, Al Rouse e Roger Marshall (que em 1985 caiu quando tentava solar a face norte do Everest), são perfeitos exemplos do que pode acontecer quando se escala por razões erradas. "Tanto Roger como Rouse", explica, "morreram porque foram longe demais para atender a pressões externas. A situação de Rouse na Inglaterra era uma bagunça tão grande — a mulher que amava o abandonara e uma mulher que não amava estava prestes a ter um filho seu — que voltar sem chegar ao cume era

---

* No beisebol é costume manter um cálculo permanente da média da relação entre as bolas rebatidas por jogador e o número de bolas que lhe são arremessadas. (N. T.)

algo que simplesmente não conseguia encarar. Quanto a Roger, ele estava sob enormes pressões financeiras para subir o Everest: precisava chegar ao cume para poder escrever um livro de sucesso e pagar uns empréstimos que pesavam sobre seus ombros e o mantinham atado à família e à esposa, de quem queria se ver livre. Já é suficientemente difícil tomar decisões corretas em grande altitude sem ter esse tipo de pressão toldando seu julgamento."

Se prudência e percepção da montanha contribuíram para os fracassos dos gêmeos, seus críticos — que são muitos — não hesitam em citar outras razões menos caridosas para a frequência desses fiascos. Mesmo os detratores mais escancarados dos garotos Burgess admitem, ainda que de má vontade, que os gêmeos são excepcionalmente fortes em grande altitude — que parecem, na verdade, sair-se tão bem no ar frio e escasso encontrado naquelas alturas extremas conhecidas como "Zona da Morte" quanto o melhor escalador vivo. Mas Gordon Smith — antigo companheiro dos Burgess em Calgary, que os acompanhou ao Annapurna IV, ao Everest e ao Manaslu — acha que o *modus operandi* inconsequente dos rapazes, tipo "O quê, eu me preocupar?", simplesmente não funciona em picos de 8 mil metros. "Há muito mais na escalada de uma grande montanha do que ser capaz de pôr um pé na frente do outro", afirma Smith com convicção, "e os gêmeos não fazem a menor ideia de como organizar uma expedição. Por isso ou por aquilo, algo sempre dá errado em todas as incursões deles ao Himalaia."

Na expedição ao Manaslu, segundo Smith, a teimosia dos gêmeos levou à escassez de equipamentos importantes, como estacas de neve. Na mesma expedição, um grupo de trekkers que pagara um preço alto pelo privilégio de acompanhar os escaladores até o Acampamento 1 teve essa oportunidade arbitrariamente sonegada ao chegar à montanha: Alan se impacientou com os novatos. Smith pensa que os fracassos dos gêmeos como chefes de expedição decorrem, em parte, de tentarem fazer coisas demais. "É muito difícil", explica, "estar à frente o dia todo, fazendo força para abrir caminho, e depois ter energia suficiente à noite para supervisionar adequadamente a logística da expedição."

Smith desaprova outras coisas, além das habilidades gerenciais dos gêmeos. "Eles sabem ser encantadores quando precisam", continua, magoado, "mas basicamente são apenas um par de bufões. Não parecem se importar com a quantidade de inimigos que fazem. Quando são desmascarados, os dois simplesmente trocam de amigos e vão em frente para um conjunto novo de metas." Se o pouco afeto de Smith para com os gêmeos parece muito evidente, talvez isso tenha algo a ver com o fato de que a última viagem deles juntos — a tentativa fracassada no Manaslu em 1983 — tenha terminado com uma discordância em torno da maneira como Alan administrara as finanças da expedição, discordância essa que evoluiu para uma feroz troca de socos nas ruas de Katmandu.

Passe algum tempo em Chamonix, em Llanberis, ou nas casas de chang* do Khumbu, e acabará percebendo que não faltam histórias sobre os garotos Burgess, seus punhos ligeiros e suas armações atrevidas. "Aonde quer que se vá no Nepal", diz o escalador e médico americano Geoffrey Tabin, "nem bem as pessoas do lugar veem que você é ocidental, vêm perguntar, excitadas: 'Você conhece os Burgess? Conhece?'. Os caras são lendas vivas em quatro continentes. Só as escapadas sexuais de Alan dariam para encher vários volumes de 'Cartas da Penthouse'."

Um dos mais recentes acréscimos à riqueza do folclore dos Burgess se originou em meio à estranheza e às luzes brilhantes de Las Vegas, durante a feira anual de atividades ao ar livre. Os gêmeos compareceram, tentando sensibilizar os mandachuvas

---

* Cerveja típica do interior do Nepal, feita à base de arroz e manteiga de iaque. (N. T.)

da indústria: queriam conseguir dinheiro e equipamentos de graça para sua expedição ao Lhotse. Depois de um dia duro de atividade, os gêmeos percorreram o circuito das festas costumeiras, onde Alan conheceu uma amistosa nativa que o convidou para um drinque em seu quarto de hotel.

Alan, Adrian e a nova amiga de Alan iam pela avenida principal a bordo da caminhonete de Adrian, a caminho de seu hotel, quando um carro rebaixado levando vários caubóis de Vegas parou ao lado deles num sinal vermelho. Adrian puxou papo levantando o recipiente de sua bebida e gritando pela janela em seu melhor sotaque do Yorkshire: "Esta cerveja americana tem gosto de mijo!".

No sinal vermelho seguinte, o carro rebaixado parou de novo ao lado e dois caubóis saltaram. Adrian também saltou e, acreditando firmemente na vantagem da tacada inicial, acertou um deles no ato. De tão bêbado, Adrian perdeu o equilíbrio e caiu de cara no chão antes que o caubói pudesse revidar. Alan, vendo o irmão no asfalto e deduzindo que fora acertado, pulou do carro e acabou com o nariz do infeliz caubói (o outro, a essa altura, já correra de volta para a segurança do carro). Alan então recolheu Adrian, voltou para a caminhonete e saiu a toda pela avenida.

Quando pararam no sinal vermelho seguinte, o carro rebaixado parou, ameaçador, exatamente na frente dos gêmeos, mas nenhum dos caubóis saiu. Isso enfureceu tanto Adrian que ele pulou da caminhonete, correu até a traseira do carro rebaixado, subiu em seu teto e ficou lá em cima pulando até o sinal abrir e o carro se mandar.

Para desgraça dos caubóis, porém, os sinais de trânsito não estavam a favor deles naquela noite — o seguinte também estava fechado. Alan parou a caminhonete atrás do carro rebaixado, fez uma pausa momentânea, depois o abalroou com violência. Em seguida engatou a ré, retrocedeu alguns metros e o acertou novamente.

A essa altura, os caubóis perceberam que haviam cometido um erro grave de avaliação ao se meter com os Burgess. Decidiram mandar o semáforo vermelho para o inferno e pisaram no acelerador, chocando-se no mesmo instante com um veículo que cruzava a avenida. Alan, desapontado porque a diversão com os caubóis acabara, girou o volante para desviar-se do metal amassado e do vidro quebrado e dirigiu lentamente pela avenida principal rumo ao hotel de Adrian.

Pouco depois, cinco carros de polícia com luzes piscando e sirenes uivando cercaram a caminhonete e Alan foi arrancado da cabine e encostado com as pernas abertas sobre o capô. Os tiras disseram que queriam fazer algumas perguntas a Alan sobre uma suposta agressão a alguns cidadãos locais, seguida de colisão e evasão da cena. Alan educadamente explicou que os policiais não estavam compreendendo as coisas da maneira correta, que ele e seu irmão, também inocente, que estavam na cidade para importantes negócios internacionais, haviam sido as vítimas, não os perpetradores, da agressão. E quanto ao acidente, disse ele, os assassinos que os haviam atacado tinham simplesmente colidido com outro carro ao tentar fugir da cena do crime.

À medida que Alan continuava enfeitando a história, os tiras começaram a engoli-la. Tinha uma aura de verdade, pensaram. Tinham gostado de Alan. Gostavam de sua atitude respeitosa de escoteiro e de seu sotaque cômico, que acharam que fosse australiano. Para os policiais, Alan, na verdade, era muito parecido com o cara de um filme que tinham assistido havia pouco, aquele sujeito do *Crocodilo Dundee*.

Daquele ponto em diante, os tiras viraram massa de modelar nas mãos do homem de Yorkshire. Grande filme, aquele *Crocodilo Dundee*, disseram, Alan devia assistir. E continuaram dizendo que sentiam muito que Alan tivesse sido agredido em sua cidade geralmente tão pacífica, e que esperavam que não julgasse todos os americanos pelo comportamento de algumas maçãs podres. Em seguida lhe deram um amistoso boa-noite.

De todas as voltas e reviravoltas da saga dos Burgess, talvez nenhuma seja mais absurda do que o acasalamento de Adrian e

Lorna Rogers. Afinal, o próprio Adrian admite ser um adolescente de 39 anos, desamparado e sem cultura, enquanto Lorna é tão elite quanto se pode ser. Sua família está no topo da sociedade de Denver há quatro gerações. Seu mundo é o das partidas de polo sobre pônei, das recepções elegantes e dos clubes campestres exclusivíssimos. Um mundo onde se espera que os filhos frequentem as escolas certas e se casem nas famílias certas. Lorna — uma advogada intensa, voluntariosa e muito atraente — cumpriu com a rotina da debutante em todo o seu esplendor, foi à faculdade em Williams, tem um tio, Mo Udall, no Congresso, e gosta de relaxar praticando a caça da raposa montando cavalos puro-sangue. E em 1981, onze meses depois de conhecer Adrian Burgess, o garoto rebelde do Himalaia, no bar Yak and Yeti, em Katmandu, casou-se com ele.

Quando perguntei o que achava de ter um marido que passava de quatro a cinco meses por ano longe dela, Lorna admitiu que nos dois primeiros anos se sentira "realmente muito infeliz, mas agora acho que gosto. Gosto do padrão de idas e vindas e da forma como isso evita que a relação fique sem graça. Tenho um marido e partilho uma vida com ele, mas também tenho muita liberdade. Na verdade, Adrian longe é infinitamente preferível à forma como essas malditas expedições monopolizam nossa casa quando ele está se preparando para viajar".

Adrian tem aperfeiçoado um pouco seu texto sob a influência considerável de Lorna. Assim, por exemplo, o afamado frequentador de cabarés e brigão de rua ultimamente deu para participar das caçadas de raposa em família, envergando garboso os trajes adequados. Whillans, sem dúvida, está se virando na tumba, porém, segundo Adrian, "é bem divertido, se quer saber a verdade. Montar aqueles cavalos é como pular numa motocicleta veloz que vai para onde quer, não para onde você manda".

Ainda não há caçadas de raposa no horizonte do outro gêmeo. Alan continua um rematado virador, grande mestre na arte de ir levando, prova viva da tão citada reflexão de Eric Beck: "Nos dois extremos do espectro socioeconômico há uma classe ociosa". Alan, observa seu ex-amigo Gordon Smith, "não tem nenhuma fonte visível de sustento; parece nunca trabalhar, e ainda assim vai vivendo. É realmente um mistério como ele consegue fazer isso".

Uma das formas como consegue é morar no Nepal com amigos sherpas a maior parte do tempo, mesmo entre expedições. "Pelos meus cálculos, passo uns seis ou sete meses por ano lá", diz Alan. "É muito mais barato ficar no Nepal entre uma viagem e outra, vivendo com três dólares por dia, do que pegar um avião de volta para o Ocidente. Claro, para fazer isso você tem de estar disposto a comer o que os sherpas comem — e comer batata, lentilha e queijo curdo três vezes ao dia pode ficar um pouco chato. E com tão pouco dinheiro você não vai poder tomar cerveja, vai ter de se conformar com chang e rakshi.

"Mas não me incomodo com o fato de viver duro. Na verdade hoje em dia prefiro o estilo de vida do Terceiro Mundo", Alan continua. "Agora, quando volto para o Ocidente, fico confuso com tanta opção. Você sente mesmo o choque cultural, a diferença entre uma cultura que tem alguma profundidade e outra que apenas pensa que tem. Minhas tripas já se acostumaram com a flora sherpa, de modo que não fico mais doente por lá, mas, assim que volto para cá — para Vancouver ou algum outro lugar —, PIMBA! Fico com caganeira, peito congestionado, essa droga toda."

Morando em vilas sherpas em altitude, Alan também consegue escapar e escalar de forma ilícita, sem a aporrinhação de permissões, taxas de escalada e oficiais de ligação. Assim, no inverno de 1986, ele e um amigo sherpa se esgueiraram para território tibetano com as namoradas sherpani e conseguiram ficar a um dia de escalar um pico de 8 mil metros. "Altamente ilegal, é claro", diz Alan, "mas foi minha maior aventura nos últimos oito anos. Sensacional. Fomos superleves: só uma barraca, dois isolantes térmicos e dois sacos de dormir para nós quatro. Durante a caminhada até as montanhas, tínhamos de escutar com atenção o tempo todo para detectar sinos de iaques e nos esconder sempre que algum mercador tibetano viesse subindo a trilha, porque se veem você, vendem a informação aos postos de controle nepaleses."

Ao longo dos oito anos em que vem vivendo e escalando intermitentemente no distrito do Khumbu, no Nepal, Alan adquiriu notável sintonia com o povo sherpa. Visto que pouquíssimos escaladores ocidentais conseguem se aproximar do desempenho dos sherpas no Himalaia, eles costumam ser condescendentes com os sahibs. "Tendem a ver os ocidentais como umas bestas", diz Alan, sem rodeios. Por ser incomumente forte na altitude para um jovem branco, e por ter aprendido a carregar pesos monstruosos com uma faixa apoiada na testa, à maneira dos sherpas, Alan conquistou o respeito dos sherpas. "Em alguns aspectos", alardeia, "eles me consideram um deles."

Essa afirmação se deve, ao menos em parte, ao fato de que em junho de 1987 uma sherpani de 21 anos, Nima Diki, deu à luz o filho de Alan numa cama de folhas a 4 mil metros de altitude, na vila de Phortse. Ele confessa: "Quando recebi a carta de um amigo sherpa me avisando, 'Nima Diki está um pouco gorda', pensei, 'Caralho, o que vou fazer agora?'. Mas quando cheguei lá e vi o carinha, parei de me preocupar".

Resta ver se o nascimento do bebê, que recebeu o nome de Dawa, porá um ponto final na prolongada adolescência de Alan — quando ele se prepara para entrar na sua quinta década de vida —, conduzindo-o, de fato, para o mundo da responsabilidade adulta. Na verdade, já o ouviram ponderando sobre dilemas do universo adulto, como se Dawa deverá ir à escola em Katmandu ou no Khumbu.

Enquanto isso, Chris Bonington — aparentemente não mais preocupado com a reputação dos gêmeos — há pouco tempo convidou Adrian e Alan para participar de uma grande expedição, marcada para a primavera de 1989, para tentar a única linha significativa ainda não escalada no Everest: a famosa aresta nordeste, onde dois dos melhores escaladores britânicos do Himalaia, Joe Tasker e Peter Boardman, desapareceram nos idos de 1982. Como a expedição de 1989 será uma parafernália típica de Bonington — envolvendo dezesseis escaladores ocidentais, trinta sherpas, transmissões televisivas ao vivo, estratégias de ataque, oxigênio suplementar — e como tanto Adrian como Alan tiveram experiências pouco agradáveis em excursões de orçamento alto e grandes equipes ao Himalaia, os gêmeos respeitosamente declinaram do convite.

Depois de participar da grande e trágica expedição de Alan Rouse ao K2 em 1986, diz Adrian, "decidimos em definitivo que dali em diante só escalaríamos um com o outro e nunca mais numa grande equipe". Em função da logística complexa da expedição, os Burgess poucas vezes foram companheiros de corda no K2, o que os deixava profundamente infelizes.

Os sherpas acreditam que gêmeos idênticos — *zongly*, é como eles os chamam — estão imbuídos de sorte excepcional. Sorte ou não, a força do vínculo entre os gêmeos não pode ser subestimada. Sua relação tem uma intimidade intrínseca que por vezes parece quase clarividente. "Com seu irmão gêmeo", Adrian explica, "você sempre sabe o que ele está pensando, exatamente o que vai fazer. Há essa tremenda confiança: é impossível mentir para seu irmão gêmeo, mesmo que você queira. Ele sacaria tudo na hora. Numa viagem longa, por outro lado, com toda a política da expedição, você nunca tem controle total sobre sua própria escalada. Alguém no campo-base decide com quem você vai escalar, quando vai subir, quando vai descer. E isso é perigoso."

Adrian imagina que a próxima expedição de Bonington ao Everest tem tudo para ser especialmente perigosa nesse sentido. "Com todo aquele dinheiro sendo gasto", explica, "e o envolvimento direto da mídia, vai haver uma enorme excitação em torno da escalada. E os escaladores vão começar a acreditar em toda essa excitação, é claro, e desenvolver uma mentalidade do tipo 'já ganhou!'. Pessoalmente, acho que alguém vai acabar morrendo."

Esse alguém, observa Adrian, poderia facilmente ser um Burgess, caso fossem junto. "Aprendi a aceitar a morte como parte da vida nas montanhas", reflete. "Aprendi até a aceitá-la quando amigos próximos morrem. Mas acho que não ia conseguir lidar com a morte de Al. Não ia aceitar."

É provável que orgulho, além de cautela, também tenha pesado na decisão dos gêmeos de não se juntarem a Bonington. Na enorme expedição ao Everest de 1982, segundo todos os relatos, Alan Burgess fez mais pelo sucesso da escalada — em termos de preparação da via, liderança e carregamento de cargas — do que qualquer outro membro da equipe. Mas cálculos malfeitos de tempo e uma máscara de oxigênio com problemas negaram-lhe a oportunidade de pisar no cume. Isso, em si, talvez não fosse tão incômodo para Alan, se ele não tivesse visto toda a glória do pós-expedição — e os trunfos financeiros destinados quase exclusivamente àqueles que chegaram ao cume.

Segundo Gordon Smith, que também teve uma participação extraordinária no Everest mas não chegou ao cume, "Quando deixamos o campo-base depois da escalada, todos os oito escaladores ainda se sentiam muito próximos e amigos. Aí chegamos a Katmandu e a mídia começou a nos separar em vencedores e perdedores. Os caras que chegaram lá em cima, os vencedores, receberam todo o reconhecimento — e uma boa quantidade de dinheiro também, com contratos de patrocínio e coisas assim. O resto de nós voltou para casa para descobrir que não tinha emprego, nem dinheiro, nem recompensa. Você se vê pensando, Deus do céu, fiz muito mais naquela montanha do que o sujeito que acabou chegando ao cume. Que justiça há nisso?".

Assim, a questão da ida ou não ida dos gêmeos ao Everest em 1989 era um caso encerrado, ou pelo menos parecia ser. Poucos dias depois da partida de Alan para o K2, no entanto, recebi um cartão-postal dele. Mudara de ideia, dizia, e decidira acompanhar Bonington ao Everest no final das contas, ainda que Adrian continuasse inflexível quanto a não ir. Uma vez que pouco tempo antes eu ouvira os irmãos discorrendo numa mesa do Bustop sobre os males das megaexpedições em geral, e os dessa expedição ao Everest em particular, telefonei para Adrian — que ainda não partira para o K2 — e ouvi a verdadeira história.

"Al sempre foi um bom racionalizador", Adrian explicou, "e agora está dizendo para si mesmo que a via é muito mais difícil do que havia pensado, que, por isso, vai ser preciso usar oxigênio e cordas fixas e uma equipe enorme e essa porcaria toda. Acho que o verdadeiro motivo para ele de repente resolver ir é que, basicamente, ir ao Everest significa três refeições de graça por dia e um lugar para chamar de casa durante três meses." Seguiu-se um longo silêncio, pouco característico. Finalmente, Adrian disse: "Bem, esse é o meu irmão, não é?".

UM VERÃO DIFÍCIL NO K2

NO EXTREMO NORTE DO PAQUISTÃO, no coração da cordilheira do Karakoram, há uma língua de gelo coberta por sedimentos chamada glaciar Baltoro. Acima dela erguem-se seis das dezessete montanhas mais altas do planeta. Em junho de 1986 havia 150 barracas armadas na ponta do Baltoro, abrigando expedições de dez nações. A maioria das pessoas vivendo naquelas tendas, entre as quais se encontravam alguns dos escaladores mais ambiciosos e respeitados do mundo, tinha seus olhos voltados para um único cume: o K2.

Com 8616 metros, o cume do K2 é cerca de 250 metros mais baixo do que o monte Everest, mas suas proporções mais definidas e graciosas tornam-no uma montanha mais impressionante — e muito mais difícil de ser escalada. Sem dúvida, das catorze montanhas com mais de 8 mil metros, o K2 tem a proporção mais elevada de fracassos. Até 1985, apenas nove das 26 expedições que tentaram o pico tiveram sucesso, com um total de 39 pessoas chegando ao cume — e um custo de doze vidas. Em 1986, o governo do Paquistão concedeu um número sem precedentes de permissões de escalada para o K2. No final do verão, um número adicional de 27 novos escaladores pisara no cume. Para cada duas pessoas que lá chegaram, porém, uma morreu — treze no total —, mais do que dobrando o número de óbitos dos 84 anos anteriores. Esse índice levantaria algumas questões espinhosas quanto ao rumo tomado recentemente pelo montanhismo no Himalaia — na opinião de alguns, injustificadamente imprudente. O novo *modus operandi* deixa margem tão pequena para erro que hoje é comum os escaladores iniciarem uma ascensão sabendo que, se algo der errado, o vínculo entre companheiros de corda — um vínculo considerado sacrossanto até recentemente — pode ser abandonado em favor da política do cada um por si.

De modo geral, acredita-se que a direção atual do montanhismo de grande altitude foi estabelecida no verão de 1975, quando Reinhold Messner e Peter Habeler abriram uma via nova, pioneira, numa montanha vizinha ao K2, de 8068 metros — o Hidden Peak —, sem oxigênio suplementar, equipe de apoio, cordas fixas, rede de acampamentos preestabelecidos, ou quaisquer das outras táticas de ataque tradicionalmente indispensáveis no Himalaia. Com acerto, Messner designou essa nova e audaciosa estratégia como "escalar por meios justos", deixando implícito que seria uma trapaça chegar ao topo de uma montanha de qualquer outra maneira.

De uma tacada só, Messner e Habeler elevaram significativamente a aposta num jogo que, em si, caracteriza-se por lances arriscados e um sem-número de incertezas. Quando Messner anunciou que pretendia escalar uma montanha de mais de 8 mil metros no Himalaia exatamente como faziam os escaladores em Tetons ou nos Alpes, muitos montanhistas renomados julgaram o plano impossível e suicida. Depois do sucesso de Messner e Habeler, todo aquele que pretendesse usurpar seu trono — e não poucas pessoas acampadas sob o K2 em 1986 pretendiam exatamente isso — não tinha alternativa senão atacar as montanhas mais altas do mundo com meios igualmente "justos" e incautos.

O prêmio mais cobiçado do K2 era seu impressionante pilar sul, gigantesco e não escalado, um "último grande desafio" que Messner apelidara de "Linha Mágica". Erguendo-se 3,2 quilômetros verticais do glaciar ao cume, a linha demandava mais escaladas técnicas em parede inclinada em altitudes extremas do que tudo o que já se fizera no Himalaia.

Quatro equipes tentavam a Linha Mágica em 1986, inclusive um grupo americano liderado por um nativo do Oregon de 35 anos, John Smolich. Cedo no dia 21 de junho, uma manhã brilhante e sem nuvens, Smolich e o parceiro Alan Pennington escalavam uma canaleta fácil, na aproximação para a base da via, quando, muito acima deles, o sol soltou do gelo uma pedra do tamanho de um caminhão, projetando-a encosta abaixo. Assim que o bloco atingiu o topo da canaleta, uma linha de fratura de cinco metros de profundidade cortou o banco de neve de pequena inclinação, iniciando uma grande avalanche que em questão de segundos tragou Smolich e Pennington. Escaladores que testemunharam o deslizamento rapidamente localizaram e desenterraram Pennington, mas não com velocidade suficiente para salvar-lhe a vida. O corpo de Smolich, soterrado por milhares de toneladas de detritos congelados, nunca foi encontrado.

Os membros sobreviventes da equipe americana cancelaram a escalada e voltaram para casa, mas as outras expedições na montanha atribuíram a tragédia ao acaso — simplesmente uma questão de estar no lugar errado na hora errada — e, sem interrupção, prosseguiram com seus próprios esforços.

Com efeito, no dia 23 de junho, dois bascos — Mari Abrego e Josema Casimaro — e quatro membros de uma expedição franco-polonesa — Maurice e Liliane Barrard, Wanda Rutkiewicz e Michel Parmentier — atingiram o cume do K2 pela via mais fácil da montanha, o esporão Abruzzi. Com isso Liliane Barrard e Rutkiewicz tornaram-se as primeiras mulheres a pisar o cume do K2 e, o que é mais notável, fizeram-no sem utilizar oxigênio suplementar.

Forçados pela escuridão, porém, os seis escaladores foram obrigados a bivacar na parte alta do lado mais exposto da pirâmide do cume. Pela manhã, o céu limpo e frio da semana anterior fora substituído por intensa tempestade. Durante a descida subsequente, os Barrard — ambos experientes escaladores do Himalaia, com outras montanhas de mais de 8 mil metros no bolso — ficaram para trás e nunca reapareceram. Parmentier pensou que tivessem caído ou sido arrastados por uma avalanche, mas parou num acampamento de altitude para esperá-los, caso aparecessem, enquanto Rutkiewicz e os bascos, cujos narizes e pontas dos dedos começavam a ficar negros pelo congelamento, prosseguiam montanha abaixo.

Naquela noite, 24 de junho, a tempestade piorou. Ao acordar com visibilidade zero e ventos terríveis, Parmentier entrou em contato por rádio com o campo-base e avisou que ia descer, porém as cordas fixas e as marcas dos companheiros estavam cobertas pela neve fresca e em pouco tempo ele se perdeu no vasto ombro sul do K2, uma área destituída de feições marcantes. Desnorteado em meio à tempestade, a 7900 metros, avançava às cegas sem saber o rumo a seguir, murmurando *"grand vide, grand vide"* (grande vazio), enquanto escaladores no campo-base tentavam guiá-lo pelo rádio com o que lembravam da via.

"Eu sentia a fadiga e a desesperança em sua voz, andando de um lado para outro na tempestade em busca de uma pista para a descida", diz Alan Burgess, membro de uma expedição britânica. "Por fim, Parmentier encontrou um domo de gelo com uma mancha de urina no topo de que nos lembrávamos. A partir desse detalhe insignificante conseguimos guiá-lo pelo resto da via através do rádio. Ele teve muita sorte."

No dia 5 de julho, quatro italianos, um tcheco, dois suíços e um francês, Benoît Chamoux, chegaram ao cume pela via Abruzzi. A ascensão de Chamoux foi realizada de uma vez só, num único esforço contínuo de 24 horas desde o campo-base — feito atlético extraordinário, principalmente considerando--se que apenas duas semanas antes o francês fizera uma subida em velocidade das encostas vizinhas do Broad Peak, de 8046 metros, da base ao topo, em dezessete horas.

Ainda mais extraordinários, porém, eram os feitos em andamento na face sul do K2, uma vastidão de rocha inclinada coberta de gelo, com três quilômetros de altura, canaletas de avalanche e glaciares suspensos precariamente equilibrados, delineada de um lado pelo esporão Abruzzi e do outro pela Linha Mágica. No dia 4 de julho, os poloneses Jerry Kukuczka, de 38 anos, e Tadeusz Piotrowski, de 46, começaram a subir a parte central dessa parede ainda não escalada. Seu estilo era leve, impecavelmente puro. Iam dispostos a deslocar os limites da escalada no Himalaia para um plano inteiramente novo.

Kukuczka era o herdeiro do título não oficial de Messner, de maior alpinista de grande altitude do mundo. Quando chegou à base do K2, Kukuczka ia colado aos calcanhares de Messner, na corrida para escalar os catorze picos de mais de 8 mil metros. Já vencera dez deles, realização particularmente notável considerando-se os custos de montar expedições ao Himalaia e a patética taxa de câmbio para zlotys poloneses. Para financiar suas expedições, Kukuczka e seus camaradas haviam sido obrigados a contrabandear vodca, tapetes, tênis e outras mercadorias improváveis que pudessem ser trocadas por moeda forte.

No dia 8 de julho, pouco antes do pôr do sol, depois de muita escalada técnica extrema e quatro bivaques brutais (os dois últimos sem barraca, sem saco de dormir, sem comida e sem água), Kukuczka e Piotrowski batalharam seu caminho até o cume em meio a uma tempestade monstruosa. Em seguida começaram a descida pelo esporão Abruzzi. Dois dias depois, totalmente esgotados, os dois ainda lutavam para descer, sem corda, em meio à tormenta. Naquela manhã, Piotrowski, com os dedos anestesiados, não conseguira apertar devidamente as tiras dos crampons e, ao pisar em gelo duro como aço, perdeu um deles. Tropeçou, conseguiu endireitar o corpo, depois perdeu o outro crampon. Uma tentativa de autorrecuperação no gelo fez a piqueta saltar de suas mãos, e num segundo o polonês mergulhava sem controle pela encosta inclinada. Kukuczka nada pôde fazer, vendo o parceiro quicar em algumas pedras e em seguida desaparecer na névoa.

A essa altura o índice de mortes daquele verão começava a fazer alguns dos escaladores na montanha pensar duas vezes, mas para muitos a sedução do cume foi mais forte. O próprio Kukuczka partiu imediatamente para o Nepal, decidido a tentar seu 12º pico de 8 mil metros para ganhar terreno sobre Messner na corrida para vencer os catorze. (O esforço se mostraria vão quando Messner, no outono seguinte, chegou aos topos do Lhotse e do Makalu e reivindicou a coroa dos catorze cumes.)

Pouco depois de Kukuczka voltar ao campo-base com sua terrível narrativa, o escalador solo italiano Renatto Casarotto, de 38 anos, partiu para sua terceira tentativa naquele verão de escalar sozinho a Linha Mágica. Essa tentativa, prometera à esposa Goretta, seria a última. Escaladas solo de vias novas e difíceis no Fitzroy, no McKinley e em outros picos importantes da América do Sul e dos Alpes haviam valido a Casarotto uma reputação heroica, tipo "danem-se os obstáculos". Mas o italiano era, na verdade, um escalador muito cauteloso e calculista. No dia 16 de julho, trezentos metros abaixo do cume, nada satisfeito com o aspecto do tempo, ele prudentemente abandonou a tentativa e desceu todo o pilar sul até o glaciar, na base.

Ao cruzar o trecho final do glaciar antes do campo-base, escaladores no acampamento, munidos de binóculos, viram-no parar diante de uma greta estreita e preparar-se para saltá-la. Para horror geral, quando ele fez isso a neve fofa da borda cedeu e Casarotto sumiu de repente, mergulhando quarenta metros pelas entranhas do glaciar. Vivo, mas gravemente ferido, numa piscina de água gelada no fundo da greta, ele puxou o walkie-talkie da mochila e ligou para Goretta. No campo-base, ela ouviu a voz sussurrante do marido no rádio. "Goretta, eu caí. Estou morrendo. Por favor, mande ajuda. Rápido!"

Uma equipe de resgate multinacional partiu imediatamente, chegando à greta com a última luz do dia. Montou-se rapidamente um sistema de polias e Casarotto, ainda consciente, foi içado até a superfície do gelo. Levantou-se, deu alguns passos, depois se deitou sobre a mochila e morreu.

A única expedição ao K2 a não fazer o menor esforço para conformar-se à ética messneriana era uma equipe gigante da Coreia do Sul, patrocinada pelo governo daquele país. Na realidade os coreanos pouco se importavam com a forma como chegariam ao cume do K2, contanto que pusessem alguém da equipe lá em cima e o trouxessem de volta inteiro. Para esse fim, empregaram 450 carregadores para levar uma pequena montanha de equipamentos e mantimentos até o campo-base e, em seguida, metodicamente proceder à fixação de quilômetros de cordas e à montagem de uma rede de acampamentos bem supridos esporão Abruzzi acima.

No final do dia 3 de agosto, com tempo perfeito, três coreanos chegaram ao cume utilizando oxigênio suplementar. Iniciada a descida, foram alcançados por dois poloneses e um tcheco exaustos que, usando as estratégias convencionais, mas sem oxigênio suplementar, acabavam de fazer a primeira ascensão da via em que Casarotto e os dois americanos tinham sucumbido — a cobiçada Linha Mágica de Messner. Enquanto os dois grupos desciam juntos na escuridão da noite, um famoso alpinista polonês, Wocjciech Wroz, com a atenção perturbada pela hipóxia e a fadiga, inadvertidamente deixou de perceber o final de uma corda fixa durante um rappel no escuro e caiu — a sétima morte da temporada. No dia seguinte, Muhammed Ali, um carregador paquistanês que transportava cargas perto da base da montanha, tornou-se a oitava vítima ao ser atingido por uma pedra.

No início, a maioria dos europeus e americanos que estavam no Baltoro naquele verão desdenhara os métodos pesados e ultrapassados com que os coreanos abriam caminho esporão Abruzzi acima. Contudo, mais adiante na temporada e com a supremacia da montanha, muitos desses escaladores silenciosamente abandonaram os princípios que antes alardeavam para utilizar escadas de corda e barracas instaladas pelos coreanos no Abruzzi.

Sete escaladores poloneses, austríacos e britânicos cederam a essa tentação depois que suas expedições originais fizeram as malas, e decidiram juntar forças no Abruzzi. Enquanto os coreanos se preparavam para o assalto final, a equipe *ad hoc* dava início à subida no flanco inferior da montanha. Embora essa "equipe" multinacional subisse a velocidades diferentes e estivesse muito disseminada pela via, os sete atingiram o campo IV, a 8 mil metros — o acampamento mais elevado —, na noite anterior à da tentativa vencedora dos coreanos ao cume.

Enquanto os coreanos avançavam para o cume no tempo impecável de 3 de agosto, a equipe austro-anglo-polonesa permanecia em suas barracas no campo IV, tendo decidido esperar um dia para fazer sua própria tentativa ao cume. As razões para essa decisão não são inteiramente claras; fossem quais fossem, quando os europeus afinal começaram a subir a torre do cume, na manhã do dia 4, o tempo estava começando a mudar. "Grandes nuvens entravam do sul sobre o Chogolisa", diz Jim Curran, escalador e cineasta britânico que na época estava no campo-base. "Ficou óbvio que o tempo ia ficar muito ruim. Todos devem ter percebido que estavam correndo riscos muito altos ao prosseguir, mas acho que quando o cume do K2 está a seu alcance você fica tentado a correr mais riscos do que de hábito. Retrospectivamente, foi um erro."

Alan Rouse, 34 anos, um dos mais talentosos escaladores ingleses, e Dobroslawa Wolf, uma polonesa de trinta anos, foram os primeiros a chegar à pirâmide do cume, mas Wolf num instante se cansou e ficou para trás. Rouse, porém, continuou, assumindo a tarefa exaustiva de abrir caminho sozinho quase o dia inteiro, até que, às três e meia da tarde, logo abaixo do cume, foi finalmente alcançado pelos austríacos Willi Bauer, 44, e Alfred Imitzer, quarenta. Aí pelas quatro da tarde, os três homens chegaram ao cume, e Rouse, primeiro inglês a pisar o topo do K2, comemorou o evento prendendo uma Union Jack entre dois cilindros de oxigênio deixados pelos coreanos. Durante a descida, a menos de duzentos metros do topo, os três viram Wolf dormindo na neve. Depois de uma discussão acalorada, Rouse conseguiu convencê-la de que deveria dar meia-volta e descer com eles.

Pouco depois, Rouse também encontrou outros dois membros da equipe, esses a caminho do topo: o austríaco Kurt Diemberger e a inglesa Julie Tullis. Diemberger, de 54 anos, era uma celebridade na Europa Ocidental, um *Bergsteiger** legendário cuja carreira se estendia por duas gerações. Fora parceiro do notável Herman Buhl e escalara cinco picos de 8 mil metros. Tullis, de 47 anos, era uma protegida de Diemberger e sua amiga muito chegada, e embora não possuísse muita experiência no Himalaia, era muito determinada e muito forte, e chegara ao topo do Broad Peak com Diemberger em 1984. Escalar juntos o K2 era um sonho que os consumia havia anos.

Em função da hora avançada e do tempo que se deteriorava rapidamente, Rouse, Bauer e Imitzer conjuntamente tentaram convencer Diemberger e Tullis a desistir do cume e descer. Embora insistissem, contou Diemberger depois a um jornal britânico, "Eu estava convencido de que era melhor tentar, depois de todos aqueles anos. E Julie, também, disse: 'É, acho que devemos continuar'. Havia um risco, mas escalar tem a ver com riscos justificáveis". Às sete da noite, quando Diemberger e Tullis chegaram ao cume, o risco sem dúvida parecia justificado. Os dois se abraçaram, Tullis vibrou: "Kurt, nosso sonho finalmente se realizou: o K2 agora é nosso!". Permaneceram no cume cerca de dez minutos, tiraram algumas fotos e, depois, quando o crepúsculo se dissolvia na escuridão fria e impiedosa da noite, viraram-se para descer, unidos por quinze metros de corda.

Quase imediatamente após deixarem o cume, Tullis, que estava acima de Diemberger, escorregou. "Por uma fração de segundo", explica Diemberger, "achei que conseguiria nos segurar, mas em seguida nós dois começamos a deslizar pela encosta inclinada que acabava na borda de uma enorme parede de gelo. Pensei: 'Meu Deus, acabou-se. É o fim'." No sopé da montanha, durante a subida, vindos do campo-base, eles haviam passado pelo corpo de Liliane Barrard, caído onde aterrissara depois de sua queda de 3 mil metros, três semanas antes, desde

---

* Em alemão, "subidor de paredes". (N. T.)

195

as encostas superiores da montanha, e a imagem do corpo roto de Barrard surgiu na mente de Diemberger. "A mesma coisa está acontecendo conosco", pensou ele em desespero.

Miraculosamente, contudo, os dois conseguiram parar de deslizar antes de voar por sobre a borda da parede de gelo. Depois, temendo outra queda na escuridão, em lugar de continuar a descida simplesmente improvisaram uma cova pouco profunda na neve e passaram o resto da noite ali, acima dos 8200 metros, tiritando juntos ao relento. Pela manhã, a tempestade os atingira em cheio; Tullis tinha o nariz e os dedos congelados e problemas de visão — possivelmente indicando o início de um edema cerebral —, mas os dois haviam sobrevivido à noite. Ao meio-dia chegaram às barracas do campo IV e se reuniram aos outros cinco escaladores de sua equipe, acreditando que o pior ficara para trás.

Com o passar do dia a tempestade piorou, gerando quantidades prodigiosas de neve, ventos de mais de 160 quilômetros horários e temperaturas inferiores a quinze graus negativos. A barraca de Diemberger e Tullis desabou sob o ímpeto da tempestade; ele se apertou na barraca de Rouse e Wolf e ela foi para a de Bauer, Imitzer e Hannes Wieser, um austríaco que não tentara o cume.

Em algum momento da noite de 6 de agosto, com a tempestade ainda ganhando violência, os efeitos combinados do frio, da altitude e da provação da queda e do bivaque forçado atingiram Tullis, e ela morreu. Pela manhã, informado do fato, Diemberger ficou arrasado. Mais tarde naquele dia os seis sobreviventes consumiram os alimentos que restavam e — pior ainda — todo o combustível; sem ele não podiam derreter neve para obter água.

Nos três dias subsequentes, enquanto seu sangue se espessava e sua resistência se esvaía, Diemberger conta que o grupo chegou "ao estado em que é difícil separar sonho de realidade". Entrando e saindo de bizarros episódios alucinatórios, viu Rouse piorar muito mais depressa do que os demais e afundar num estado de delírio permanente, talvez pagando o preço da energia e dos fluidos gastos abrindo caminho sozinho no dia do cume. Rouse, lembra Diemberger, "só falava em água. Mas não havia uma gota sequer. E a neve que tentávamos comer era tão fria e seca que mal derretia em nossas bocas".

Na manhã de 10 de agosto, depois de cinco dias de tempestade incessante, a temperatura caiu para trinta graus negativos. A ventania continuava a soprar mais forte do que nunca, mas a neve parou de cair e o céu ficou limpo. Os que ainda conseguiam pensar com clareza perceberam que, se não saíssem dali imediatamente, mais tarde não teriam força suficiente para o menor movimento.

Diemberger, Wolf, Imitzer, Bauer e Wieser de imediato começaram a descer. Acharam que não havia possibilidade de levar Rouse, em seu estado de semicoma, de modo que o instalaram o mais confortavelmente possível e deixaram-no em sua barraca. Ninguém alimentava a ilusão de voltar a vê-lo. Os cinco sobreviventes conscientes estavam, na verdade, tão mal eles próprios que em pouco tempo a descida deteriorou para uma situação de cada um por si.

Uns cem metros adiante do acampamento, Wieser e Imitzer desmaiaram com o esforço de avançar com neve pela cintura. "Em vão tentamos reanimá-los", diz Diemberger. "O único que reagiu um pouco, debilmente, foi Alfred. Murmurou que não conseguia enxergar nada." Wieser e Imitzer foram deixados onde haviam caído e, com Bauer abrindo caminho, os outros três prosseguiram, numa luta desesperada. Algumas horas mais tarde, Wolf ficou para trás e não reapareceu, e a equipe ficou reduzida a duas pessoas.

Bauer e Diemberger conseguiram descer até o campo III, a 7300 metros, para encontrá-lo destruído por uma avalanche. Continuaram rumo ao campo II, a 6400 metros, onde chegaram já à noite. Havia comida, combustível e abrigo.

A essa altura, segundo Jim Curran, todos os que estavam no campo-base "já haviam perdido as esperanças de rever os escaladores que permaneciam na montanha". Por isso ninguém acreditou quando, no dia seguinte ao anoitecer, "vimos aquele vulto cambaleando lentamente moraina abaixo na direção do acampamento, como uma aparição".

A aparição era Bauer — com as extremidades terrivelmente congeladas, animado por um resto de vida, exausto e desidratado demais para conseguir falar. Em dado momento ele conseguiu comunicar que Diemberger também estava vivo em algum lugar pouco acima, e Curran e dois escaladores poloneses imediatamente partiram para procurá-lo. Foram encontrá-lo à meia-noite, arrastando-se pelas cordas fixas entre o campo II e o campo I, e passaram o dia seguinte inteiro levando-o até o campo-base, de onde, no dia 16 de agosto, ele e Bauer foram evacuados de helicóptero para enfrentar meses em hospitais e múltiplas amputações dos dedos das mãos e dos pés.

Quando o relato deturpado desse desastre final chegou à Europa, imediatamente virou manchete. No início, em especial na Inglaterra, o até então popular Diemberger foi vilipendiado pela mídia por ter abandonado Rouse à morte no campo IV, sobretudo sabendo-se que Rouse, em vez de fazer uma retirada rápida e segura do campo alto, no dia 5 de agosto, ficara à espera, aparentemente, de Diemberger e Tullis, depois do dramático pernoite dos dois na pirâmide do cume.

Curran insiste que essas críticas são injustificadas. Para ele, Rouse e os demais ficaram no campo IV no dia 5 de agosto não para esperar por Diemberger e Tullis, mas porque "deviam estar terrivelmente cansados devido ao dia anterior, e porque a tempestade teria tornado extremamente difícil localizar o caminho do campo IV para o campo III. É preciso lembrar que a área em volta do campo IV não apresenta quase nenhuma feição marcante, e todos sabiam que Michel Parmentier quase se perdera tentando encontrar o caminho para descer dali em condições similares".

E quando afinal a descida do campo IV foi iniciada, diz Curran, "não havia a menor possibilidade de que Diemberger ou Willi Bauer pudessem ter tirado Rouse com vida da montanha. Eles próprios estavam quase mortos. Era uma situação inimaginavelmente desesperada. Para mim, não é possível julgá-la de fora".

Ainda assim, é difícil resistir à tentação de comparar o desenrolar dos acontecimentos de 1986 à situação tremendamente parecida em que se viram oito escaladores do K2 33 anos antes, quase no mesmo ponto da montanha. Os montanhistas, parte de uma expedição americana liderada pelo dr. Charles Houston,* estavam acampados a 7600 metros na então jamais escalada via Abruzzi, preparando-se para o ataque ao cume, quando foram atingidos por uma tempestade de violência incomum, que os confinou às barracas por nove dias. Perto do final da tormenta, um jovem escalador chamado Art Gilkey tombou vitimado por uma condição mortal denominada tromboflebite, um entupimento das veias ocasionado pela altitude e pela desidratação.

Os sete companheiros de Gilkey, nenhum em grande forma, embora em condições consideravelmente melhores do que as de Diemberger e companhia, perceberam que Gilkey não tinha praticamente nenhuma possibilidade de sobreviver e que, se tentassem salvá-lo, todos correriam perigo. Mesmo assim, diz Houston, "os laços entre eles haviam ficado tão fortes que ninguém considerou a hipótese de abandonar Gilkey para poder salvar-se — isso seria impensável, ainda que tudo indicasse que ele morreria do mal que o afligia". Gilkey estava sendo carregado montanha abaixo quando uma avalanche o arrastou para a morte, mas como não admirar a atitude de seus companheiros, que ficaram ao lado dele até o amargo fim, embora ao fazê-lo todos tenham escapado por pouco da morte?

Pode-se argumentar que a decisão de não abandonar Gilkey em 1953 foi o ápice do heroísmo, mas também é possível dizer que esse foi um ato tolamente sentimental — que se uma avalanche não tivesse arrancado Gilkey das mãos de seus companheiros, o gesto nobre teria resultado na morte de oito pessoas,

---

* Conhecido montanhista e fisiologista americano, uma das maiores autoridades mundiais em fisiologia de altitude e mal agudo de montanha. (N. T.)

em vez de uma. Sob essa luz, a decisão dos sobreviventes do K2 em 1986, de abandonar os parceiros terminalmente enfraquecidos, não parece fria ou covarde, mas eminentemente sensata.

Mas se os atos de Diemberger e Bauer parecem justificados, questões mais amplas e perturbadoras perduram. É natural, em qualquer esporte, a busca de desafios cada vez maiores; o que dizer de um esporte em que agir dessa forma também significa correr riscos cada vez maiores? Uma sociedade civilizada deve continuar corroborando e, mais ainda, celebrando, uma atividade em que parece haver uma aceitação crescente da morte como resultado provável?

Desde que se começou a escalar no Himalaia, uma porcentagem significativa dos que ali se aventuram morre por lá, porém a carnificina no K2 em 1986 foi excepcional. Uma análise recente e muito abrangente dos dados mostra que, do início do montanhismo no Himalaia até 1985, aproximadamente uma de cada trinta pessoas que tentaram escalar um pico de 8 mil metros não saiu com vida. No verão passado, no K2, o índice, alarmante, foi de quase uma morte para cada cinco escaladores.

É difícil não atribuir essa estatística preocupante, pelo menos em parte, à notável sequência de feitos de Reinhold Messner no Himalaia no decorrer dos últimos quinze anos. Talvez o brilho de Messner tenha torcido o discernimento de alguns dos que pretendiam competir com ele. O novo e audacioso território aberto por esse montanhista pode ter instilado uma confiança equivocada em muitos escaladores desprovidos do misterioso "senso de montanha" que manteve Messner vivo ao longo desses anos todos. Um punhado de alpinistas franceses e poloneses pode até possuir o que é necessário para se manter no jogo de alto risco iniciado por Messner, mas algumas pessoas parecem ter perdido de vista o fato de que os perdedores nesse tipo de jogo tendem a perder de verdade.

Curran adverte para a impossibilidade de se fazerem generalizações sobre a razão de tantas mortes no Karakoram neste último verão. Lembra que "morreu gente escalando com cordas fixas e sem cordas fixas; morreu gente no alto da montanha e ao pé da montanha; morreu gente velha e morreu gente nova".

E Curran conclui, no entanto, que "se houve algo em comum na maioria das mortes foi o fato de que muita gente tinha grandes ambições e muito a ganhar com a escalada do K2 — e também muito a perder. Casarotto, os austríacos, Al Rouse, os Barrard — todos foram... a palavra que vem à mente é 'superambiciosos'. Acho que, se você vai tentar ascensões em estilo alpino de picos de 8 mil metros, precisa deixar folga para falhar."

Muita gente no K2, naquele verão, ao que parece, não deixou.

O POLEGAR DO DIABO

QUANDO CHEGUEI À RODOVIA INTERESTADUAL, mal conseguia manter os olhos abertos. Eu viera sem problemas pela estrada de pista simples e cheia de curvas entre Fort Collins e Laramie, mas quando o Pontiac se acomodou sobre o pavimento firme e homogêneo da I-80, o chiado soporífico dos pneus começou a corroer minha atenção feito formiga em árvore morta.

Naquela tarde, depois de nove horas carregando caibros nas costas e martelando pregos teimosos, eu avisara meu chefe de que estava me demitindo: "Não, não daqui a duas semanas, Steve; 'agora mesmo' corresponde mais ao que tenho em mente". Foram necessárias mais três horas para remover minhas ferramentas e outros pertences do trailer enferrujado que me servira de lar em Boulder. Guardei tudo no carro, subi pela rua Pearl até a Tom's Tavern e entornei uma cerveja comemorativa. Em seguida, me mandei.

À uma da manhã, cinquenta quilômetros a leste de Rawlins, o cansaço do dia me pegou. A euforia que fluíra tão livremente na excitação de minha retirada rápida foi substituída por um cansaço incontrolável; de repente fiquei cansado até os ossos. A rodovia avançava reta e vazia até o horizonte e além. Do lado de fora do carro, o ar da noite estava frio, e toda a planície do Wyoming resplandecia ao luar como na pintura de Rousseau, do cigano adormecido. Naquele momento eu queria muito ser aquele cigano, completamente apagado sob as estrelas. Fechei os olhos — por um segundo apenas, mas um segundo de êxtase, que pareceu fazer-me renascer, mesmo que brevemente. O Pontiac, um possante legado dos anos Einsenhower, flutuava pela estrada sobre seus amortecedores mais do que vencidos como uma jangada numa onda do mar. As luzes de uma sonda de petróleo piscavam ao longe, reconfortantemente. Fechei os olhos pela segunda vez, e os mantive fechados por alguns momentos. A sensação era mais doce do que sexo.

Poucos minutos depois, deixei minhas pálpebras caírem uma vez mais. Não sei bem quanto tempo cochilei dessa vez — talvez cinco segundos, talvez trinta — , mas quando acordei foi para a grosseira sensação do Pontiac pulando violentamente no acostamento de terra a 110 quilômetros por hora. Pela lógica, o carro deveria ter embicado para o matagal e saído da estrada. As rodas traseiras derraparam loucamente seis ou sete vezes, mas acabei conseguindo levar a máquina rebelde de volta para o asfalto sem estourar nenhum pneu, e fui deslizando gradualmente até parar. Afrouxei meus dedos fundidos ao volante, respirei fundo várias vezes para acalmar a palpitação no peito, depois posicionei a alavanca em *drive* e segui pela estrada.

Parar para dormir teria sido a coisa sensata a fazer, mas eu estava a caminho do Alasca para mudar minha vida e paciência era um conceito muito além do horizonte dos meus 23 anos de idade.

Dezesseis meses antes eu me formara na faculdade com poucas distinções, e com uma quantidade ainda menor de talentos vendáveis. Nesse ínterim, um relacionamento tipo rompe/ reata de quatro anos — o primeiro romance sério da minha vida — chegara a um final confuso, muito protelado; quase um ano depois, minha vida amorosa continuava estagnada. Para me sustentar, eu trabalhava numa equipe de construção de casas, grunhindo debaixo de pilhas monstruosas de compensado, contando os minutos que me separavam do próximo intervalo, coçando inutilmente o pó de madeira grudado *in perpetuum* ao suor atrás de meu pescoço. Por alguma razão, decorar a paisagem do Colorado com condomínios e casas pré-fabricadas a três dólares e meio por hora não era o tipo de profissão com que eu sonhara quando garoto.

Tarde, certa noite, eu matutava sobre isso tudo numa banqueta do Tom's, remexendo muito infeliz minhas feridas existenciais, quando tive uma ideia, uma estratégia para consertar o que havia de errado em minha vida. Era maravilhosamente simples e quanto mais eu pensava no assunto, melhor meu plano me parecia. No final da caneca de cerveja, seus méritos eram incontestáveis. O plano consistia unicamente na escalada de uma montanha do Alasca conhecida como Devils Thumb.*

O Devils Thumb é um dente de diorito esfoliado que exibe um perfil imponente visto de qualquer direção, mas sobretudo a partir do norte: sua enorme parede norte, nunca antes escalada, ergue-se abrupta e lisa por 1800 metros verticais a partir do glaciar em sua base. Com o dobro da altura do El Capitan, em Yosemite, a face norte do Thumb é uma das maiores paredes graníticas do mundo. Eu iria até o Alasca, esquiaria para cruzar a calota de gelo Stikine até o Devils Thumb, e faria a primeira ascensão da famosa Nordwand. A meio caminho da segunda caneca, achei que era uma ideia particularmente boa fazer tudo isso em solo.

Ao escrever estas palavras, mais de doze anos depois, já não tenho inteira clareza sobre *como* imaginava que solar o Devils Thumb transformaria minha vida. Estava associado ao fato de que escalar era a primeira e única coisa em que eu já fora bom. Meu raciocínio de então era alimentado pelas paixões fulminantes da juventude e por uma dieta literária excessivamente rica em obras de Nietzsche, Kerouac e John Menlove Edwards — este último um escritor e psiquiatra muito perturbado que, antes de dar cabo da vida com uma cápsula de cianureto em 1958, fora um dos escaladores britânicos mais destacados da época.

O dr. Edwards considerava a escalada uma "tendência psiconeurótica", e não um esporte. Não escalava por diversão, mas para refugiar-se do tormento interior que caracterizava sua existência. Naquela primavera de 1977, recordo, eu estava especialmente sensibilizado por um trecho de um conto de Edwards intitulado "Carta de um homem":

* Em português, "Polegar do Diabo". (N. T.)

Assim, como se pode imaginar, cresci exuberante de corpo mas com uma mente ansiosa, insatisfeita. Ela queria algo mais, algo tangível. Buscava intensamente a realidade, sempre como se ela não estivesse ali...

Mas vê-se logo o que faço. Escalo.

Para alguém enamorado por esse tipo de prosa, o Thumb resplandecia como um farol. Minha crença no plano ficou inabalável. Eu me dava um pouco conta de que talvez estivesse indo longe demais, porém estava convencido de que se conseguisse chegar ao topo do Devils Thumb, tudo o que viesse depois seria bom. E assim, pisei mais fundo no acelerador e, estimulado pela injeção de adrenalina decorrente da quase destruição do Pontiac, disparei rumo a oeste noite adentro.

Não há, na verdade, como chegar muito perto do Devils Thumb de carro. O pico se ergue sobre as cadeias Boundary, na fronteira entre Alasca e Colúmbia Britânica, a pequena distância de Petersburg, um povoado de pescadores somente acessível por barco ou avião. Há uma linha regular de jatos para Petersburg, mas o montante líquido de meus ativos limitava-se ao Pontiac e a duzentos dólares em dinheiro, insuficientes até para um bilhete aéreo só de ida, de modo que fui de carro até Gig Harbor, estado de Washington, depois consegui carona num barco de pesca que necessitava de reforço na tripulação e que tomaria o rumo norte. Cinco dias depois, quando o *Ocean Queen* atracou em Petersburg para se reabastecer de combustível e mantimentos, abandonei o navio, joguei a mochila no ombro e saí caminhando pelas docas debaixo da forte chuva do Alasca.

Em Boulder, todos aqueles com quem partilhei meus planos sobre o Thumb, sem exceção, me disseram que eu andava fumando muita erva. Que aquela era uma ideia monumentalmente ruim. Que eu estava superestimando grosseiramente minhas habilidades de escalador, que nunca ia conseguir me virar sozinho durante um mês, que acabaria caindo numa greta e morrendo.

Os moradores de Petersburg reagiram de outra forma. Sendo nativos do Alasca, estavam habituados a pessoas com ideias amalucadas; afinal de contas, uma porcentagem significativa da população do estado morava ali porque decidira minerar urânio na cadeia Brooks, ou vender icebergs para os japoneses, ou vender esterco de alce pelo reembolso postal. A maioria do pessoal do Alasca que conheci, quando reagia, simplesmente me perguntava quanto dinheiro dava escalar uma montanha como o Devils Thumb.

Fosse como fosse, uma das coisas atraentes na ideia de escalar o Thumb — e uma das coisas atraentes no esporte de escalar montanhas de modo geral — era que não importava porcaria nenhuma o que os outros pensassem. Fazer o plano decolar não dependia de conseguir a aprovação de um diretor de pessoal, ou de um comitê de seleção, ou de um grupo de juízes com cara de maus. Se me desse vontade de tentar a sorte numa parede alpina ainda não escalada, era só tratar de chegar à base da montanha e começar a cravar minhas piquetas.

Petersburg está situada numa ilha, o Devils Thumb se ergue no continente. Para chegar à base do Thumb, primeiro foi necessário cruzar quarenta quilômetros de água salgada. Passei um dia quase inteiro andando pelas docas na tentativa — sem sucesso — de contratar um barco que me levasse para o outro lado do estreito Frederick. Até que topei com Bart e Benjamin.

Bart e Benjamin usavam rabo de cavalo e pertenciam a uma comunidade de plantadores de árvores da nação Woodstock chamada "os Hodads". Começamos a conversar e mencionei que também já fora silvicultor. Os Hodads disseram ter alugado um hidravião para levá-los na manhã seguinte até seu acampamento, no continente. "É seu dia de sorte, garoto!", falou Bart. "Por vinte pratas você vem conosco. Levamos você até a porra da montanha com estilo." No dia 3 de maio, um dia e meio depois de chegar a Petersburg, desembarquei do Cessna dos

Hodads, chapinhei pela terra plana deixada pela maré na ponta da baía Thomas, e comecei a longa marcha terra adentro.

O Devils Thumb se ergue sobre a calota de gelo Stikine, uma imensa e labiríntica rede de glaciares que envolve a parte alta da faixa mais meridional do Alasca como um polvo com uma miríade de tentáculos serpenteando em direção ao mar desde as escarpadas terras altas ao longo da fronteira canadense. Ao desembarcar na baía Thomas eu estava supondo que um desses braços congelados, o glaciar Baird, me levaria com segurança até o sopé do Thumb, cinquenta quilômetros adiante.

Uma hora de marcha pela praia de pedregulhos me levou à torturada língua azul do Baird. Um lenhador em Petersburg me dissera para ficar de olhos bem abertos porque havia ursos ao longo daquele trecho do litoral. "Os ursos estão acordando nesta época do ano", dissera com um sorriso. "Ficam meio invocados, depois de passar o inverno todo sem comer. Mas de arma na mão, não deve ter problema." O problema era que eu não tinha arma. Deu tudo certo. Meu único encontro com vida silvestre hostil foi com um bando de gaivotas que mergulharam sobre minha cabeça com fúria hitchcockiana. Entre o assalto avícola e minha ansiedade ursolina, não foi sem alívio que dei as costas à praia, atei os crampons e comecei a andar sobre o glaciar espaçoso e despovoado.

Uns cinco ou seis quilômetros depois, cheguei à linha da neve, onde troquei os crampons por esquis. Com as pranchas nos pés, eram quase sete quilos a menos na terrível carga em minhas costas; além disso, eu andava muito mais depressa. Porém agora que o gelo estava coberto pela neve, muitas das gretas do glaciar ficavam escondidas, tornando o excursionismo solitário extremamente perigoso.

Em Seattle, antecipando essa ameaça, eu passara numa loja e comprara um par de resistentes trilhos de alumínio para cortina, cada um com cerca de três metros de comprimento. Ao atingir a linha da neve, amarrei-os um ao outro formando um ângulo reto e em seguida prendi a peça à barrigueira da mochila, de forma que as varetas se estendessem horizontalmente sobre a neve. Lentamente, cambaleando glaciar acima com meu excesso de carga, carregando a ridícula cruz de metal, eu me sentia uma estranha espécie de penitente. Se por acaso a capa de neve sobre uma greta escondida viesse a romper-se, os trilhos de cortina, maiores do que o buraco — era o que eu esperava com fervor —, evitariam que eu fosse engolido pelas entranhas geladas do Baird.

Os primeiros escaladores que se aventuraram pela calota de gelo Stikine foram Bestor Robinson e Fritz Wiessner, o legendário alpinista teuto-americano que passou um mês tempestuoso nas cadeias Boundary em 1937, mas não conseguiu chegar a nenhum cume significativo. Wiessner voltou em 1946, com Donald Brown e Fred Beckey, para tentar o Devils Thumb, o pico mais assustador da Stikine. Naquela viagem, Fritz destroçou um joelho com uma queda durante a caminhada e mancou desgostoso de volta para casa. Beckey, porém, retornaria naquele mesmo verão, com Bob Craig e Cliff Schmidtke. No dia 25 de agosto, depois de várias tentativas abortadas e muita escalada cabeluda na aresta leste do pico, Beckey e companhia sentaram-se na torre do cume do Thumb, fina como uma hóstia, exaustos e impressionados com a paisagem vertiginosa. Era, de longe, a escalada mais técnica já feita no Alasca, um importante marco na história do montanhismo americano.

Nas décadas que se seguiram, três outras equipes também chegaram ao cume do Thumb, mas todas passaram longe da grande face norte. Lendo relatos dessas expedições, eu tentava entender por que nenhuma delas usara como rota de aproximação da montanha o que parecia ser, pelo menos no mapa, o caminho mais fácil e lógico: o Baird. Entendi um pouco mais depois de topar com um artigo de Beckey em que o reconhecido montanhista avisava: "Cascatas de gelo longas e inclinadas bloqueiam o caminho entre o glaciar Baird e a calota de gelo junto ao Devils Thumb". Depois de estudar fotografias aéreas, concluí que Beckey estava enganado, que as cascatas de gelo não eram tão grandes e malvadas. Estava seguro de que o Baird era de fato o melhor caminho para chegar à montanha.

Durante dois dias, labutei sem descanso glaciar acima sem o menor incidente, felicitando-me por descobrir uma trilha tão engenhosa para chegar ao Thumb. No terceiro dia cheguei à calota de gelo Stikine propriamente dita, onde o comprido braço do Baird se une ao corpo principal do gelo. Aqui, o glaciar se derrama abruptamente sobre a borda de um alto platô, lançando-se em direção ao mar pela passagem entre dois picos, numa fantasmagoria de gelo quebrado. Ver a cascata de gelo frente a frente dava uma impressão diferente da das fotos. Contemplando aquela confusão de uma distância de mais de um quilômetro, passou pela minha cabeça, pela primeira vez desde que partira do Colorado, que talvez aquela excursão ao Devils Thumb não fosse a melhor ideia que eu já tivera.

A cascata de gelo era um labirinto de gretas e seracs vacilantes. De longe lembrava um grave acidente de trem, como se centenas de fantasmagóricos vagões brancos tivessem descarrilado na borda da calota de gelo e despencado sem controle pela encosta. Quanto mais eu me aproximava, menos acolhedor aquilo parecia. Meus trilhos de cortina de três metros pareciam uma defesa inútil contra gretas de doze metros de largura e sessenta de profundidade. Antes que eu pudesse terminar de visualizar um caminho para atravessar a cascata de gelo, o vento aumentou e a neve começou a descer com a força das nuvens, atingindo doloridamente meu rosto e reduzindo a visibilidade a quase zero.

Em meu entusiasmo, decidi prosseguir de qualquer maneira. Durante quase o dia inteiro tateei às cegas pelo labirinto em meio à branquidão, refazendo meus próprios passos de um beco sem saída para outro. Uma e outra vez, imaginava ter achado uma saída, apenas para acabar em mais um beco sem passagem ou imobilizado no alto de um pilar de gelo sem conexão com qualquer outro lugar. Meus esforços adquiriram um sentido de urgência com os ruídos que emanavam do chão. Um madrigal de rangidos e sons agudos — o tipo de protesto emitido por um

209

galho grosso de pinheiro ao ser lentamente dobrado até quase se partir — era um lembrete de que é da natureza dos glaciares mover-se, e hábito dos seracs desabar.

Tanto quanto ser esmagado por uma parede de gelo em colapso, eu temia o perigo de cair numa greta, medo que se intensificou quando um de meus pés varou uma ponte de neve sobre um vazio tão grande que não dava para ver o fundo. Pouco depois, outra ponte cedeu debaixo do meu peso e afundei até a cintura. As varetas me salvaram do abismo de trinta metros, mas depois de conseguir sair do buraco eu me contorcia em náuseas pensando no que seria jazer sobre um monte de neve no fundo da greta esperando a morte chegar, sem ninguém saber sequer como ou onde eu encontrara meu destino.

A noite já ia chegando quando emergi do alto da encosta de seracs na vastidão vazia varrida pelo vento do alto platô glacial. Chocado e gelado até a medula, esquiei para longe da cascata de gelo até deixar de ouvir seus estrondos, montei a barraca, me arrastei para dentro do saco de dormir e tiritei até cair em merecido sono.

Ainda que meu plano de escalar o Devils Thumb não tivesse sido completamente delineado antes da primavera de 1977, a montanha já frequentava os recessos de minha mente havia uns quinze anos — desde o dia 12 de abril de 1962, para ser exato, ocasião de meu oitavo aniversário. Quando chegou a hora de abrir os presentes, meus pais anunciaram que eu podia escolher: ou me acompanhavam à Seattle World Fair para andar de monotrilho e ver a agulha espacial, ou me davam uma provinha do que era escalada de montanhas levando-me até o topo do terceiro maior pico do Oregon, um vulcão havia muito adormecido chamado South Sister que, em dias claros, podia ser visto da janela do meu quarto. Eu que escolhesse. Era uma decisão difícil. Pensei longamente, e fiquei com a escalada.

Para me preparar para os rigores da ascensão, meu pai me

passou uma cópia de *Mountaineering. The Freedom of the Hills*,* o principal manual de escalada da época, um grosso volume que pesava pouco menos do que uma bola de boliche. Dali em diante eu passava a maior parte de minhas horas de vigília folheando aquelas páginas, memorizando as sutilezas da arte da colocação de pitons e proteções fixas, a segurança de corpo e a travessia com tensão de corda. Nenhuma dessas coisas teve a menor utilidade durante minha ascensão inaugural, uma vez que o South Sister se revelou uma escalada decididamente aquém de extrema, demandando nada além de uma caminhada enérgica. Na verdade, o vulcão era escalado por centenas de fazendeiros, animais domésticos e criancinhas a cada verão.

O que não significa que meus pais e eu tenhamos conquistado o poderoso vulcão. Das páginas e páginas de situações arriscadas descritas em meu livro, eu concluíra que escalar era uma questão de vida ou morte, sempre. A meio caminho da ascensão do South Sister, de repente me lembrei disso. Na metade de uma rampa de neve com vinte graus de inclinação de que seria impossível despencar mesmo que se quisesse, resolvi que estava em risco mortal e rompi em lágrimas, interrompendo a subida.

Perversamente, após a derrota no South Sister meu interesse por escalada só fez aumentar. Retomei meu estudo obsessivo de *Mountaineering*. Havia algo em torno do aspecto assustador das atividades retratadas naquelas páginas que simplesmente não me deixava em paz. Além dos inúmeros desenhos — a maioria deles caricaturas de um homenzinho com um vistoso chapéu tirolês — usados para demonstrar segredos como a segurança com bota e piqueta e o sistema Bilgeri de resgate, o livro continha fotografias em preto e branco de dezesseis picos notáveis no litoral noroeste e no Alasca. Todas as fotos eram impressionantes, mas a da página 147 era muito mais do que

* Um dos grandes clássicos da literatura americana de montanha. Influenciou gerações de escaladores. O título pode ser livremente traduzido como "Montanhismo: a liberdade das colinas". (N. T.)

isso: me dava calafrios. Uma foto aérea feita pelo glaciologista Maynard Miller mostrava uma torre de rocha negra coberta de gelo singularmente sinistra. Não havia um lugar sequer em toda a montanha que parecesse abrigado ou seguro. Eu não conseguia imaginar alguém escalando aquilo. No rodapé da página, a montanha estava identificada como o Devils Thumb.

Desde a primeira vez em que a vi, essa foto — da parede norte do Thumb — exerceu uma fascinação quase pornográfica sobre mim. Em centenas — não, milhares — de ocasiões durante os quinze anos seguintes puxei minha cópia de *Mountaineering* da estante, abri na página 147 e fixei-a em silêncio. Qual seria a sensação, eu imaginava sempre, de estar naquela aresta do cume, fina como uma unha, preocupado com as nuvens de tempestade que se aglomeravam no horizonte, encolhido por causa do vento e do frio cortantes, contemplando o abismo dos dois lados? Como alguém poderia permanecer vivo? Se eu estivesse no alto na parede norte, pendurado na rocha congelada, será que conseguiria tentar manter-me vivo? Ou simplesmente me renderia à inevitável amplidão e saltaria?

Eu planejara passar entre três semanas e um mês na calota de gelo Stikine. Pouco inclinado a carregar nas costas Baird acima uma carga de comida para quatro semanas, mais o pesado equipamento de camping de inverno e uma pequena montanha de equipamentos de escalada, antes de sair de Petersburg eu pagara cento e cinquenta dólares a um piloto — tudo o que me restava — para que ele jogasse de um avião seis caixas de papelão com mantimentos quando eu chegasse ao pé do Thumb. Mostrei ao piloto, em seu mapa, exatamente onde pretendia estar, e disse-lhe que me desse três dias para chegar lá. Ele prometeu sobrevoar a área e fazer a entrega assim que o tempo permitisse.

No dia 6 de maio estabeleci o campo-base na calota de gelo, mais ou menos a nordeste do Thumb, e esperei pela entrega aérea. Nos quatro dias seguintes nevou, eliminando toda possibilidade de voo. Com medo de cair numa greta, eu não me afastava do acampamento; para matar o tempo, ocasionalmente fazia um breve passeio de esqui, mas em geral ficava deitado em silêncio na barraca — o teto era baixo demais para sentar-me ereto — com os pensamentos enfrentando um coro cada vez mais barulhento de dúvidas.

À medida que os dias passavam, fui ficando cada vez mais ansioso. Eu não tinha rádio nem outro meio qualquer de comunicação com o mundo. Muitos anos já haviam se passado desde a última visita feita por um ser humano àquela parte da calota de gelo Stikine e, possivelmente, muitos outros se passariam antes que alguém voltasse a aparecer por ali. O combustível do fogareiro já estava quase acabando e só me restavam um tablete de queijo, um último pacote de macarrão lamen e meia caixa de Cocoa Puffs. Fiz as contas e concluí que aquilo me sustentaria por mais três ou quatro dias, se necessário, mas o que eu ia fazer depois? Em dois dias apenas eu podia esquiar de volta pelo Baird até a baía Thomas. Mas e depois? Talvez fosse preciso esperar uma semana ou mais até que aparecesse um pescador que me desse uma carona até Petersburg (os Hodads, com quem eu pegara carona, estavam acampados 25 quilômetros abaixo, no intransponível litoral cortado por cabos e falésias, acessíveis apenas por barco ou avião).

Quando me deitei, na noite do dia 10 de maio, ainda nevava e ventava forte. Eu pensava e repensava se deveria voltar para a costa ou ficar na calota — acreditando que o piloto ia aparecer antes que a fome ou a sede me matassem — quando, por um breve momento, ouvi um zumbido fraco, como de um mosquito. Excitado, abri a porta da barraca. A maior parte das nuvens desaparecera, mas não se via nenhum avião. O zumbido voltou, mais alto desta vez, e pude vê-lo: uma pequena mancha vermelha e branca, lá no alto do céu, no oeste, zunindo em minha direção.

Poucos minutos depois, o avião passou bem acima da minha cabeça. O piloto, entretanto, pouco habituado a voar sobre glaciares, cometera um erro grosseiro no julgamento da escala do terreno. Preocupado com o perigo de ser colhido por turbulência inesperada num sobrevoo muito baixo, passara a bons trezentos metros de altura — certo de estar fazendo um rasante — e nem chegou a ver a barraca sob a luz baça da noite.* Meus acenos e gritos de nada serviram. Da altitude em que se encontrava, era impossível distinguir-me de um monte de pedras. No decorrer da hora seguinte ele sobrevoou em círculos a calota, varrendo sem sucesso seus contornos estéreis. Mas o piloto, para seu crédito, compreendia a gravidade de minha situação e não desistiu. Freneticamente, atei meu saco de dormir à ponta de uma das varetas antigreta e acenei com todo o ímpeto possível. Quando o avião fez uma curva fechada e começou a voar em minha direção, senti lágrimas de alegria brotando-me dos olhos.

O piloto passou em rasante sobre a barraca três vezes em rápida sucessão, atirando duas caixas de cada vez. Em seguida o avião desapareceu atrás de uma montanha e fiquei sozinho. À medida que o silêncio descia novamente sobre o glaciar, senti-me abandonado, vulnerável, perdido. Percebi que estava soluçando. Envergonhado, travei o choro gritando obscenidades até ficar rouco.

Acordei no dia 11 de maio para encontrar céu limpo e temperatura relativamente agradável de sete graus negativos. Surpreso com o bom tempo, embora mentalmente despreparado para começar a escalada de verdade, fiz depressa a mochila e comecei a esquiar em direção à base do Thumb. Duas expedições anteriores ao Alasca tinham me ensinado que, preparado ou não, simplesmente não se pode desperdiçar um dia de tempo perfeito quando se quer subir alguma coisa.

Um pequeno glaciar suspenso se espraia pela calota formando um caminho até a base da face norte do Thumb, como

---

* Vale lembrar que "noite", em altas latitudes, no final da primavera e no verão, não significa escuridão. Nem sempre há sol, mas a claridade é quase diuturna. (N. T.)

se fosse um passadiço. Meu plano era seguir esse passadiço até uma cresta rochosa proeminente no centro da parede e por aí empreender uma travessia ao redor da pavorosa metade inicial da face, constantemente varrida por avalanches.

O passadiço era formado por uma série de campos de gelo de cinquenta graus de inclinação, com neve fofa à altura dos joelhos, crivada de gretas. A profundidade da neve tornava o avanço lento e exaustivo. Quando cravei meus crampons e escalei a parede negativa do último *bergschrund*, cerca de três ou quatro horas depois de deixar o acampamento, estava morto. E ainda nem chegara à escalada de verdade. Isso começaria imediatamente acima, onde o glaciar suspenso cedia lugar à rocha vertical.

A rocha, carente de agarras e coberta por quinze centímetros de geada quebradiça, não parecia promissora, mas logo à esquerda da cresta principal havia um canto em forma de livro aberto — o que os escaladores chamam de diedro — vitrificado por água de degelo recongelada. Essa faixa de gelo seguia direto para cima por sessenta a noventa metros. Se o gelo fosse substancioso bastante para segurar as lâminas de minhas piquetas, a via poderia ser vencida. Aplainei uma pequena plataforma na rampa de neve, última terra firme que esperava sentir sob os pés por algum tempo, e parei para comer um tablete de doce e pôr os pensamentos em ordem. Quinze minutos depois, joguei a mochila no ombro e caminhei lentamente até a base do diedro. Cautelosamente, cravei a piqueta da mão direita no gelo de cinco centímetros de espessura. Era sólido e trabalhável — um pouco mais fino do que eu gostaria, mas, fora isso, quase perfeito. Lá ia eu.

A escalada era inclinada e espetacular, tão exposta que fazia minha cabeça girar. Sob as solas de minhas botas, a parede despencava por novecentos metros até o circo do glaciar Witches Cauldron,* tempestuoso e varrido por avalanches. Acima, a cresta se erguia com autoridade até a aresta do cume, oitocentos

---

* "Caldeirão das Bruxas." (N. T.)

metros verticais além. Cada vez que fixava uma de minhas piquetas, essa distância diminuía cinquenta centímetros. Mais alto escalava, mais tranquilo eu ficava. Tudo o que me segurava à montanha, tudo o que me segurava ao mundo, eram seis delgadas pontas de cromomolibdênio cravadas um centímetro numa película de água congelada. Ainda assim, comecei a sentir-me invencível, leve, como aquelas lagartixas que vivem no teto dos hotéis mexicanos baratos. No começo de uma escalada difícil, sobretudo uma escalada solo difícil, fica-se o tempo todo muito consciente do abismo que nos puxa para trás. Sentimos constantemente seu chamado, sua enorme fome. Resistir a isso demanda um tremendo esforço consciente. Não ousamos baixar a guarda nem por um instante sequer. O canto de sereia do vazio nos leva ao limite, torna tentativos os movimentos, atrapalhados, bruscos. Mas à medida que a escalada prossegue, nos habituamos à exposição, nos habituamos a estar ali, ombro a ombro com o destino, e acabamos acreditando na confiabilidade de nossas mãos, nossos pés e nossa cabeça. Aprendemos a confiar em nosso autocontrole.

Aos poucos, a atenção se focaliza tão intensamente que desaparece a percepção dos nós dos dedos machucados, das câimbras nas coxas, e da tensão para manter concentração ininterrupta. Um estado de transe se instala ao redor do esforço, a escalada vira um sonho lúcido. Horas se passam como se fossem minutos. A culpa acumulada e a confusão da existência do dia a dia — os lapsos de consciência, as contas não pagas, as oportunidades perdidas, a poeira debaixo do sofá, as feridas familiares supuradas, a inescapável prisão de nossos genes —, tudo é temporariamente esquecido, removido do pensamento por uma poderosa clareza de propósito e pela seriedade da tarefa em jogo.

Em tais momentos, algo parecido com felicidade se move dentro do peito, mas não devemos deter-nos nesse tipo de emoção. Na escalada solo, a empreitada toda se mantém de pé com pouco mais do que cuspe, que não é o mais confiável dos adesivos. Quase no final do dia, na face norte do Thumb, senti a cola desfazer-se com um só golpe de piqueta.

Eu ganhara quase duzentos metros desde que deixara o glaciar suspenso, sempre com as pontas frontais dos crampons e os bicos das piquetas. A faixa de água de degelo recongelada terminara a noventa metros de altura. Seguiu-se uma capa quebradiça de gelo esculpida pela geada. Mesmo pouco substancial, o gelo incrustado na rocha era suficiente para suportar o peso do corpo, tendo entre sessenta e noventa centímetros de profundidade, de modo que eu prosseguia pendurando-me montanha acima. A parede, no entanto, vinha se tornando imperceptivelmente mais inclinada e, à medida que a verticalidade aumentava, diminuía a crosta de geada. Eu entrara num ritmo lento e hipnótico — golpear, golpear; chutar, chutar; golpear, golpear; chutar, chutar — quando minha piqueta esquerda bateu com força numa placa de diorito poucos centímetros abaixo do gelo.

Tentei à esquerda, tentei à direita, mas continuava acertando rocha. A crosta de geada que me sustentava — assim parecia — talvez tivesse doze centímetros de espessura, e uma integridade estrutural de pão velho. Abaixo estavam 1100 metros de ar, e eu me equilibrava sobre um castelo de cartas. Ondas de pânico atravessaram minha garganta. A visão escureceu, comecei a ofegar, as pernas tremiam. Arrastei-me um ou dois metros para a direita na esperança de encontrar gelo mais espesso, mas só consegui entortar uma piqueta na rocha.

Desajeitado, paralisado de medo, comecei a tentar descer. A crosta foi gradualmente ficando mais profunda. Depois de descer cerca de 25 metros, atingi terreno razoavelmente sólido. Parei um bom tempo para que meus nervos se restabelecessem, depois soltei o peso do corpo nas ferramentas e fitei a face acima procurando uma pista de gelo sólido, uma variação nas camadas de rocha subjacentes, qualquer coisa que abrisse passagem pelas paredes congeladas. Procurei até meu pescoço doer, mas nada apareceu. A escalada estava encerrada. A única direção possível era para baixo.

Neve forte e ventos incessantes me mantiveram dentro da barraca pela maior parte dos três dias seguintes. As horas passavam lentamente. Na tentativa de acelerá-las, eu lia e fumava um cigarro atrás do outro — enquanto meu estoque permitiu. Eu tomara um sem-número de decisões erradas durante a viagem, não havia como fugir disso, e uma delas dizia respeito ao material de leitura escolhido: três edições antigas de *The Village Voice* e o último romance de Joan Didion, *A Book of Common Prayer*. O *Voice* era divertido — na calota de gelo os assuntos examinados ganhavam um novo aspecto limiar, um certo sentido de absurdo de que o jornal (não por falha sua) se beneficiava enormemente —, mas dentro daquela barraca, naquelas circunstâncias, o olhar necrótico de Didion sobre o mundo ia direto ao alvo.

Quase no fim de *Common Prayer*, um dos personagens de Didion diz para outro: "Você não ganha nada de palpável ficando aqui, Charlotte". Charlotte retruca: "Parece que não consigo distinguir aquilo que rende coisas palpáveis, de modo que acho que vou ficando um pouco mais por aqui".

Quando o material de leitura acabou, fiquei limitado a analisar o desenho do tecido do teto da barraca. Fiz isso por horas sem fim, deitado de costas, engajado num extenso e veemente autodebate: deveria descer para o litoral assim que o tempo melhorasse, ou ficar de prontidão o tempo suficiente para outra tentativa na montanha? Na verdade, minha pequena travessura na face norte me deixara bastante abalado. Eu não queria subir o Thumb de novo de jeito nenhum. Por outro lado, a ideia de voltar a Boulder derrotado — estacionar o Pontiac atrás do trailer, afivelar meu cinto de ferramentas e voltar ao mesmo exercício demencial que tão triunfalmente abandonara apenas um mês antes — tampouco era muito atraente. Acima de tudo, eu não conseguia engolir a ideia de ter de encarar as presunçosas expressões de condolência de todos os panacas e cabeçudos que, desde o início, estavam certos de que eu ia fracassar.

Na terceira tarde de tempestade, eu não aguentava mais: as pelotas de neve congelada me machucando as costas, as paredes de náilon pegajoso se esfregando no meu rosto, o cheiro inacreditável que subia das profundezas do meu saco de dormir. Tateei em meio à bagunça junto aos pés até encontrar um pequeno saco verde dentro do qual havia uma lata metálica de filme contendo os ingredientes do que, esperava eu, seria uma espécie de charuto da vitória. A intenção era guardá-lo para a volta do cume, mas e daí? Não parecia que uma visita ao cume viesse a tornar-se possível no futuro próximo. Despejei a maior parte do conteúdo da lata sobre uma seda para cigarros, enrolei um baseado torto e de triste aparência, e fumei-o, imediatamente, até o fim.

O único efeito da erva, claro, foi fazer a barraca parecer ainda mais apertada, mais sufocante, mais insuportável. E também me deixou terrivelmente faminto. Achei que um pouco de mingau de aveia poria tudo em seu devido lugar. Fazer o mingau, entretanto, era um processo longo e ridiculamente trabalhoso: uma panela cheia de neve precisava ser colhida do lado de fora, na tempestade, o fogareiro montado e aceso, o mingau e o açúcar localizados, os restos do jantar de ontem raspados da cumbuca. Eu já pusera o fogareiro em funcionamento e derretia a neve quando senti cheiro de queimado. Uma verificação completa do fogareiro e adjacências nada revelou. Intrigado, estava prestes a atribuir aquilo a minha mente quimicamente estimulada, quando ouvi algo crepitar logo atrás de mim.

Virei-me a tempo de ver o saco de lixo — em que jogara o fósforo usado para acender o fogareiro — irrompendo em chamas. Bati no fogo com as mãos e apaguei-o em poucos segundos, mas não antes que uma porção significativa da parede interna da barraca se evaporasse diante dos meus olhos. O sobreteto escapara às chamas, de forma que o abrigo ainda continuava mais ou menos à prova de intempéries. Entretanto, a temperatura se encontrava agora aproximadamente cinquenta graus mais baixa em seu interior. A palma de minha mão esquerda começou a doer. Examinando-a, vi o vergão rosado de uma queimadura. O que me chateava mais, naquilo tudo, era o fato de que a barraca nem minha era — meu pai me emprestara.

Uma Early Winters Omnipo, cara e novinha em folha antes de minha viagem — ainda estava com as etiquetas —, cedida com relutância. Durante vários minutos, fiquei sentado com cara de bobo, olhar fixo nos destroços das formas antes harmoniosas, em meio ao odor pungente de cabelo queimado e náilon derretido. Era preciso reconhecer, pensei: eu tinha um verdadeiro dom para corresponder às piores expectativas do coroa.

O fogo atiçou um pavor que droga nenhuma conhecida pelo homem poderia aliviar. Quando terminei de cozinhar o mingau, estava decidido: assim que a tempestade terminasse, desmontaria o acampamento e partiria rumo à baía Thomas.

Vinte e quatro horas depois eu estava encolhido dentro de um saco de bivaque sob a borda do *bergschrund* na face norte do Thumb. O tempo continuava pior do que nunca. Nevava forte, provavelmente uns dois centímetros e meio por hora. Avalanches de neve desagregada e seca levantada pelo vento assobiavam parede abaixo e passavam sobre minha cabeça como ondas, enterrando completamente o saco a cada vinte minutos.

O dia começara bastante bem. Quando saí da barraca, as nuvens ainda persistiam no alto das arestas, mas o vento cessara e a calota estava salpicada de manchas de luz. Uma nesga de sol, brilhante a ponto de quase cegar os olhos, deslizou preguiçosamente sobre o acampamento. Estendi um isolante térmico e me espalhei sobre o glaciar vestindo ceroulas. Deliciando-me sob o calor radiante, senti a gratidão de um prisioneiro cuja pena acaba de ser comutada.

Deitado ali, uma estreita chaminé, que se curvava subindo pela metade leste da face norte do Thumb, bem à esquerda da rota tentada antes da tempestade, prendeu minha visão. Enrosquei uma lente teleobjetiva na câmera. Através dela, era possível distinguir uma película de gelo cinzento brilhante — gelo sólido, confiável e duro — grudada na parte de trás da fenda. O alinhamento da chaminé tornava impossível discernir se o gelo seguia numa linha contínua do topo à base. Se assim fosse, a chaminé bem poderia proporcionar uma passagem através das paredes congeladas que haviam frustrado minha primeira tentativa. Deitado ao sol, comecei a pensar o quanto me odiaria um mês depois se jogasse a toalha após uma única tentativa, se desativasse a expedição por causa de um pouco de tempo ruim. Em menos de uma hora, juntara os equipamentos e esquiava em direção à base da parede.

O gelo na chaminé se provou, de fato, contínuo, mas era muito, muito fino — apenas uma tênue película de verglas. Adicionalmente, a fenda era um funil natural para quaisquer detritos que por acaso despencassem pela face. Abrindo caminho pela parede, eu era bombardeado por um fluxo contínuo de neve desagregada, cacos de gelo e pedregulhos. Trinta e cinco metros canaleta acima, o que restava de minha compostura se desmanchou, tal gesso velho, e tomei o caminho de volta.

Em vez de descer direto até o campo-base, decidi passar a noite no *bergschrund* embaixo da chaminé, na probabilidade de que minha cabeça voltasse para o lugar na manhã seguinte. O céu limpo daquele dia, porém, mostrou ser uma calmaria momentânea numa tormenta de cinco dias. No meio da tarde a tempestade voltava em toda a sua glória, e meu ponto de bivaque tornou-se um local menos que aprazível para se estar. O platô em que me encolhia era continuamente varrido pelas pequenas avalanches de neve soprada pelo vento. Cinco vezes meu saco de bivaque — um fino envelope de náilon com a forma exata de um saco de sanduíche, apenas um pouco maior — foi soterrado até a altura da boca de ventilação. Depois de me desenterrar pela quinta vez, achei que já era o bastante. Joguei o equipamento na mochila e parti para o acampamento.

A descida foi assustadora. Em meio às nuvens, à tempestade e à luz baça e evanescente, eu não conseguia distinguir neve de céu, nem se a encosta descia ou subia. Preocupava-me, com razão, a possibilidade de despencar cegamente do topo de um serac e acabar no fundo do Witches Cauldron, oitocentos metros abaixo. Quando finalmente cheguei à planície congelada da calota, descobri que minhas pegadas já tinham sido cobertas havia muito tempo. Não fazia a menor ideia de como localizar o acampamento no platô glacial sem feições marcantes. Esquiei em círculos por uma hora mais ou menos na esperança de dar sorte e tropeçar no acampamento, até enfiar o pé numa greta e perceber que estava agindo como um idiota — que devia me agachar no lugar onde estava e esperar que a tempestade desse uma folga.

Cavei um buraco raso, me enrolei no saco de bivaque e sentei sobre a mochila em meio à neve soprada pelo vento. Pequenos montes se acumulavam à minha volta. Meus pés estavam insensíveis. Um frio úmido descia pelo peito, da base do pescoço, onde o vento fizera a neve penetrar minha parca e molhara a camisa. Se eu ao menos tivesse um cigarro, pensei, um único cigarro, poderia reunir a força de vontade necessária para dar um ar agradável àquela merda de situação, àquela merda de viagem inteira. "Se tivéssemos um pouco de presunto, poderíamos fazer ovos com presunto, se tivéssemos ovos." Lembrei-me do amigo Nate proferindo essa frase durante uma tempestade semelhante, dois anos antes, no alto de outro pico do Alasca, o Mooses Tooth. Eu a achara hilária na ocasião. Na verdade, rira alto. Recordando a frase agora, ela não soava engraçada. Apertei o saco de bivaque ao redor dos ombros. O vento açoitava minhas costas. Já além de qualquer vergonha, apoiei a cabeça nas mãos e embarquei numa orgia de autocomiseração.

Eu sabia que as pessoas às vezes morriam escalando montanhas. Mas com 23 anos minha própria mortalidade ainda se encontrava, em grande parte, fora de minha capacidade conceitual. Era uma noção tão abstrata quanto geometria não euclidiana ou casamento. Quando levantei acampamento de Boulder, em abril de 1977, a cabeça imersa em visões de glória e redenção no Devils Thumb, não me ocorria que pudesse estar sendo comandado pelas mesmas relações de causa e efeito que governavam as ações dos outros. Nunca me passara pela cabeça que uma certeza inflada em torno de minhas próprias habilidades pudesse turvar a visão. Por querer tanto escalar a montanha, por pensar de forma tão intensa no Thumb durante tanto tempo, parecia fora do domínio das possibilidades que um obstáculo menor, como o tempo ou gretas ou rocha coberta por geada, pudesse, em última instância, opor-se a minha vontade.

Com o pôr do sol, o vento amainou e o teto subiu para cinquenta metros acima do glaciar, possibilitando que eu localizasse o campo-base. Consegui voltar intacto à barraca, mas não era mais possível ignorar o fato de que o Thumb fizera picadinho de meus planos. Fui forçado a reconhecer que força de vontade apenas, por mais poderosa que fosse, não me faria subir a parede norte. Percebi, afinal, que nada o faria.

Havia, contudo, uma possibilidade de evitar o naufrágio da expedição. Uma semana antes eu esquiara até o lado sudeste da montanha para dar uma olhada na via pioneira aberta por Fred Beckey em 1946 — a via por onde eu pretendia descer do pico depois de escalar a parede norte. Durante esse reconhecimento, notara uma linha óbvia ainda não escalada à esquerda da via Beckey — uma faixa caótica de gelo inclinando-se sobre a face sudeste — que me pareceu um caminho relativamente fácil para chegar ao cume. Naquele momento, achei que a via não era merecedora da minha atenção. Agora, na sequência de meu calamitoso enfrentamento com a Nordwand, estava preparado para baixar o nível de minhas expectativas.

Na tarde do dia 15 de maio, quando a tempestade finalmente acabou, voltei à face sudeste e escalei até o topo de uma estreita aresta que escorava o pico superior como uma pilastra suspensa de uma catedral gótica. Decidi passar a noite ali, no topo exposto da aresta — aguçada como faca —, quinhentos metros abaixo do cume. O céu noturno estava frio e sem nuvens. Dava para enxergar até o mar e além. Com o lusco-fusco, assisti, extasiado, às luzes de Petersburg piscando no oeste. A coisa mais próxima de contato humano que tivera desde a entrega aérea dos mantimentos, as luzes distantes dispararam uma onda de emoção que me pegou completamente desprevenido.

Imaginei as pessoas assistindo aos Red Sox na televisão, comendo frango frito em cozinhas bem iluminadas, bebendo cerveja, fazendo amor. Quando deitei para dormir, estava tomado por uma solidão de partir a alma. Nunca me sentira tão sozinho. Nunca.

Naquela noite tive sonhos conturbados, com policiais e vampiros e uma execução brutal. Ouvi alguém sussurrando: "Ele está ali dentro. Assim que sair, acabe com ele". De repente sentei-me ereto e abri os olhos. O sol estava prestes a nascer. Todo o céu estava escarlate. Ainda estava limpo, mas cachos de cirros em altitude começavam a aparecer a partir do sudoeste, e uma linha escura aparecia pouco acima do horizonte. Enfiei as botas e rapidamente prendi os crampons. Cinco minutos depois de acordar, afastava-me do ponto de bivaque cravando as pontas frontais.

Eu não levava corda, barraca ou equipamento para bivaque, nada exceto minhas piquetas. Meu plano era seguir ultraleve e ultrarrápido, chegar ao cume e descer antes que o tempo virasse. Esforçando-me, sempre sem fôlego, continuava apressado para cima e para a esquerda, cortando pequenos bancos de neve conectados por estreitos escorrimentos de verglas e faixas curtas de rocha. A escalada era quase divertida — a rocha estava coberta por agarras largas e pronunciadas e o gelo, ainda que pouco espesso, nunca ficava vertical demais para que fosse extremo —, mas me preocupava a massa de nuvens que entrava rapidamente vinda do Pacífico, cobrindo o céu.

No que não me pareceu tempo algum (não levara relógio naquela viagem), vi-me no inconfundível campo de gelo final. Àquela altura o céu já estava totalmente encoberto. Parecia mais fácil continuar contornando pela esquerda, porém mais rápido seguir direto para o topo. Paranoico com a possibilidade de ser apanhado por uma tempestade no alto da montanha sem nenhum tipo de abrigo, optei pela rota direta. O gelo ficou mais inclinado — e em seguida ainda mais inclinado — e, à medida que isso acontecia, tornava-se mais delgado. Golpeei com a piqueta da direita e acertei a rocha. Mirei em outro lugar e, uma vez mais, ela resvalou no diorito duro com um baque seco enervante. E mais uma vez, e outra mais: era uma reprise de minha primeira tentativa na face norte. Olhando por entre minhas pernas, espiei o glaciar, mais de seiscentos metros abaixo. Meu estômago se revirou. Senti o autocontrole dissipar-se como fumaça no vento.

Quinze metros acima, a inclinação se atenuava ao encontro da encosta do ombro do cume. Quinze metros mais, metade da distância entre a terceira e a última base, e a montanha seria minha. Imóvel, paralisado de medo e indecisão, agarrei-me com firmeza às piquetas. Olhei de novo para baixo, para a vertiginosa queda até o glaciar. Olhei para o alto e em seguida raspei a película de gelo logo acima de minha cabeça. Enganchei o bico da piqueta esquerda numa protuberância de rocha do tamanho de uma moeda e fiz força. Ela aguentou. Removi a piqueta da mão direita do gelo, estendi o braço e percorri com a lâmina uma fenda tortuosa, de pouco mais de um centímetro, até que entalasse. Mal respirando, subi os pés, arranhando o verglas com as pontas dos crampons. Estendendo ao máximo o braço esquerdo, golpeei gentilmente a superfície brilhante e opaca com a piqueta sem saber o que acertaria logo abaixo. A lâmina penetrou com um THUNK! encorajador. Poucos minutos depois, estava de pé sobre um platô amplo e arredondado. O cume propriamente dito, uma série de estreitas barbatanas de rocha, da qual brotava uma grotesca escultura de gelo atmosférico, erguia-se seis metros diretamente acima.

As construções pouco substanciais das geadas asseguravam que aqueles últimos seis metros continuariam difíceis, assustadores e onerosos. Mas já não havia nenhum lugar mais alto para onde ir. Não era possível, eu mal podia acreditar. Senti meus lábios rachados se esticando num enorme e doloroso sorriso. Eu estava no topo do Devils Thumb.

Adequadamente, o cume era um lugar irreal, malevolente. Um estranho leque estreito de rocha e gelo, pouco mais largo que um arquivo de escritório. Não estimulava a contemplação. De pé sobre o ponto mais alto, a face norte despencava 1800 metros sob minha bota esquerda. Sob a bota direita, a face sul e seus oitocentos metros. Tirei algumas fotos para provar que estivera lá e gastei alguns minutos tentando desentortar uma lâmina de piqueta amassada. Depois me levantei, me virei com cuidado, e parti rumo ao lar.

Cinco dias depois, estava acampado sob a chuva junto ao mar, maravilhado com a visão de lodo, salgueiros e mosquitos. Dois dias mais e uma pequena canoa a motor entrou na baía Thomas e parou na praia, não muito longe de minha barraca. O homem que pilotava a canoa se apresentou como Jim Freeman, um lenhador de Petersburg. Era seu dia de folga, disse, e viera mostrar o glaciar à família e procurar ursos. Perguntou--me se "estivera caçando ou o quê".

"Não", respondi timidamente. "Na verdade, acabo de escalar o Devils Thumb. Estou por aqui há vinte dias."

Freeman continuou entretido mexendo num dos cunhos do barco e não disse nada durante algum tempo. Em seguida olhou para mim, severo e inquisitivo: "Você não me jogaria papo furado, jogaria, amigão?". Surpreso, gaguejei que não. Freeman, parecia óbvio, não acreditara em mim nem por um segundo. E tampouco parecia espantado com meu cabelo emaranhado batendo nos ombros ou com o cheiro que eu exalava. Quando perguntei, porém, se ele me daria uma carona até a cidade, soltou, meio a contragosto, um "não vejo por que não".

O mar estava encrespado e a travessia do estreito Frederick levou duas horas. Quanto mais conversávamos, mais agradável se tornava Freeman. Ele ainda não acreditava que eu tivesse escalado o Thumb, mas quando manobrou o barco e adentrou os canais Wrangell já fingia que sim. Ao desembarcarmos, insistiu em me comprar um cheeseburger. Naquela noite, chegou mesmo a me deixar dormir numa van semiabandonada que mantinha como carro de reserva, estacionada no quintal.

Deitei na traseira da velha caminhonete durante um tempo, mas não consegui dormir, de modo que levantei e fui até um bar chamado Kito's Kave. A euforia e a irresistível sensação de alívio que haviam inicialmente acompanhado meu retorno a Petersburg desapareceram, e uma inesperada melancolia tomou seu lugar. As pessoas com quem conversava no Kito's não pareciam duvidar que eu estivera no topo do Thumb, simplesmente não se importavam muito com isso. À medida que a noite foi passando, o lugar se esvaziou — além de mim, restava apenas um índio numa mesa ao fundo. Eu bebia sozinho, enfiando moedas de 25 cents na *jukebox*, tocando as mesmas cinco canções ininterruptamente até a garçonete gritar: "Ei! Caralho, dá um tempo, garoto! Se ouvir 'Fifty Ways to Lose your Lover' mais uma vez, perco a cabeça". Resmunguei uma desculpa, rapidamente me dirigi para a porta e sozinho voltei para a velha van de Freeman. Ali, cercado pelo doce aroma de óleo queimado, deitei sobre as placas do piso, ao lado de uma transmissão desmontada, e desmaiei.

É fácil, quando se é jovem, acreditar que o que se deseja é exatamente o que se merece, imaginar que, se você quer algo com ardor suficiente, é seu direito — concedido por Deus — tê-lo. Menos de um mês depois de sentar no cume do Devils Thumb eu estava de volta a Boulder martelando paredes nas casas da rua Spruce, os mesmos condomínios em que trabalhava ao partir para o Alasca. Ganhei um aumento, passando a receber quatro dólares por hora, e no foral do verão me mudei do trailer no local de trabalho para um apartamento na West Pearl. Mas pouco mais que isso pareceu mudar em minha vida. Por alguma razão, não se processara a gloriosa transformação imaginada em abril.

Escalar o Devils Thumb, contudo, me empurrara para um pouco mais longe da renitente inocência da infância. Aprendi algo sobre o que as montanhas podem e não podem fazer, sobre os limites dos sonhos. Eu não tinha consciência de nada disso naquela época, é claro, mas sou grato por tudo agora.

GLOSSÁRIO

ACLIMATAÇÃO: processo fisiológico de adaptação do organismo ao ar rarefeito das grandes altitudes.

ANCORAGEM: ponto de conexão de uma corda ou escalador à parede.

ASCENSORES: blocantes mecânicos que permitem a subida gradual por uma corda.

AUTORRECUPERAÇÃO: técnica para interrupção de quedas em rampas de neve; cravando a lâmina da piqueta na vertente, o escalador pode parar de deslizar.

BIVAQUE: pernoite ao relento, sem o uso de barraca.

BOULDERING: variante da escalada em rocha em que o objetivo é executar escaladas curtas e geralmente difíceis em blocos de rocha (*boulders*, em inglês).

CADEIRINHA: peça fundamental da escalada; conjunto de fitas de náilon de alta resistência costuradas entre si para envolver as coxas e a cintura do escalador.

CASCATA CONGELADA: cachoeira de rio ou riacho que se congela com o inverno.

CASCATA DE GELO: trecho inclinado e perigoso em que um glaciar se fratura em contato com o relevo acidentado subjacente, abrindo-se num labirinto de gretas e seracs precariamente equilibrados.

COBRE-BOTAS: equipamento utilizado sobre as botas de montanha para proporcionar maior isolamento térmico e impedir a entrada de neve e gelo.

CONGELAMENTO: congelamento, na realidade, não é o termo mais apropriado para traduzir do inglês o tipo de ulceração de tecidos conhecida como *frostbite*; mas, por tratar-se de algo distante de nossa realidade tropical, falta-nos termo equivalente em português. *Frostbite* não é um congelamento propriamente dito, e sim uma formação de cristais de gelo pelo congelamento do líquido intersticial entre as células, nas extremidades do corpo — nariz, orelhas e dedos dos pés e mãos —, cuja circulação — e consequentemente seu aquecimento — fica prejudicada no frio e na altitude. A lesão dos tecidos, que muitas vezes resulta em necrose, se dá, na verdade, quando do aquecimento das partes congeladas, pois ao expandir-se os cristais ulceram os tecidos.

CONQUISTA: abertura de uma via; sua escalada pela primeira vez, de baixo para cima, fixando proteções à medida em que se progride.

CORDADA: dois ou mais escaladores unidos por uma corda.

CRAMPON: peça metálica, geralmente constituída de dez ou doze pontas voltadas para baixo e duas orientadas para a frente, que se encaixa na sola da bota de montanha para escalada e/ou caminhada em gelo e neve.

CRUX: passagem ou trecho mais difícil de uma escalada.

ENFIADA (DE CORDA): trechos em que se subdivide uma escalada. Ao final de uma enfiada, o escalador que vai à frente para e assegura com a corda a escalada do(s) companheiro(s) até o ponto onde se encontra para então iniciar nova enfiada.

ESCALADA LIVRE: escalada em que o escalador faz sua progressão parede acima utilizando apenas o corpo — mãos e pés — e os apoios naturais oferecidos pela rocha. O sistema de segurança (cordas, proteções, mosquetões etc.) é apenas uma garantia para o caso de queda. O escalador nunca se apoia em cordas, grampos ou quaisquer artefatos para galgar a parede. Contrapõe-se à escalada artificial, em que a progressão é assegurada por equipamentos.

ESCALADA SOLO: escalada feita em solitário, sem o uso de cordas ou outro sistema de segurança.

FRONT-POINTING: técnica de escalada em gelo de grande inclinação ou vertical utilizando apenas as pontas frontais dos crampons, aquelas orientadas horizontalmente.

GLACIAR: língua de gelo semelhante a um rio congelado, é abastecido pelas nevascas na sua parte alta e lentamente se move montanha abaixo em função da própria massa.

GRAMPOS: proteções metálicas para fixação na rocha feitas de barras cilíndricas de aço — geralmente de 1/2 polegada ou 3/8 de polegada — no formato de um P, cujo olhal é usado para a conexão de mosquetões.

GRETAS: fraturas no gelo de um glaciar, de comprimento variável, podendo ter milímetros ou dezenas de metros de largura e muitos metros de profundidade, constituindo-se em sério risco para os montanhistas.

GUIA/GUIAR: ser o primeiro escalador numa cordada, o que vai na frente ou escala primeiro.

HIPÓXIA: quadro fisiológico resultante da deficiência de oxigênio no ar rarefeito da altitude.

ISOLANTE TÉRMICO: esteira de material isolante usada por montanhistas e campistas por baixo do saco de dormir, para maior aquecimento durante a noite.

MAL AGUDO DE MONTANHA: quadro de sintomas decorrente da não adaptação ao ar rarefeito da altitude; inclui dores de cabeça, náusea, vômitos, falta de apetite, lassidão, insônia, entre outras coisas. Em sua forma branda atinge, em maior ou menor grau, todo aquele que vai de altitudes baixas para grandes altitudes, mas tende a desaparecer com a aclimatação. Pessoas com dificuldade de adaptação ou que vencem muito rápido uma diferença significativa de altitude podem desenvolver o mal em seus estágios moderado e severo, ocasionando às vezes edema pulmonar e/ou cerebral e morte.

MORAINA OU MORENA: aglomerado de sedimentos (blocos de rocha e argila) de origem glacial acumulados na borda de um glaciar.

MOSQUETÃO: elo de metal, geralmente de alumínio ou aço, com um batente com mola permitindo a conexão de cordas, outros mosquetões ou equipamentos.

NEGATIVO: trecho em que a parede de escalada se projeta para fora, formando um ângulo menor do que noventa graus em relação ao solo.

NORDWAND: "parede norte", em alemão. Termo do jargão de montanhismo usado para as faces norte das montanhas do hemisfério norte; por sua posição geográfica, esses lados das montanhas setentrionais recebem menor incidência de radiação solar e tendem a acumular mais neve e gelo, gerando condições técnicas mais difíceis para a escalada, daí sua fama.

PARCA: jaqueta técnica para montanha.

PIQUETA: pequena picareta usada para galgar gelo e neve. Constitui-se de cabo, geralmente com um espeto na base para servir de apoio em caminhadas, e cabeça com lâmina dentada na frente e martelo, enxó ou pequena pá na parte posterior. No Brasil utiliza-se também o termo francês *piollet*.

PONTO DE PARADA: ao final de cada enfiada de corda monta-se um ponto de parada constituído de ancoragens possantes, onde o guia para e dá segurança ao(s) companheiro(s) para que se juntem a ele.

POSITIVO: trecho em que a parede de escalada se inclina para dentro, formando um ângulo maior do que noventa graus em relação ao solo.

PROTEÇÃO: equipamento fixado à parede como parte do sistema de segurança numa escalada. Podem ser "fixas" ou "móveis"; as fixas — parafusos ou grampos em P — são fixadas na parede e ali deixadas; as móveis são usadas para entalamento em fendas e fissuras e permitem retirada pelo segundo escalador.

RAPPEL: palavra de origem francesa que se utiliza em praticamente todas as línguas para descrever a descida pela corda. Utiliza-se, conectado à cadeirinha através de um mosquetão, um freio que, através de atrito, diminui a velocidade de descida do escalador pela corda.

SACO DE MAGNÉSIO: saco de pano que o escalador leva às costas, atado à cintura, com carbonato de magnésio em pó, do mesmo tipo utilizado por ginastas, para absorver o suor das mãos.

SAPATILHA: calçado especial para escalada em rocha. Possui sola de borracha muito aderente, proporcionando maior estabilidade na pedra e sensibilidade aos pés.

SEGURANÇA/ DAR SEGURANÇA/ ASSEGURAR: de modo geral, na escalada, enquanto um escalador progride parede acima, outro lhe dá segurança. Esse procedimento consiste em passar a corda conectada à cadeirinha do escalador por um aparelho gerador de atrito ligado à cadeirinha do segurador. Dessa forma, à medida que o primeiro sobe, o segurador lhe dá corda por intermédio do aparelho. Assim, caso o guia caia, o aparelho pode ser travado, interrompendo a queda e evitando consequências piores para o escalador. O guia, à medida que progride e considera conveniente, conecta sua corda a proteções previamente fixadas à parede ou que instala enquanto sobe. Desse modo, caso se solte da parede, cairá o equivalente a duas vezes sua distância da última proteção colocada. O segundo escalador, por sua vez, recebe segurança de cima, quando o guia chega ao final da enfiada, de modo que não corre o risco de quedas significativas (exceto em travessias). Caso se solte da parede, cairá apenas o equivalente ao coeficiente de elasticidade da corda.

SERACS: gigantescos blocos de gelo resultantes do fraturamento de um glaciar.

TETO: trecho em que a parede de escalada se projeta para fora, formando um teto sobre o escalador.

VERGLAS: película fina de gelo sobre rocha.

VIA: rota de escalada de uma parede ou montanha.

Jon Krakauer nasceu em 1954, em Brookline, Massachusetts. Vencedor do prêmio do Clube Alpino Americano sobre montanhismo, escreve para diversas revistas e jornais de circulação nacional nos Estados Unidos. Dele, a Companhia das Letras publicou *No ar rarefeito* (1997), *Na natureza selvagem* (1998), *Sobre homens e montanhas* (1999), *Pela bandeira do paraíso* (2003), *Onde os homens conquistam a glória* (2011) e *Missoula* (2016).

COMPANHIA DE BOLSO

Luiz Felipe de ALENCASTRO (Org.)
História da vida privada no Brasil 2 —
Império: a corte e a modernidade nacional
Jorge AMADO
Capitães da Areia
Mar morto
Carlos Drummond de ANDRADE
Sentimento do mundo
Hannah ARENDT
Homens em tempos sombrios
Origens do totalitarismo
Philippe ARIÈS, Roger CHARTIER (Orgs.)
História da vida privada 3 — Da Renascença
ao Século das Luzes
Karen ARMSTRONG
Em nome de Deus
Uma história de Deus
Jerusalém
Paul AUSTER
O caderno vermelho
Ishmael BEAH
Muito longe de casa
Jurek BECKER
Jakob, o mentiroso
Marshall BERMAN
Tudo que é sólido desmancha no ar
Jean-Claude BERNARDET
Cinema brasileiro: propostas para uma
história
Harold BLOOM
Abaixo as verdades sagradas
David Eliot BRODY, Arnold R. BRODY
As sete maiores descobertas científicas da
história
Bill BUFORD
Entre os vândalos
Jacob BURCKHARDT
A cultura do Renascimento na Itália
Peter BURKE
Cultura popular na Idade Moderna
Italo CALVINO
Os amores difíceis
O barão nas árvores
O cavaleiro inexistente
Fábulas italianas
Um general na biblioteca
Os nossos antepassados
Por que ler os clássicos
O visconde partido ao meio
Elias CANETTI
A consciência das palavras
O jogo dos olhos
A língua absolvida
Uma luz em meu ouvido
Massa e poder

Bernardo CARVALHO
Nove noites
Jorge G. CASTAÑEDA
Che Guevara: a vida em vermelho
Ruy CASTRO
Chega de saudade
Mau humor
Louis-Ferdinand CÉLINE
Viagem ao fim da noite
Sidney CHALHOUB
Visões da liberdade
Jung CHANG
Cisnes selvagens
John CHEEVER
A crônica dos Wapshot
Catherine CLÉMENT
A viagem de Théo
J. M. COETZEE
Infância
Juventude
Joseph CONRAD
Coração das trevas
Nostromo
Mia COUTO
Terra sonâmbula
Alfred W. CROSBY
Imperialismo ecológico
Robert DARNTON
O beijo de Lamourette
Charles DARWIN
A expressão das emoções no homem e nos
animais
Jean DELUMEAU
História do medo no Ocidente
Georges DUBY
Damas do século XII
História da vida privada 2 — Da Europa
feudal à Renascença (Org.)
Idade Média, idade dos homens
Mário FAUSTINO
O homem e sua hora
Meyer FRIEDMAN,
Gerald W. FRIEDLAND
As dez maiores descobertas da medicina
Jostein GAARDER
O dia do Curinga
Maya
Vita brevis
Jostein GAARDER, Victor HELLERN,
Henry NOTAKER
O livro das religiões

Fernando GABEIRA
O que é isso, companheiro?
Luiz Alfredo GARCIA-ROZA
O silêncio da chuva
Eduardo GIANNETTI
Auto-engano
Vícios privados, benefícios públicos?
Edward GIBBON
Declínio e queda do Império Romano
Carlo GINZBURG
Os andarilhos do bem
História noturna
O queijo e os vermes
Marcelo GLEISER
A dança do Universo
O fim da Terra e do Céu
Tomás Antônio GONZAGA
Cartas chilenas
Philip GOUREVITCH
Gostaríamos de informá-lo de que amanhã
seremos mortos com nossas famílias
Milton HATOUM
A cidade ilhada
Cinzas do Norte
Dois irmãos
Relato de um certo Oriente
Um solitário à espreita
Patricia HIGHSMITH
Ripley debaixo d'água
O talentoso Ripley
Eric HOBSBAWM
O novo século
Sobre história
Albert HOURANI
Uma história dos povos árabes
Henry JAMES
Os espólios de Poynton
Retrato de uma senhora
P. D. JAMES
Uma certa justiça
Ismail KADARÉ
Abril despedaçado
Franz KAFKA
O castelo
O processo
John KEEGAN
Uma história da guerra
Amyr KLINK
Cem dias entre céu e mar
Jon KRAKAUER
No ar rarefeito
Sobre homens e montanhas

Milan KUNDERA
A arte do romance
A brincadeira
A identidade
A ignorância
A insustentável leveza do ser
A lentidão
O livro do riso e do esquecimento
Risíveis amores
A valsa dos adeuses
A vida está em outro lugar
Danuza LEÃO
Na sala com Danuza
Primo LEVI
A trégua
Alan LIGHTMAN
Sonhos de Einstein
Gilles LIPOVETSKY
O império do efêmero
Claudio MAGRIS
Danúbio
Naguib MAHFOUZ
Noites das mil e uma noites
Norman MAILER (JORNALISMO LITERÁRIO)
A luta
Janet MALCOLM (JORNALISMO LITERÁRIO)
O jornalista e o assassino
A mulher calada
Javier MARÍAS
Coração tão branco
Ian McEWAN
O jardim de cimento
Sábado
Heitor MEGALE (Org.)
A demanda do Santo Graal
Evaldo Cabral de MELLO
O negócio do Brasil
O nome e o sangue
Luiz Alberto MENDES
Memórias de um sobrevivente
Gita MEHTA
O monge endinheirado, a mulher do bandido
e outras histórias de um rio indiano
Jack MILES
Deus: uma biografia
Vinicius de MORAES
Antologia poética
Livro de sonetos
Nova antologia poética
Orfeu da Conceição
Fernando MORAIS
Olga
Helena MORLEY
Minha vida de menina

Toni MORRISON
  Jazz
V. S. NAIPAUL
  Uma casa para o sr. Biswas
Friedrich NIETZSCHE
  Além do bem e do mal
  O Anticristo
  Aurora
  O caso Wagner
  Crepúsculo dos ídolos
  Ecce homo
  A gaia ciência
  Genealogia da moral
  Humano, demasiado humano
  Humano, demasiado humano, vol. II
  O nascimento da tragédia
Adauto NOVAES (Org.)
  Ética
  Os sentidos da paixão
Michael ONDAATJE
  O paciente inglês
Malika OUFKIR, Michèle FITOUSSI
  Eu, Malika Oufkir, prisioneira do rei
Amós OZ
  A caixa-preta
  O mesmo mar
José Paulo PAES (Org.)
  Poesia erótica em tradução
Orhan PAMUK
  Meu nome é Vermelho
Georges PEREC
  A vida: modo de usar
Michelle PERROT (Org.)
  História da vida privada 4 — Da Revolução
    Francesa à Primeira Guerra
Fernando PESSOA
  Livro do desassossego
  Poesia completa de Alberto Caeiro
  Poesia completa de Álvaro de Campos
  Poesia completa de Ricardo Reis
Ricardo PIGLIA
  Respiração artificial
Décio PIGNATARI (Org.)
  Retrato do amor quando jovem
Edgar Allan POE
  Histórias extraordinárias
Antoine PROST, Gérard VINCENT (Orgs.)
  História da vida privada 5 — Da Primeira
    Guerra a nossos dias
David REMNICK (JORNALISMO LITERÁRIO)
  O rei do mundo
Darcy RIBEIRO
  Confissões
  O povo brasileiro

Edward RICE
  Sir Richard Francis Burton
João do RIO
  A alma encantadora das ruas
Philip ROTH
  Adeus, Columbus
  O avesso da vida
  Casei com um comunista
  O complexo de Portnoy
  Complô contra a América
  Homem comum
  A humilhação
  A marca humana
  Pastoral americana
  Patrimônio
  Operação Shylock
  O teatro de Sabbath
Elizabeth ROUDINESCO
  Jacques Lacan
Arundhati ROY
  O deus das pequenas coisas
Murilo RUBIÃO
  Murilo Rubião — Obra completa
Salman RUSHDIE
  Haroun e o Mar de histórias
  Oriente, Ocidente
  O último suspiro do mouro
  *Os versos satânicos*Oliver SACKS
  Um antropólogo em Marte
  Enxaqueca
  Tio Tungstênio
  Vendo vozes
Carl SAGAN
  Bilhões e bilhões
  Contato
  O mundo assombrado pelos demônios
Edward W. SAID
  Cultura e imperialismo
  Orientalismo
José SARAMAGO
  O Evangelho segundo Jesus Cristo
  História do cerco de Lisboa
  O homem duplicado
  A jangada de pedra
Arthur SCHNITZLER
  Breve romance de sonho
Moacyr SCLIAR
  O centauro no jardim
  A majestade do Xingu
  A mulher que escreveu a Bíblia
Heloisa SEIXAS
  Diário de Perséfone
Amartya SEN
  Desenvolvimento como liberdade

Dava SOBEL
Longitude
Susan SONTAG
Doença como metáfora / AIDS e suas metáforas
A vontade radical
Laura de Mello e SOUZA (Org.)
História da vida privada no Brasil 1 — Cotidiano e vida privada na América portuguesa
Jean STAROBINSKI
Jean-Jacques Rousseau
I. F. STONE
O julgamento de Sócrates
Keith THOMAS
O homem e o mundo natural
Drauzio VARELLA
Estação Carandiru
John UPDIKE
As bruxas de Eastwick
Caetano VELOSO
Verdade tropical

Erico VERISSIMO
Caminhos cruzados
Clarissa
Incidente em Antares
Paul VEYNE (Org.)
História da vida privada 1 — Do Império Romano ao ano mil
XINRAN
As boas mulheres da China
Ian WATT
A ascensão do romance
Raymond WILLIAMS
O campo e a cidade
Edmund WILSON
Os manuscritos do mar Morto
Rumo à estação Finlândia
Edward O. WILSON
Diversidade da vida
Simon WINCHESTER
O professor e o louco

1ª edição Companhia das Letras [1999] 4 reimpressões
1ª edição Companhia de Bolso [2019]

Esta obra foi composta pela Verba Editorial em
Janson Text e impressa pela Gráfica Bartira em ofsete
sobre papel Pólen Soft da Suzano S.A.

A marca FSC® é a garantia de que a madeira utilizada na fabricação do papel deste livro provém de florestas que foram gerenciadas de maneira ambientalmente correta, socialmente justa e economicamente viável, além de outras fontes de origem controlada.